外国语言文学学术论丛

"英汉委婉语的跨文化探索"河南省哲学社会科学规划项目
（批准号 BYY007）

汉英委婉语跨文化比较研究

刘明阁　著

中国人民大学出版社
·北京·

2022 年 3 月，我有幸拜读了刘明阁教授撰写的《汉英委婉语跨文化比较研究》书稿。2023 年 2 月底的一天，明阁先生告诉我，上次的书稿他又做了四五次修改，现在准备付梓，邀我为书作序。我不是研究委婉语的学者，但是对语言研究颇感兴趣，加上我对这部专著已有所了解，就欣然答应了。

众所周知，委婉语是人们在交往互动中一种常见的语言现象和表达方式。委婉语把人们忌讳或敏感的事物、现象和行为用委婉或温和的方式表达出来，让受话人或读者在感官和心理不受负面冲击的情况下知晓所表达的内容。这样的语言现象，不仅传递信息和知识，同时又避免了对互动双方可能造成的尴尬局面，增加了人际好感与和谐，体现了使用者良好的文化素养和较高的文明程度。尽管委婉语不是一个新的研究话题，但随着社会的飞速发展以及人们物质生活和精神生活越来越多元、多变，委婉语依然是常做常新的研究话题。明阁先生在这方面树立了典范。

不同群体、不同种族、不同国度的人们都有委婉语。他们使用的委婉语所婉指的事物、现象和行为有同有异。同，因为人们在交往互动的过程中所面对的事物、现象和行为基本上是同质的。异，因为当不同的人面临相同或类似的事物、现象和行为时，其知识结构、知识水平和价值判断能力导致他们的认知习惯、认知视角和认知能力有所不同，因此委婉语也有了不同。实际上，导致认知差异的因素归根结底是人们的原生文化。在原生文化里，一个人在其生长过程中烙上了对人、事、物、行为的看法和态度的印记。这些印记，即便转入另外一个文化里，也很难根除。那么，不同类的委婉语在不同的文化里到底有什么样的异同？回答这个问题较为有效的方法，是比较或对比不同的文化。明阁先生就是这么做的。

就我所知，明阁先生在汉英语言跨文化研究方面颇有建树。多年来，他精耕细作，发表或出版了诸多关于语言与跨文化的高质量著述，如《跨文化交际中汉英语言文化比较研究》《汉英委婉语的跨文化透视》《英语习语与汉语成语差异的跨文化透视》《汉英语言中数字文化涵义差异分析》《汉英语言中动物符号文化涵义差异对比分析》《汉英文化中植物符号表征差异分析》《非言语的交际功

能 》等。这些前期成果也为这部专著奠定了坚实的基础。

通览《汉英委婉语跨文化比较研究 》，发现这部专著由十五章组成。第一至四章回顾了委婉语的过往研究，并对委婉语的本质、分类、构成方式进行了介绍和讨论。第五章从跨文化的角度研究委婉语在不同文化环境下的差异，第六至十三章探讨汉英语言中委婉语在不同行业、不同领域、不同文化背景下的差异。第十四章探讨网络委婉语的构成原则、构成形式、构成手段以及语用特征。第十五章探讨汉语中源于行业的委婉语。

通读这部专著发现，其分析方法是多维的，涉及语言学、人类学、文化学、社会学、心理学，具有跨学科性。著作中涉及多种场域的委婉语，如职业委婉语、新闻委婉语、广告委婉语、死亡委婉语、办公室委婉语、儿童委婉语、疾病与伤残类委婉语、犯罪与惩罚委婉语、网络委婉语、行业委婉语等。本书的使用人群广泛，涵盖不同年龄、不同社会角色、不同行业、不同文化背景。书中采用的语料翔实，分析深入。这是一部既具有理论性又具有应用价值，既具有历史感又具有时代性（如网络委婉语），同时又能激发读者兴趣和想象力的不可多得的专著。这部专著不仅对从事委婉语的研究者有启发，对翻译工作者以及高校的翻译教学也更具指导意义和参考价值。

上海交通大学马丁适用语言学研究中心博士生导师　王振华
2023 年 2 月 27 日

目　录

第一章　委婉语概述 ……………………………………… 001

第二章　委婉语类型 ……………………………………… 021

第三章　委婉语研究回顾 ………………………………… 031

第四章　汉英委婉语构成方式差异分析 ………………… 037

第五章　汉英委婉语的跨文化透视 ……………………… 055

第六章　汉英职业委婉语的跨文化差异分析 …………… 063

第七章　汉英新闻委婉语的跨文化视角 ………………… 083

第八章　汉英广告委婉语的差异分析 …………………… 099

第九章　汉英死亡委婉语的差异分析 …………………… 113

第十章　汉英办公室委婉语的跨文化差异 ……………… 127

第十一章　汉英儿童委婉语的跨文化审视 ……………… 137

第十二章　汉英疾病与伤残类委婉语的跨文化对比…………145

第十三章　汉英犯罪与惩罚委婉语的跨文化比较…………157

第十四章　网络委婉语………………………………165

第十五章　汉语中源于行业的委婉语………………183

第一章

委婉语概述

人类社会的发展是一个漫长渐进的历程。在古代，人们对一些自然现象如雷电、地震、日食、月食、四季更替等无法解释，因而对自然产生了一种敬畏之情。加之生产力水平低下，对一些猛兽的惧怕，使得人们不敢直言猛兽的名字，因而产生了禁忌语。人们普遍存在着一种"说凶即凶，说祸即祸"的恐惧心理，害怕一旦说出凶祸一类的话语，就可能会招致凶祸的降临，委婉语就是这一过程中产生的语言现象。在历史的发展中，人类逐渐由愚昧走向开化，由迷信走向科学，由野蛮走向文明。伴随着这一发展过程，人类使用的语言，也逐渐被打上了深深的烙印。

一、学者对委婉语的界定

（一）我国学者对委婉语的界定

我国学者对汉语委婉语的研究，一直是在修辞学的范畴内进行探讨的，是将委婉作为一种修辞格来看待的。王力先生主编的《古代汉语》对"委婉"一词的解释是："在封建社会里说话有所顾忌，怕得罪权贵、统治者，以致惹祸；所以说话时，往往是委婉曲折地把意思表达出来。"[①]权威的《中华大词典》对"婉转"的解释是："不直说本意而用委曲含蓄的话来烘托暗示。"郭锡良主编的《古代汉语》对委婉语的定义是："不直言其事，故意把话说得含糊、婉转一些，叫

---

① 王力.古代汉语：第四册.校订重排版.北京：中华书局，1999：1380.

做委婉语。"① 季绍德在《古汉语修辞》中对委婉的解释是："在一定语言环境里，遇到直说会强烈刺激对方的情感或预计直接表达会影响语言效果的时候，便不直说本意，采用一种委婉曲折的话来表达，这种修辞方式叫委婉。"② 朱祖延在《古汉语修辞例话》中对委婉的解释是："古人说话，有时不是直截了当把意思讲出来，而是采取一种迂回的表现方法，也就是透过字面，使听者体会到说话人的命意所在。"③ 陈望道先生在《修辞学发凡》中对婉转是这样解释的："说话时不直白本意，只用委曲含蓄的话来烘托暗示的，名叫婉转辞。"④

李国南认为："'委婉'作为一种辞格，与其说是'手段'，毋宁说是'目的'。细心观察英语中大量的委婉语，就不难发现：它们正是运用各种各样的表现手法以达到'委婉'这一目的。汉语中的委婉语也不例外，它们也是运用各种各样的表现手法创造出来的。"⑤ 姚殿芳、潘兆明主编的《实用汉语修辞》中没有使用委婉语一词，而是使用汉语中的说法婉言，他们对婉言的定义是："有时候，人们不直截了当地把本来的意思说出来，而故意把话说得委婉含蓄一些，把语气放得缓和轻松一些，这在修辞学上叫婉言。"⑥

黄伯荣、廖序东主编的《现代汉语》对婉转的解释是："有意不直接说明某事物，而是借用一些与某事物相应的同义语句婉转曲折地表达出来，这种辞格叫婉曲，也叫婉转。"⑦ 王希杰主编的《汉语修辞学》一书对婉曲的定义是："婉曲指的是不能或者不愿直截了当地说，而闪烁其词，拐弯抹角，迂回曲折，用与本意相关或相类的话来代替。"⑧

倪宝元在《修辞》一书中对婉曲的解释是："婉曲就是用委婉、曲折的话来表达本意的一种修辞手法，婉曲又分婉言和曲语。"⑨ 程希岚在《修辞学新编》一书中对委婉语的定义是："故意不明说，而通过另外的东西，从侧面把要说明的东西烘托出来或不直截了当地说，而闪烁地说出来。"⑩ 吴家珍认为："在某种特定的语言环境中，对某些话，人们不愿直说、不想直说、不便直说，而故意用一些

① 郭锡良，唐作藩，何九盈，等. 古代汉语. 北京：商务印书馆，1999：886.
② 季绍德. 古汉语修辞. 长春：吉林文史出版社，1986：346.
③ 朱祖延. 古汉语修辞例话. 武汉：湖北教育出版社，1979：66.
④ 陈望道. 修辞学发凡. 上海：上海教育出版社，1982：135.
⑤ 李国南. 辞格与词汇. 上海：上海外语教育出版社，2001：191.
⑥ 姚殿芳，潘兆明. 实用汉语修辞. 北京：北京大学出版社，1987：419.
⑦ 黄伯荣，廖序东. 现代汉语. 北京：高等教育出版社，1996：270.
⑧ 王希杰. 汉语修辞学. 北京：商务印书馆，2015：356.
⑨ 倪宝元. 修辞. 杭州：浙江人民出版社，1980：336.
⑩ 程希岚. 修辞学新编. 长春：吉林人民出版社，1984：128.

暗示和语气缓和的词语来表达，这样的修辞方法叫婉曲。"①

束定芳、徐金元在《委婉语研究：回顾与前瞻》一文中对委婉语的阐述较为科学、准确："我们认为，有必要区分两种意义上的委婉语：一种是狭义上的委婉语，即委婉词语，一般是约定俗成的，经过一段时间使用在一定范围内被大多数人所接受的词或短语，如英语中 die 的委婉语'pass away'等；另一种是广义上的委婉语，即通过语言系统中各种语言手段，或是语音手段（如弱读、改音）或是语法手段（如否定、时态、语态），或是话语手段（如篇章等）临时构建起来具有委婉功能的表达方法。"② 常敬宇认为：人们为了减轻交际对方的刺激或压力，对自己不情愿的事情、对对方的不满或者厌烦情绪，往往不愿直说，不忍直说，不便直说，不敢直说，而故意用一些礼貌用语或者语气比较缓和的词语，或以曲折、含蓄甚至隐晦的方式来表达。③

从以上对委婉（婉转、婉曲）辞格的定义可以看出，研究古代汉语的学者认为"委婉"涉及禁忌尤其是"国忌"问题，"怕得罪统治阶级，以致惹祸"；有的注意到"直说会强烈刺激对方的情感或会影响语言效果"；大部分学者认为委婉的表意特点是"不直言其事"，或者"不直说本意"；有的学者强调"借用一些与某事物相应的同义语句婉转曲折地表达出来"；或者"把话说得委婉含蓄一些，把语气放得缓和轻松一些"，这些定义与英语的委婉语的定义有许多地方是基本相同的。但是，汉语学者对委婉语研究的内容和角度与英语学者对委婉语的研究是有所区别的。现代汉语对"婉曲""婉转"所研究的主要内容是言语现象，主要在句子的层面上进行探讨，侧重于语义表达的间接性；而英语委婉语研究的范围比较宽范，包括语音、词汇和语法（句式、语气、时态等）不同层面，尤其以语词为研究内容进行探讨的比较多。李军华在《汉语委婉语研究》一书中给委婉语下的定义为：委婉语是由于禁忌、出于避免刺激、表示尊重或保护自我而采用不直接表白且能使人感到动听愉悦的说法。④

张拱贵主编的《汉语委婉语词典》在凡例的"立目"条中说明了该词典对委婉语收录的原则：1）古今兼收，凡经长期语言运用实践而凝固成委婉语者，均作为词目广泛收入。不仅包括运用委婉方法产生并固定的词，如净桶、例假、富态等，还包括一些固定短语，如个人问题、命归黄泉、招花惹草等。2）没有固定含义的婉曲说法，即由具体的语言环境所构成的临时的委婉用语，本词典则

---

① 吴家珍. 修辞与逻辑. 北京：广播出版社，1982：11.
② 束定芳，徐金元. 委婉语研究：回顾与前瞻. 外国语（上海外国语大学学报），1995（5）：19.
③ 常敬宇. 委婉表达法的语用功能与对外汉语教学. 语言教学与研究，2000（3）：32–36.
④ 李军华. 汉语委婉语研究. 北京：中国社会科学出版社，2010：7.

不予收录，如在一段的上下文中"那个"可包括多种委婉义。3）有些委婉说法，尚未成为固定短语，本词典亦不予收录，如以"快做妈妈了"指怀孕，以"腿脚不灵便"指跛足等。①

戚雨村教授在《语言学百科全书》中对委婉语的解释为："为避免引起不愉快和失礼，对某些事物或现象采取的委婉说法。"②王水莲主编的《语言与语言学词典》将委婉语定义为：用一种不明说，能使人感到愉快或含糊的说法代替具有令人不悦或不够尊敬的表达方法。葛本仪在《实用中国语言学词典》中对曲语的解释是：用委婉曲折的话来表达本意的修辞方法。可分两类：1）婉言，又叫"婉转"，为了减少刺激而把话说得委婉含蓄一些。2）曲语，又叫"折绕"，为了增强语义或幽默感而把话说得曲折、缭绕。③

束定芳、徐金元在《委婉语研究：回顾与前瞻》一文中指出，修辞学对委婉现象的研究，"其缺点也显而易见：对委婉语的界定不明确，无视委婉语产生的社会原因，对委婉语的本质特征揭示不深"④。李军华是这样区别"委婉"与"委婉语"的："委婉"，在言语行为之前，可以说是表达者受言语环境、交际意图的制约而企求达到的一种目的；在实施言语行为时可以说是一种动态的表达、展现过程；在言语行为之后，可以说是可能或必然产生的一种表达效果。从根本上说，"委婉"和"委婉语"是具有紧密联系的两个不同的概念。⑤邵军航对委婉语的定义：委婉语是在特定的语境中，对于使人产生畏惧、惊恐、羞耻、自卑、内疚、不适等各种消极心理反应即痛苦的事物，信息组织者（说写者）有意地运用语音、语义、语法等手段而形成的对这些事物非直接的语言或言语表达，从而避免使信息组织者本人和信息理解者（听读者）感到痛苦。⑥

客观地讲，要科学地界定委婉语，必须充分考虑特定的言语交际环境，包括社会文化背景、价值观念、宗教信仰、风俗习惯等各方面的因素，还要考虑具体的场合气氛、交际双方的心理表现、表达者的交际目的、使用的语言手段等，以及委婉语的表意特点及与直白语的关系。

李军华根据中外学界对委婉语的基本定义和对委婉语范围的研究成果，提出了三项界定委婉语的原则，体现了最基本的要求：

---

① 张拱贵. 汉语委婉语词典辞典. 北京：北京语言文化大学出版社，1996：22.
② 戚雨村，董达武，许以理，等. 语言学百科辞典. 上海：上海辞书出版社，1993：337.
③ 葛本仪. 实用中国语言学词典. 青岛：青岛出版社，1992：167.
④ 束定芳，徐金元. 委婉语研究：回顾与前瞻. 外国语（上海外国语大学学报），1995（5）：17.
⑤ 李军华. 汉语委婉语研究. 北京：中国社会科学出版社，2010：7.
⑥ 邵军航. 委婉语研究. 上海：上海外国语大学，2007：20.

一、目的原则：使用委婉语是为了回避一些遭禁忌的，或是不愿、不能直接说出的事、物、现象、行为等。

二、方式原则：委婉语采用间接表达的方式形成，在语音、语义、词汇、句法和篇章等层面都产生语音替代形式或隐含表达形式。

三、效果原则：委婉语无论是运用词语对所指称事物进行弱化或美化，还是运用特定的语音形式、文字形式、句式乃至篇章间接表意，都是为了回避禁忌，减少刺激，唤起愉悦和美感，使人容易接受并进而产生积极的交际效果。

（二）英美学者对委婉语的界定[①]

英语委婉语其实从1066年诺曼人征服英格兰时就开始盛行，因为征服者说法语，而当地人使用的盎格鲁–撒克逊语言被征服者认为是粗俗的语言，上流社会为了避免粗俗，便开始使用源于拉丁语的所谓文雅高尚的词语，这些词语后来融入英语中便形成了委婉词语。

我们再来看一下英美学者对委婉语的定义：

16世纪80年代初，英国作家George Blunt首创了euphemism一词，并将此定义为a good or favorable interpretation of a bad word（使人不愉快的语句的一种礼貌的或令人容易接受的表达）。美国语言学家戈德伯格在《语言的奥妙：语言入门人人学》一书中，独辟一节专门介绍委婉语，他把委婉语分为"委婉语和不谐音法""剧院、两性关系及救济院的委婉语""一些社会委婉语"等几个方面。[②]《牛津辞典》从语义角度对委婉语的定义是：substitution of a mild or vague or round about expression for a harsh or direct one; expression thus substituted.《朗文语言教学及应用语言学辞典》（*Longman Dictionary of Language Teaching and Applied Linguistics*）把委婉语定义为：The use of a word which is thought to be less offensive or unpleasant than another word。[③]《文体学词典》（*A Dictionary of Stylistics*）把委婉语解释为：from the Greek "good speech", the substitution of an inoffensive or pleasant expression for a more unpleasant one, for a term which more directly evokes a distasteful or taboo subject。[④]《袖珍牛津英汉词典》（*Pocket Oxford*

---

① 李军华. 汉语委婉语研究. 北京：中国社会科学出版社，2010：22.

② 戈德伯格. 语言的奥妙：语言入门人人学. 太原：山西人民出版社，2003：12.

③ RICHARDS J C, RICHARD S. Longman Dictionary of Language Teaching and Applied Linguistics. 10th ed. New York: Routledge Talor & Francis Group, 2002: 205.

④ WALES K. A Dictionary of Stylistics . 3rd ed. New York: Routedge Taylor & Francis Group, 2011: 146.

English-Chinese Dictionary）关于委婉语的定义：a less direct word used to refer to something unpleasant or embarrassing, often so as to avoid offence。① Random House 出版公司 1997 年出版的《韦氏美国英语词典》（*Webster's American English Dictionary*）是这样定义委婉语的：The substitution of a mild, indirect, or vague expression for one thought to be offensive, harsh or blunt。朗文出版公司 1998 年出版的《朗文当代高级英语辞典》（*Longman Dictionary of Contemporary English*）对委婉语的定义是：a polite word or expression that you use instead of a more direct one to avoid shocking or upsetting someone②。*Oxford Advanced Learner's Dictionary of Current English* 对委婉语的定义是：use of other, usu. less exact but milder or less blunt, words or phrases in place of words required by truth accuracy: "Pass away" is a euphemism for "die" "Queer" is a modern euphemism for "homosexual"（用其他的常常是较为温和的或不那么生硬的词或短语来替代要准确表达的词语："过世"是"死"的委婉语，"特别的"是"同性恋"的现代委婉语）。*Concise Oxford Dictionary*《简明牛津词典》关于委婉语的定义是：Euphemism is defined in dictionaries as a rhetorical device: substitution of mild or vague or roundabout expression for harsh or blunt or direct one③（委婉语在词典中被定义为一种修辞格：是将刺耳的、生硬的或直接的表达替换为温和的、模糊的或拐弯抹角的表达）。*Webster's New World Thesaurus 1971*（《韦氏新世界同义词辞典》1971 年版）对委婉语的定义是：Substitution, restraint, softened expression, mock modesty, metaphorical speech, verbal extenuation, word in good taste, over delicacy of speech, affected refinement of language。④

上海外语教育出版社 1997 年出版的《剑桥国际英语词典》（*Cambridge International English Dictionary*）对委婉语的定义是：(the use of) a word or phrase used to avoid saying another word or phrase that is more forceful and honest but also more unpleasant or inoffensive。⑤ 中国对外翻译出版公司 2002 年出版的《柯林斯精选英语词典》（*Collins Cobuild Essential English Dictionary*）对委婉语的定义是：A euphemism is a polite word or expression that people use when they are talking about something which they or other people find unpleasant or embarrassing, such as death or

---

① SOANES C. Pocket Oxford English-Chinese Dictionary. 北京：外语教学与研究出版社，2009：438.
② 英国培生教育有限公司. 朗文当代高级英语辞典. 6 版. 北京：外语教学与研究出版社，2018：854.
③ Concise Oxford Dictionary. Oxford: Oxford University Press, 1982: 375.
④ Laird C. Webster's New World Thesaurus. New York: Simon Schuster, 1971: 69.
⑤ 剑桥国际英语词典. 上海：上海外语教育出版社，1997：471.

sex, bodily functions, war, etc.。[1]外语教学与研究出版社 2000 年出版的《语言与语言学词典》（*Dictionary of Language and Linguistics*）对委婉语的定义是：Rhetorical trope: a pleasant replacement for an objectionable word that has pejorative connotations[2]（用一种不明说的、能使人感到愉快的或含糊的说法，代替具有令人不悦的含义或不够尊敬的表达方法）。《哈珀当代惯用法词典》（*Harper Dictionary of Contemporary Usage*）对委婉语的解释：Euphemisms are words substituted for more plainly explicit words which might offensive to some readers or listeners。[3]《委婉语词典》（*A Dictionary of Euphemisms and Other Doubletalk*）的主编罗森先生所言更加明确："They are linguistic fig leaves"（它们是语言的遮羞布）。《韦伯斯特大学词典》对委婉语的定义是：the subjection of a agreeable or inoffensive expression for one that may offend or suggest something unpleasant[4]。

《钱伯斯基础英语词典》（*Chambers Essential English Dictionary*）对委婉语的解释为：a euphemism is a mild or polite term used in place of one that some people might find offensive or embarrassing: 'Departed' and 'passed on' are euphemisms of 'dead'。[5] Hyland 把委婉语定义为"任何语言方式，用于表示缺乏对相关命题的真正价值的肯定，或不愿直接明确表示某种承诺的意愿"[6]。

Leech 在《语义学》一书中给委婉语的定义：Euphemism is the practice of referring to something offensive or indelicate in terms that make it sound more pleasant than it really is. The technique consists of replacing a word that has offensive connotations with another expression that makes no overt reference to the unpleasant side of the subject and may even be a positive mispower. 委婉语（在希腊语中是"谈吐优雅"的意思）就是通过一段措辞把原来令人不悦或比较粗俗的事情说得听上去比较得体、比较文雅。其方法是使用一个不直接提及事情不愉快的侧面的词来代替原来那个包含令人不悦的内涵的词。

1981 年，英国语言学家 Hugh Rawson 根据多年来英美语言学家关于委婉语的研究成果，编纂出版了 *A Dictionary of Euphemisms and Other Doubletalk*（《委

---

① SINCLAIR J. Collins Cobuild English language Dictionary. London: Harper Collins Publishers, 1992: 481.

② BUSSMANN H B. Routledge Dictionary of Language and Linguistics. 北京：外语教学与研究出版社，2000: 205.

③ MORRIS W, MORRIS M. Harper Dictionary of Contemporary Usage. New York: Harper & Row, 1975: 227.

④ Merriam-Webster's Collgiate Dictionary. 10th ed. Springfield: Merriam Webster, Incorporated, 1998: 400.

⑤ HIGGLETON E. 钱伯斯基础英语词典. 北京：外语教学与研究出版社，1998: 317.

⑥ HYLAND K. Writing without conviction? Hedging in science research articles. Applied Linguistics, 1996: 4.

婉语词典》)。在该词典的前言中，编纂者追溯了委婉语研究的历史，并且对委婉语的特点、定义、分类、涉及范围等问题进行了广泛而深刻的讨论，该词典对委婉语研究具有重要价值。

1982 年，Lee S. Shulman 和 Gary Sykes 在 *Handbook of Teaching and Policy* 中给委婉语的定义是：Euphemism is a substitution of mild or vague or roundabout expression for harsh, or blunt direct one...euphemism is not restricted of the lexicon, there are grammatical ways of toning something down without actually changing the content of the message. The inflated style is itself a kind of euphemism. （委婉语是用轻微的、模糊的或迂回的表达方式，代替苛刻或直接的表达方式。委婉语不仅仅是词语的变化，更多的是存在于语法结构当中。比如在不改变表达内容的前提下，让说话的方式变得柔和。夸张本身就是一种委婉的表达方式）。

1983，美国学者 J. S. Neaman 和 C. C. Silver 合著的 *Kind Words*: *A Treasures of Euphemisms*（《英语委婉语大全》）一书出版，这是一部英语委婉语研究的经典之作，对委婉语研究具有重要的参考价值。《牛津英文词典》（*Oxford English Dictionary*）中对委婉语（euphemism）的定义是：that figure of speech which consists in the substitution of a word or expression of comparatively favorable implication or less unpleasant associations, instead of the harsher or more offensive one that would more precisely designate what is intended[1]（用一种不明说的、使人感到愉快的表达来代替刺耳或生硬的表达的一种修辞手法）。Allan 和 Burridge 对委婉语是这样描述的：A euphemism is used as an alternative to a dispreferred expression, in order to avoid possible loss of face: either one's own face, or through giving offence, that of the audience, or of some third party[2]（委婉语是用来替代不好的表达，以避免可能的丢脸：要么是丢讲话者自己的面子，要么是讲话者冒犯听者，使听者丢面子，或使第三方丢面子）。R. R. K. 哈特曼、P. C. 斯托克合著的《语言与语言学词典》对委婉语的定义是：用一种不明说的、能使人感到愉快的或含糊的说法，代替具有令人不悦的含义或不够尊敬的表达方法。[3]

从以上汉英两种语言学者对委婉语的界定，我们可以看出，委婉语反映了人

---

[1] Oxford English Dictionary. Oxford: Oxford University Press, 2009: 436.

[2] ALLAN K, BURRIDGE K. Euphemism & Dysphemism: Language Used as Shield and Weapon. New York：Oxford University Press, 1991: 14.

[3] 哈特曼，斯托克. 语言与语言学词典. 黄长著，林书武，卫志强，等译. 上海：上海辞书出版社，1981: 120.

们在交际时运用语言的社会文化心理。在远古时期，人们为了表现出对神灵和自然界神奇魔力的敬畏，开始使用委婉语。在科技如此发达的今天，这些看起来是一种迷信。然而，古时由于科学不发达，人们因为无法解释雷电雨雪、火山爆发、地震以及日食月食等自然现象而产生恐惧。人们认为这些现象都是神灵所为，连指称它们的词语也是不能提的，因此，由恐惧产生的迷信，由迷信产生的对神灵的敬畏，曾经具有不可违逆的权威性。人们相信各种自然现象是由各种不同的神灵在支配，为了祈求福祉、避免灾祸，人们举行各种祭祀活动，忌讳提及所敬畏的神灵的名字，例如，人们会称日神为"羲和"，称水神为"河伯"，称火神为"祝融"，称风神为"飞廉"。人们还认为语言也有超人的力量，语言与所代表的事物是一样的，在使用表示这些神灵的语言时非常小心谨慎，以免触怒神灵招致灾祸。正如温德特（Wundt）所说的那样：埋藏在所有禁忌里的那种无言的命令，虽然因为随着时间和地点而造成了无数的变异，可是，它们的起源只有一个而且只一个，即："当心魔鬼的愤怒！"[①]在《西游记》中，孙悟空被如来压在五行山下，唐僧取经路过时，把如来的咒语揭去，孙悟空才能够从山下挣脱出来。其实，把孙悟空压在山下的是如来的咒语，而不是五行山，可见语言禁忌的影响是如此之大。这就导致了人们在心理上对犯忌的事物产生了恐惧，并在语言活动中尽量避免提及这些词语。出于这种原始的恐惧心理，人们的应对办法是避免使用那些表示可怕事物的词语，慢慢就形成了语言禁忌。在社会交往中，有些内容必须表达，于是人们就用其他词语来委婉地表达。例如，"神龛"是供奉佛像的佛界净地，当某个家庭需要佛像时，只能说"请"，不能说"买"，因为佛界视金钱为世间浊物，如果说买就显得俗气，有玷污佛祖之嫌，所以就委婉地把"买"说成"请"。在封建社会，还有国讳和家讳，国讳为帝王讳，全国都要避讳。家讳为"尊祖敬宗讳"，全家乃至全家族要避讳。在我国，国讳对汉语的影响非常深远。例如，从春秋时代开始，士大夫取名要避开国君的名字。秦汉以后避讳制度更加完备，皇帝的名字，甚至皇帝名字的同音、同形字，都是禁忌，臣民如有违反，必受惩罚。为了回避秦始皇的"嬴政"的"政"字，秦代把正月改为"端月"。汉代为回避皇帝刘邦的"邦"字，凡是遇到"邦"字皆改为"国"。汉文帝时期，为了回避皇帝刘恒的"恒"字，恒山被改为"常山"。东汉时期，为回避刘秀的"秀"字，"秀才"被改为"茂才"。春秋时期开始朱仙镇定名"启封"，为了回避汉景帝刘启的名讳，启封被改为"开封"。为了回避晋文帝司马昭的名讳，王昭君被改称"明妃"。唐代，为了回避唐太宗李世民的"世民"，唐代人

---

① 弗洛伊德.图腾与禁忌.杨庸一，译.北京：中国民间文艺出版社，1986：34.

把"世"字改用"代"字，把"民"字改为"户"字，这样"民部尚书"改成了"户部尚书"，连"观世音菩萨"也被改为"观音菩萨"。南阳城北丰山有一处清泉，《山海经》记载为"清冷渊"，唐代人为避讳唐高祖李渊的名字而将其改为"清冷泉"。宋代，为了回避宋太宗赵匡义的"义"字，人们把地名义兴改为宜兴，并沿用至今。同样，信阳原名叫义阳，为了回避宋太宗赵匡义的"义"字，北宋太平兴国元年，河南地名义阳改称为信阳。慈禧属羊，因此，宫里演戏忌讳提到羊字，《苏武牧羊》《变羊记》都不能演，遇到"羊"的台词，都需要改，如《女起解》中的台词"羊入虎口，有去无回"，改为"鱼儿落网，有去无还"。

家讳，表示要尊敬祖先，回避祖先的名字，是一种对自己的祖先及长辈的崇敬、尊重的心理状态。徐乾学在《读礼通考》中说："古人于祖、考及妣以上，皆加一皇字，逮元大德朝始诏改皇为显，以士庶不得称皇也。"自此以后，民间摆放的牌位或墓碑上"黄祖皇考皇妣"改为"显祖显考显妣"。在社会交往中，人们为了显示出对交际对方的尊重，也为了显示自己的文雅，常常用委婉曲折的话来表达那些文化传统、风俗习惯所禁忌直说的事物、现象，或者采用模糊、美化的方式，拔高职业地位，避免提及被视为"卑微"的工作。

李军华认为：委婉语"这种现象在语言作为人类最重要的交际工具时是普遍存在的，一般具有不可替代性；只要有人类存在，只要语言是一种最重要的交际工具，委婉语就必然会经常产生和不断涌现，因而是不可忽视的一种语言现象"[①]。

客观地说，委婉语是为了达到理想的交际效果而采用的含蓄曲折的表达方式，其表达方式多种多样，不仅仅是避讳，其构成手段还包括语音、语法和修辞手段。尤其是在西方社会交往中，在遇到一些敏感问题时，人们往往会采用委婉的表达方式，这样一来显示出对对方的尊重，照顾了他人的情感，二来在保护对方"面子"的同时，也展现出了说话人的文雅和修养。

二、委婉语的特性

委婉语在表达上的特点，就是用一种听起来悦耳动听、令人愉快、有礼貌的

---

① 李军华.汉语委婉语研究.北京：中国社会科学出版社，2010：7.

词语替代听起来刺耳、令人不快、粗鲁无理的词语，把话说得委婉含蓄，避免刺激交际双方，使语言表现出一定的含蓄性和间接性。我们所说的悦耳动听，不是指语音上的美妙动听，而是指交流时的话语形式所引起的联想能够产生美好的意义。这种拐弯抹角、迂回曲折表达的方式、手段构成了委婉语独特的表述方式。在宗教信仰、风俗习惯等社会文化制约下，人们逐渐使用委婉的词语代替禁忌语，传递那些必须表达而又不能直接说出的信息，于是就形成了委婉语。正是由于语言环境的作用，委婉语才具有间接性、民族性、时代性以及地域性。

（一）间接性

David Crystal 在《现代语言学词典》一书中对模糊的定义是：a term derived from mathematics and used by some linguists to refer to the indeterminacy involved in the analysis of a linguistic unit or pattern. For example, several lexical items, it is argued, are best regarded as representing a semantic category which has a invariant core with a variable (or fuzzy) boundary, this allowing for flexibility of application to wide range of entities, given the appropriate context。很显然，委婉语的使用目的是避免直接说出而造成的尴尬，使用间接表达使语言变得模糊。一种表达越间接，其意义也就越模糊，委婉性也就越强；委婉性越强，其表达越是边缘化，其标记性也就越强。[①] 一般情况下，人们为了达到理想的交际效果，说话时注意讲究分寸，避免提及令人不快的事情，有时候对一些不得不说的事情，就会采用迂回曲折的办法，有意在语言符号与所指事物间留出一段距离，既能够照顾对方的面子，又能够达到理想的交流效果。为了便于人们理解，在使用委婉语时又要让委婉语与原词"相关"，使交际对方感到你是在委婉曲折地表达，这样一来在心理上就更容易接受。因此委婉语一般都采用美化或淡化事实真相的办法来降低信息的负面影响，有意把原本听起来可怕的事情，尽量用温和的词语来描述，轻描淡写地表达出来。

现实生活中，人们在知道对方身体有缺陷的情况下，一般不会使用刺激性词语，而是有意识地使用委婉的说法，如成年女子身体肥胖，我们就会说这个人"丰满、富态"，成年女子身体瘦，我们就会说她"苗条、线条好"。英语中不说人 ugly 而说其长相 plain，身体消瘦的女士被称为 slender，过于肥胖的则被说成 plump。从以上例子可以看出，委婉语在表达上的特点是采取一种迂回的表达方

---

① 邵军航. 委婉语研究. 上海：上海外国语大学，2007：53.

法，委婉曲折地把意思说出来，表现出含蓄性和间接性。

使用委婉语主要是为了美化事实，有意淡化、弱化事实真相，避免刺激而引起的伤感。例如，人们在说到身体有残疾时，一般有意避免使用直白的话语，而是使用委婉词语进行表达。一个人有病请假不能上班，不能直接说因为有病而休息，而要用"身体不适、身体欠安"来替代。一个人患精神病，住在精神病医院，在这种情况下不能直接说出来，而要用"心理医院"来代替"精神病医院"。民间有"当着秃头不说电灯泡"的说法，就是有意在避讳当事人。又如，说某人缺钱用时，不能直接说某某人没有钱，而是用"囊中羞涩"来代替。现代社会文明程度提高，讲究人人平等，不能歧视人，尤其是要关爱社会上的弱势群体。对于父母没有结婚而出生的孩子不能说是"私生子"，父母离婚由母亲或者父亲单独抚养的孩子，不能说"父母离异家庭中的孩子"，而应该使用"单亲家庭的孩子"来代替。对于没有固定的收入来源或者靠从事简单劳动获得较低收入的人群，过去一直称其为"贫困阶层"，而随着社会的发展，为了表示对这些群体的尊重，现在一般都称其为"弱势群体"，人们甚至还把欠银行的贷款说成是"贷款余额"等等。这些委婉语有意避免直白的表达给受话者带来的心理压力，从人们的心理上拉大语言符号与所指的事物之间的距离，消除二者之间不好的联想，尽量用婉转、好听的词语去代替直接的表达，向受话者传递友好、真诚的态度，以维系、发展友好的人际关系，从而达到顺利交际的目的。

以上所谈委婉语的间接性，其实是对一些不便说出或者不能直接说出的客观事实的含蓄曲折的表达，这样一来，交际双方避免了直率、粗俗的言语可能造成的不快，也使说话者显得文雅。在现实生活中，人们还常常使用含糊、笼统的词语缓解刺激，有意淡化、弱化那些不雅的事物或现象。例如，汉语中模糊表述病症的委婉语，有三种情况："不"加形容词词素构成的有关疾病的委婉语有"不安、不好、不快、不适、不豫"等，"欠"加形容词词素构成的有关疾病的委婉语有"欠安、欠爽"等，"违"加形容词词素构成的有关疾病的委婉语有"违豫、违忧、违和"等。汉语模糊表述病症的格式也经历了一个词汇化过程，使得"不、欠、违"等含否定意义的词，由古汉语中的地位独立变为现代汉语中的附属黏着，由词变为构词词素。这样造就了大批的新词，形成了新的构词方法。[1]

具有模糊语义的委婉语还常被用于外交场合，外交官特别注意自己的语言，十分关注本国的根本利益，在追求本国利益的同时，最大限度地减少矛盾和冲突，因此，常采取委婉的表达方式，表明自己的态度。例如，使用"可以理解、

---

[1] 杨彬，孙银新，刘杨.英汉表"病残"义的委婉语对比研究.西安外国语大学学报，2018,26（2）:6–11.

值得关注、深表遗憾、表示赞赏"等词语，既能够婉转地表明自己的态度，也可以把一些棘手的问题应付过去，这些词语常常被外交官们作为常用的外交辞令。在外交场合，这些外交辞令都是冠冕堂皇的推诿之辞，其背后的含义不言自明，但又含而不露，让人抓不住把柄。2022年4月，《北京商报》刊登了一篇文章，标题为《楼市小阳春宣告失约 调控松绑效果有待显效》。文章说的是面对商品房销售额持续下滑的问题，各地相继出台了一些调控松绑措施，但是效果并不理想。标题中"失约"的意思就是指松绑措施出台后商品房销售上涨的效果没有出现。文章没有直接说松绑措施的效果没有出现，而是委婉地说"失约"了。

（二）民族性

由于所处的自然环境、社会环境不同，在不同的文化语境下，人们对事物的敏感程度有所不同，每种文化都存在对某些事物的禁忌，因此，不同的语言禁忌会折射出不同的文化价值观，不同语言中的委婉语也必然存在着差异。汉语中有这样的说法：这人肚子里有点墨水，缺点就是喜欢翘尾巴。这句话表达生动，意思非常清楚，容易理解。过去中国人写字用毛笔，需要使用墨水，所以就把读书多的人比喻为"肚子里有点墨水"。翘尾巴最开始指的是狗等动物把尾巴翘起来，后来用来比喻骄傲或自鸣得意。毛泽东在《关于中华人民共和国宪法草案》中说：一百年也不要骄傲，永远也不要翘尾巴。如果把这句话照字面翻译成英语，以英语为母语的人就无法理解，因为墨水、翘尾巴显然不能引起他们的联想。英语中有这样一句流行语：The shoe is on the mast.其字面意思是："鞋子挂在桅杆上了。"而这句话的真正含意为："如果你想慷慨解囊，现在就是好机会。"这句流行语源自航海，当船快到目的地时，驾船人将一只鞋子倒挂在桅杆上，这时船上的乘客就会送上一份恰当的小礼物，以表示谢意。后引申为：别人已暗示你慷慨出手，就不好意思不破费了。英国是个岛国，四面环海，与航海有关的词语就比较多，所以用"鞋子挂在桅杆上了"委婉暗示慷慨出手就体现了其民族性的特征。源于美国的to polish the apple，原本是美国农村的一个风俗，指的是为了表示对老师的尊敬，小学生上学时，常常给老师带一个苹果，还要把苹果擦干净。久而久之，人们就把to polish the apple这种对老师表示尊敬的含义，转换成了讨好某人，该表达因此成了"拍马屁"的委婉语。

由于地理环境的制约，人们使用的委婉语也一定会深深地根植于自己民族的社会土壤中，反映该民族独特的审美心理和价值观念，蕴含丰富的文化内涵。存在于一种语言中的禁忌，在另一种语言中可能是正常的表达。随着时间的推移，委婉语也会发生变化。在我们汉文化中，封建时代"不孝有三，无后为大"的传统思想影响可谓根深蒂固，因此在社会交往中，人们对没有儿女的家庭会使用"膝下荒凉""断了香火"等委婉语，避免使用"断子绝孙""绝后"等词语。

中国文化有讲究礼貌、注重含蓄、崇尚谦让的传统，在日常交往中提倡"卑己尊人"的原则，体现出对他人的恭敬和对自己的谦卑。因此，汉语中有许多敬语，如尊称对方为"大驾、阁下"，尊称对方的父亲叫"令尊"，尊称对方的母亲为"令堂"，送别人书籍等纪念品时会题写"惠存"，尊称与自己年龄相仿的男子为"大哥"，称对方的著作为"大作"，把对方的家称为"府上"，把对方的意见称为"高见"，把阅读对方的文章或著作称为"拜读"，把访问对方称为"拜访"，称对方对自己的爱护为"垂爱"，问老人的年龄时为"高寿"，等等。同时为了抬高对方，老年人谦称自己为"老朽"，称自己的面子为"老脸"，老年妇女谦称自己为"老妇"，把自己的家称为"寒舍"。男性在朋友熟人之间谦称自己为"小弟"，把自己的儿子称为"犬子"，把自己的著作、书画作品谦称为"拙作"，把自己的意见说成"浅见、管见、拙见"等。这些委婉语的使用，充分反映了汉民族含蓄深沉、崇尚谦逊的传统民族心理。我国深受儒家文化的影响，谦和礼让是我们中华民族的美德，在与人交往中提倡谦和，在社交称谓上强调委婉含蓄，贬低自己，抬高别人。在汉语委婉语中，人们使用谦辞、敬辞就是为了在社会交际中营造和谐的关系。谦辞、敬辞是汉语委婉语的一种重要形式。为了表示谦恭，说话一方通常会使用大量的谦辞来称呼自己，用敬辞表示对对方的尊敬。王力先生在《古代汉语》一书中把谦辞、敬辞归入委婉语之中，"自谦尊人"是礼的基本原则之一，使用谦辞、敬辞可以使话语变得委婉动听，有利于交际的顺畅进行。

西方人受平等思想的影响，自信坦率，他们追求的是实现自我，表示我的"I"，就是用大写标记的。他们在交往中没有"卑己尊人"的观念。在英美等国，老年人颇为忌讳被称为老人，因此，一般不用 old man 这种说法。英语国家在形容老人时，要用 senior citizens（多指 65 岁以上的老人），past one's prime，seasoned men，the longer-lived，to be advanced in age，an old man in his peaceable caducity（安度晚年的老翁），to feel one's age（感到自己年事已高），distinguished gentleman，等等，表明老人与年轻人比较起来阅历比较丰富，他们经历的事情比较多、生活时间比较长久等，以委婉地表示他们是年龄大的人。

在邓炎昌、刘润清的《语言与文化：英汉语言文化对比》一书中有一个汉英不同价值观中对老人不同认知的例子：

An American teacher in her early fifties was invited to the home of a young Chinese colleague for dinner. When she arrived, the 4-year-old daughter of the hostess was presented to her "Hello, Auntie," the little girl chirped in English. This was what her mother had taught her how to greet grown-up woman. "No, no, not Auntie", the mother hurriedly corrected. "Say Granny!" "No not granny, please just call me Auntie." "But that's not polite to her. You're so much older than I am." The American woman's face flushed a second, then she smiled and said, "Just have her call me Auntie, I'd prefer that."

英语用 cash advance 代替 debt，汉语用"按揭""贷款"代替"借债"，因此，汉语中欠银行贷款成了"贷款余额"。英语用 substandard housing 代替 slum，汉语中则使用"经济适用房""安居工程"来表达。

汉英语言中都有一些源于神话传说、文学名著、宗教典籍、寓言故事的委婉语，它们具有鲜明、独特的形象性和耐人寻味的思想性。如汉语中的"烦恼、世界、大众、紧箍咒、空城计、呼风唤雨、五体投地、逼上梁山、三生有幸、三头六臂、无中生有"等词语，大都源于一些典故或者成语，蕴含着丰富的文化内涵，打上了时代的烙印。要明白其中的深刻含义，必须了解汉民族文化知识，才能够联想到这些词语所指的实际意义。在西方文化中，宗教思想直接影响人们的思想观念，基督教的经典《圣经》更是一部深刻影响西方人思想、生活的重要著作，许多源于《圣经》的委婉语已经成为家喻户晓的日常用语。源于《圣经》的 Writing on the wall 就被人们用来婉指"灾祸的预兆"。Magdalene 婉指"从良的妓女""妓女收容所"，典出《圣经·路加福音》，Mary Magdalene 是耶稣的一位女信徒，她原为妓女，后来改邪归正。

汉语中的"走麦城"源于三国演义，后来人们把骄傲自大、不听劝告导致失败的事件，委婉地称为"走麦城"。同样在《三国演义》中，曹操率兵南下攻打东吴，他在写给孙权的信中说"今治水军八十万众，方与将军会猎于吴"。信中所说的"会猎"不是一般意义的打猎，实际是交战的委婉语，其真正的目的是进行军事恐吓。

委婉语具有强烈的民族性，与这个民族的社会环境、文化心理、生活习俗直接相关。在西方有些被视为个人隐私的事情，在中国却是人们茶余饭后的谈资，如一个人的工资收入、妇女的年龄、婚姻状况等，所以，汉语中这方面的委婉语比较少。相反，西方人毫不介意的某些方面，在中国却是忌讳莫深的，例如，在西方晚辈对长辈可直呼其名，而在我国如果晚辈对长辈直呼其名，会被看成大逆不道，是万万使不得的。在西方，子孙可以使用长辈的名字，在我国，给子孙起名，要尽量避讳使用长辈的名字，连跟长辈名字中同音的字也尽量不要用。

（三）时代性

语言是社会的产物，在人类发展的历史过程中，人们的劳动和生活经验通过语言记载，才得以流传下来。每个时代，社会的发展和变化都会在语言中留下痕迹。因此，我们可以这样认为：委婉语蕴含着一个民族的历史文化积淀，也饱含着不同历史时期的经济社会生活信息。

从历史的角度看，委婉语始终随着社会的发展而不断变化。随着新事物的不断出现，一些表达这些事物的委婉语也不断地被人们创造出来，同时随着一些事物的消失，表达这些事物的委婉语也会逐渐消失。一些职业原来因为社会制度、价值观念等诸多因素的影响，需要使用委婉语来表达，而现在因为时代的变迁、社会环境的变化、价值观念的转变等因素，这些职业的社会地位得到提高，这些职业的委婉语就失去了存在的条件，相应地就失去了存在的必要。旧社会，唱戏被认为是"贱业"，唱戏之人被称为"戏子"，其社会地位低下，死后不能葬入家族的坟地。"戏子"有"俳优""伶人""伶伦""优伶"等委婉语。现在演艺业早已不再是低贱行业，演员尤其是著名演员名利双收，吸引着许多年轻人争相走上演艺之路。电影《戴手铐的旅客》，描写了某科研单位突然发生的一起凶杀案，保密室工作人员被暗杀，发射导弹的A-1号燃料被盗窃。主题曲叫《驼铃》，有一句歌词：顶风逆水雄心在，不负人民养育情。电影的主人公肩负重任，又不能明说，歌词就用"顶风逆水"来替代，既表达了任务的艰巨性，又表达了主人公不辱使命，"不负人民养育情"的情怀。随着社会环境的转变，语义也在发生转移，委婉语明显被打上时代的烙印。20世纪80年代，随着改革开放的深入，一些跟不上社会需求的产品卖不出去，导致了一些工厂关闭、工人失业的现象，于是就有了"下岗"这个委婉语。

由于网络的兴起，网民大量涌现，网络语言变得十分活跃，出现了很多诸如"单身贵族、俯卧撑、恐龙、杯具、打酱油、躲猫猫"等新的网络委婉语。例如，"山寨"一词源于广东话，其主要特点是快速仿造新产品，由于其外形新颖、价格低廉，很快打开了市场。主要表现形式为小规模快速模仿新产品，主要涉及手机、数码产品等电子产品。这种新兴的委婉语借助网络优势，以微信、博客等独特的形式快速传播发酵，很快被广大网民所接受，为委婉语注入了新的活力，体现了鲜明的时代性，使得委婉语呈现出新的面貌。

汉语的委婉语，多数是由于中国的人文环境和社会心理影响而产生的。在封建时代，由于等级观念的制约，连说话都有所顾忌，有些话不能直接说出，这些语言禁忌慢慢就形成了委婉语。例如，关于"死"的说法也有等级之分，《礼记·曲礼》上就规定：皇帝的死讳称为"崩"（如"驾崩""山陵崩"等），诸侯的死讳称为"薨"，大夫的死讳称为"卒"，士的死讳称为"不禄"。由于委婉语替代的是一些人们不愿说出的事情，因此，随着社会的发展，人们的认识会发生变化，一些新的事物就会随着社会发展应运而生，新的社会进步也会引起委婉语的变化。清王朝被推翻以后，在封建时代表示不同阶层人的死亡委婉语也不再使用。

在近现代，那些为保卫祖国、为人民的解放事业献出生命的人被婉称为"英勇献身""壮烈殉国""英勇就义""为国捐躯""光荣牺牲""以身殉职"等。近些年来，随着社会的迅猛发展，新事物层出不穷，一些科技术语和行业用语也被作为委婉语来使用。例如，原属航天领域的术语"软着陆"，用来婉指经济平稳缓慢下降；"黄牌"源自足球比赛，是对球员违反规则的一种处罚，现在婉指"严重警告"；"换血"源自医学术语，是换掉病人原有的部分或大部分血液，来抑制某些疾病的一种治疗方法，现在婉指对某个组织进行彻底整顿或更新。人们在一些事情上难以沟通时，就用计算机术语中的"不兼容"来表达，把遇到麻烦难以解脱的情况说成是股市行业用语"套牢"。"曝光"一词源自摄影术语，指将感光板置于晒版机工作台上，放好底片，通过曝光获得一种可见图像的过程，现在婉指揭露那些见不得人或者违法的事情。教育行业用语"交学费"，用来表示因为缺乏经验而造成损失所付出的代价。2010 年 1 月 27 日，《法制晚报》刊登了一篇文章，标题为：《经济寒冬中国对非吹"暖风"》。文章把 2008 年席卷全球的金融危机委婉地称为"经济寒冬"，把在全球经济受到严重影响的情况下，中国对非洲的经济援助称为吹"暖风"。这些委婉表达方法尽管还没有进入语言社区，没有被广大人民普遍接受，但是，这些委婉语确实体现出了鲜明的时代特色。

我们再来看看英语中"厕所"委婉语的变化过程。英语中厕所一词"lavatory"源于拉丁语 lavātorium，原意是 washing-place。在伊丽莎白时代，英国人在用词上特别讲究，直接说厕所是粗俗的，为了避俗人们用 jakes 代替"lavatory"。近代英国人用于厕所的委婉语有 water-closet，cloakroom，comfort station，等等。据说 20

世纪 80 年代，英国人表示厕所的通用委婉语是 toilet①。再来看 "off" 委婉语的变化过程。"off" 的本义为去除、除掉。20 世纪 60 年代中期，由于美国民权运动和妇女解放运动的兴起，反种族歧视和要求自由平等的游行示威不断爆发，在游行过程中，人们有时候会与维持秩序的警察发生冲突，过激分子在与警察发生冲突时经常叫喊 "Off the pigs（即 kill the police 的意思）"，于是 "Off" 一词就引申出了 "杀死" 的委婉含义。另外，还有黑人委婉语的变化过程。在 18 世纪，Negro 用来替代 slave，成为黑人的委婉语，在 1891 年，美国人口调查就使用 negro 一词填写民族一栏，后来，迫于黑人的压力，《纽约时报》在 1930 年将 negro 一词的第一个字母改为大写，以后 Negro 就成为黑人的委婉语。20 世纪 60 年代中期，美国民权运动爆发后，Negro 被 black 取代，黑人领袖常常有意识地使用 black，提出 Black is beautiful。此后，Black 成为黑人的委婉语。现在，原本表示少数的 minority 成为美国黑人的委婉语。

（四）地域性

不同的地理环境会产生不同的文化，给相同的词语带来不同的含义。因此，因文化的不同，对于同样的婉指对象，不同地域的人们会使用不同的委婉表达。中国地域广大，人口众多，有广袤的大河平原、高山森林和辽阔恢宏的草原，言语禁忌的流行范围十分广泛，但方言分歧也大，同样的言语禁忌内容，往往因为方言差异而产生不同的内涵和外延，各地方言使用的委婉词语也往往不一样，表现出鲜明的地域性特征。我国明代学者陆容在其《菽园杂记》中写道："民间俗讳，各处有之，而吴中为甚。如舟行讳住讳翻，以箸为快儿，蟠布为抹布；讳离散，以梨为圆果，伞为竖笠；讳狼藉，以棒槌为兴哥；讳烦躁，以谢灶为谢欢喜。"② 在北方地区一些猎人在语言交流中忌讳直接叫 "老虎"，而称 "大虫"，鄂伦春人把公熊称为 "雅亚"，母熊称为 "太贴"。在四川、重庆，人们把男女青年谈恋爱委婉地说成 "耍朋友"，"耍" 有玩耍、耍弄、施展等意思，如耍笔杆、耍把戏、耍滑头等。"老人" 在中国被婉称为 "上年纪的"，而在新加坡则被称为 "乐龄人士"。由于粤语中 "空" 的发音与 "凶" 相同，广州人有空房子出租就避讳 "空" 字，而说成 "吉屋出租"。以人们禁忌的死亡为例，我国许多地方，如北京、东北人都委婉地称死亡为 "老了" "不在了"，西北一些地方如西安、西宁等地的委婉说法是 "没（殁）了"，贵阳、乌鲁木齐等地人们委婉地说

---

① 邵军航. 委婉语研究. 上海：上海外国语大学，2007：43.

② 陆容. 菽园杂记. 北京：中华书局，1997：7.

"过世"，湖北天门等地说"过身"。由此可见，对可怕的事物具有广泛的言语禁忌，人们心理相同，都会避忌，但各地的委婉语，因为地理环境的差异而各具特色，因而我们认为委婉语在使用上具有一定的区域性。

在同样用来婉指"厕所"的委婉语中，英国人习惯用"jakes"表示，而20世纪美国人在口语中则习惯使用"john"表示；后来英国人用"public comfort station"替代"jakes"，而美国人则用"public convenience station"替代"john"。英国人把厕所婉称为loo，loo是waterloo的扩展。Restroom是地道的美国委婉语，婉指车站、机场剧院、酒店等地方的厕所。英国和美国妇女上厕所都婉称为"搽粉"，但英国妇女说"to powder my nose"，而美国妇女则说"to powder my puff"。1855年伦敦建起了全球第一个收费公共厕所，每次如厕收费一个便士，后来英国人就用spend a penny委婉地表示去厕所。而同样说英语的美国人，在委婉表达去厕所时，却不使用spend a penny，因为他们使用的货币是美元，而不是英镑，所以就用spend a quarter委婉地表示去厕所。在英语中同样表示工人罢工的委婉语，英国人主要从工业这个行业的角度来考虑，把工人罢工委婉地说成"industrial action"，而美国人则主要从工作这个角度来考虑，把工人罢工委婉地说成是"job action"。在美国，流经纽约的哈得孙河上游建有一座有名的监狱（Sing Sing State Prison），因此，在美国英语中to be sent up the river就成了"坐牢"的委婉语。在英国伯克郡的Broadmoor有一座专门治疗精神病囚犯的医疗机构，所以，在英国英语中Broadmoor patient就成了"囚犯中的精神病人"的委婉语。上海人把"死"婉称为"到龙华"或者"到西宝兴路去"，因为两者都是上海"火葬场"所在地的地名。澳大利亚的畜牧业比较发达，一些委婉语也和畜牧文化相关，如澳大利亚人把害怕怀孕说成是"It's not the bull they're afraid of, it's the calf"（不怕公牛，怕牛犊）。[①]据说有位澳大利亚女士与美国人结为伉俪，在美国度蜜月。一天，新婚夫妇准备一起赴宴，新郎正愁没有合适的礼服，新娘子便翻出不久前送给丈夫的那套"生日礼服"，脱口说道："Why not wear your birthday suit？"（为什么不穿你生日穿的那套呢？）谁料全家人一听目瞪口呆。原来，在美国英语中，in one's birthday suit（生日礼服）就是naked的委婉说法。

李国南在《辞格与词汇》中认为，委婉语的地域性差异，体现在词语惯用差异和地域文化差异两个主要方面。在不同的地域，同一种语言中的委婉语因习惯不同而不同。同一语言社团因地域不同而存在着地域文化差异，而地域文化差异也反映在委婉语中。委婉语的地域文化差异又分为两种情况：地域性的婉指对

---

① 李自修，从莱庭，等. 英语婉语详解词典. 武汉：湖北教育出版社，1990：179.

象导致地域性的委婉语；同样的婉指对象在不同地域因文化的不同而有不同的委婉语。[①]

　　委婉语是一种为了避免刺激、美化事实而有意不直接说明事物，而使用相应的语句婉转曲折地表达出来的语言形式，是世界不同文化中普遍存在的语言现象。在跨文化交际中我们要学会正确而恰当地使用委婉语，就必须了解委婉语产生的社会心理基础、构成方式、语用功能，还要了解影响委婉语产生的各种社会文化因素，如民族价值观念、社会习俗等。只有对不同社会环境下的委婉语有充分的了解，才能在跨文化交际中灵活运用委婉语。这些年来，伴随着语言学的发展，一些语言学者运用不同的理论手段，从认知语言学、文化语言学、语用学、语义学、跨文化交际学、修辞学、社会心理学、社会语言学、行为心理学等方面，对委婉语进行多角度、跨学科的研究，取得了一定的成果。

---

① 邵军航.委婉语研究.上海：上海外国语大学，2007：47.

第二章

委婉语类型

委婉语是世界各种语言中普遍存在的一种语言现象，所谓委婉，就是指在人际交流中，使用语音手段、词汇语义手段、语法手段、修辞手段构成的词语来表达一些听起来使人不快、令人讨厌，甚至使人恐惧的事物，如分泌与排泄、死亡与殡葬、疾病与伤残、犯罪与惩罚等。在社会交往中，人们广泛使用委婉语，而不同民族的文化使各自的委婉语保持着各自的特色，所以，在跨文化交际中要获得对方的理解和尊重，就必须掌握对方语言中的委婉语，了解委婉语对于跨文化交际的重要意义。

委婉语的类型，可以根据不同的标准进行划分。委婉语的类型划分涉及委婉语的婉指对象、委婉语的功能、构成手段、规约化程度等多个方面。委婉语的婉指对象多种多样，使用范围非常广泛。委婉语的功能也有不同的说法，一些学者将其分为避讳功能、礼貌功能、掩饰功能、求雅功能、提升功能等。有的委婉语经过长时间的使用，已形成固定的用法，这种委婉语得到了语言社团的认可，进入了语言体系。有的委婉语属于一时的言语创新，是临时性的言语表达方式，仅在小范围内使用，不能够得到语言社团的认可，也就不能进入语言体系。

在对委婉语进行分类的时候，由于委婉语的分类标准不同，产生的分类结果也就不同。我们通常使用的分类是按婉指对象、语用功能、构成手段和规约化程度进行分类的。按照婉指对象进行分类，可以分为职业委婉语、死亡委婉语、战争委婉语、疾病与伤残委婉语、分泌与排泄委婉语等。其实，对委婉语进行分类，目的就是多方位、多视角地发现，并总结委婉语的使用特点，进而在充分理解的基础上，正确使用委婉语。语音手段、词汇语义手段以及语法手段是构成委婉语的重要方法。根据委婉语构成手段进行分类，我们可以把委婉语分为"语音类委婉语"、"语义词汇类委婉语"和"语法类委婉语"，也有把通过修辞构成的委婉语单独划分为一类的，即"修辞类委婉语"。按照语用功能进行分类，委婉语大致分为"利己委婉语（self-serving euphemism）"、"利他委婉语（altruistic euphemism）"和"泛利委婉语（pan-profit euphemism）"。按照规约化程度进行分类，许多学者有不同的分类方法，大致可以分为一般委婉语（general euphemism）、临时委婉语（temporary euphemism）、广义委婉语（generalized euphemism）、狭义委婉语（narrow euphemism）、习语化委婉语（idiomatic euphemism）、固定委婉语（fixed euphemism）、规约化委婉语（formalized euphemism）等。以使用范围为标准进行划分，可以分为办公室委婉语、医护委婉语、新闻委婉语、学生委婉语、儿童委婉语、广告委婉语、罪犯委婉语，甚至更大范围地划分为美国委婉语、英国委婉语。刘纯豹则认为根据人们对委婉语本义遗忘与否，可以分为无意和有意两种。无意委婉语（unconscious euphemism），是指有些词语由于年代久远，其本义已被人们忘却，而其婉指义却被人们误认为是本义了。有意委婉语（conscious euphemism）则指人们在使用时一般都意识到自己是在一语双关，意在言外，对方听了也明白话里有话，另有所指。我们倾向从婉指对象、语用功能、构成手段和规约化程度四个方面进行分类。

一、按照婉指对象分类

委婉语词典一般按照委婉语婉指对象进行分类，即婉指什么事物，就用这类事物的名称作为其委婉语的类型。如张拱贵编写的《汉语委婉语词典》就是按照婉指事物的不同，将委婉语分为：死亡与殡葬、疾病与伤残、分泌与排泄、身体器官与生理变化、犯罪（禁忌）与惩罚、战乱与灾祸、家庭与婚配、人际关系与称谓、职业与境遇、钱财与经济、品质与性情、动植物名称、性爱与生育等十三类。[①]刘纯豹主编的《英语委婉语词典》根据婉指事物的不同，将委婉语分为：世人与职业、人体部位与器官（禁忌部分）、人体部位与器官（中性部分）、疾病与伤残、死亡与殡葬、分泌与排泄、缺点与错误、犯罪与惩罚、政治与战争、神明与魔鬼、誓言与诅咒、性爱与生育等十二类。[②] J. S. Neaman 和 C. G. Silver 编写的 *Kind Words: A Thesaurus of Euphemisms* 一书，将委婉语分为身体部位：禁止领域（Parts of the Body: Forbidden Territory）、身体部位：中性领

---

① 张拱贵. 汉语委婉语词典. 北京：北京语言文化大学出版社，1996.
② 刘纯豹. 英语委婉语词典. 北京：商务印书馆，2002.

域（Parts of the Body: Neutral Territory）、血、汗、泪：分泌物、排泄物和浴室（Blood, Sweat & Tears: Secretions, Excretions & Bathrooms）、七大死罪和各种过失（The Seven Deadly Sins & Sundry Peccadilloes）、疾病：恐惧和焦虑（Sickness：Fear & Trembling）、死亡（Death）、罪与罚（Crime & Punishment）、性：业余的与职业的（Sex：Amateur & Professional）、工作与失业：工作的世界（Placement & Outplacement：The World of Work）、政府的官僚语言（The Language of Government Bureaucratese & Urbababble）、战争游戏：参与者、道具和策略（The Game of War: the Players, the Props, the Strategies）等十二类。[①]李自修、从莱庭主编的《英语婉语详解词典》，在内容编排上是按照首字母排列顺序来组织内容的。在该词典的附录Ⅰ中，列出的主词条分类索引，把婉指事物分为：人群、人体、生理现象、宗教罪过、死亡与殡葬、刑事犯罪与惩罚、政治经济、军事、宗教迷信、发誓、诅咒与感叹、其他等十二类。[②]通过对以上英汉四部委婉语词典的分类进行比较，可以看出，按婉指对象进行的分类尽管有些不同，但是大同小异，比如四部委婉语词典都列出了死亡与殡葬、疾病与伤残、分泌与排泄、犯罪与惩罚等类别。刘纯豹、Judith S. Neaman 和 Carole G. Silver 把"身体部位"细分为禁忌和中性两类，三部词典都列出了职业、战争、政治、宗教等类别。这种分类的优点是通俗易懂，人们容易接受，实用性强。缺点是婉指事物之间的分界有时候难以区分。

刘纯豹认为，根据所表述的事物禁忌与否，一般可分为两大类：传统委婉语和文体委婉语。所谓传统委婉语（traditional euphemisms）是与禁忌语密切相关的。两者所表示的是同一类事物，仿佛是一枚硬币的正反两面，相反相成，如生、病、死、葬、性、裸、拉、撒等禁忌事物，如果直接表达，那就是禁忌语，给人的感觉是粗鄙、生硬、刺耳、无礼。反之，如果间接表达，这就是委婉语，给人的印象是典雅、含蓄、中听、有礼。所谓文体委婉语（stylistic euphemisms）实际上是恭维话、溢美之词，与禁忌语并无关系。英美人（尤其是当代美国人）在交际过程中，为了表示礼貌，避免刺激，或是为了争取合作，有时会采用夸饰的手法，对一些令人不快的事物（但并非禁忌）以美言相称。所有的委婉语，不管是传统的还是文体的，在使用时，根据其本义遗忘与否，又可以分成有意和无意两种。所谓无意委婉语，是指有些词语由于年代久远，其本义已经被人们忘记了，

---

① NEAMAN J S, SILVER C C. Kind Words: A Thesaurus of Euphemisms. Beijing: World pyblishing Corporation, 1991.

② 李自修，从莱庭，等.英语婉语详解词典.武汉：湖北教育出版社，1990.

而误认为延伸义就是本义。有意委婉语则不然，人们在使用时一般都意识到自己是在一语双关，意在言外。对方听了也明白话里有话。①

二、按照语用功能分类

H. Douglas Brown 在 *Principles of Language Learning and Teaching* 一书中指出"语言形式一般都为具体的功能服务"，"交际不仅仅是发生的事件，它具有功能性、目的性，要对交际双方的环境产生某种效果——某种变化，无论多细微和不易察觉。"②贾玉新在《跨文化交际学》一书中引用了 M. A. K. Halliday 的一段话："语言把我们的周围和内心世界的无限纷繁复杂的现象、事件和行为，我们各自的意识过程压缩成可控制的不同的范畴。语言的社会功能还在于表达我们作为信息组织者对言语情景的参与，表达我们自己所承担强加给他人的角色，表达我们的希望、情感、态度和评价等。"③K. Hyland 把委婉语分为两种类型。第一种类型是内容导向型的委婉语，即准确型导向委婉语和作家型导向委婉语；第二种类型是以读者为导向的委婉语。④Prince 根据委婉语的基本概念，将委婉语分为两类。一类是所谓的 approximators，即适应型和圆滑型，适应型强调话语精确，圆滑型强调话语的不确定性和多变性；另一类是 shields，在这一类中，单词或短语也被细分为两种类型——合理型和归属型。⑤

人们说话是为了达到一定的话语目的，而为了达到目的，人们会采取不同的话语策略或方法。委婉语的使用就是人们为达到一定的目的而采取的语用策略。我们准备从委婉语的社会功能来对委婉语进行分类，按照语用学的观点，以信息组织者为中心，按委婉语的社会功能将其大致分为利己委婉语、利他委婉语和泛利委婉语三类。

所谓利己委婉语，是指讲话人为了保护自己的利益、维护自己的面子，或者为了掩盖事实真相、维护特定关系、缓解矛盾而说的口是心非的话。如美国总统尼克松为了竞选连任，派特工潜入水门大厦的民主党全国委员会办公室，在安装

① 刘纯豹. 英语委婉语词典. 南京：江苏教育出版社，1996：69.

② BROWN H D. Principles of Language Learning and Teaching. Englewood Cliffs, NJ: Prentice Hall Regents, 1994.

③ 贾玉新. 跨文化交际学. 上海：上海教育出版社，1997：139.

④ HYLAND K. Hedging in Scientific Research Articles. Amsterdam: John Benjamins, 1998.

⑤ PRINCE E，FRADER J，BOSK C. On hedging in physician: physician discourse // DI PIETRO R J. Linguistics and the Professions. Norwood: ABLEX Publishing, 1982.

窃听器并偷拍有关文件时，被当场抓获，从而引发了严重的政治危机。这一事件成为美国历史上最不光彩的政治丑闻之一，媒体在报道这一丑闻时创造了"水门事件"这一委婉语。在国与国之间的交往中，彼此之间通过谈判、对话等形式来解决国家间的问题，双方的交流讲究委婉含蓄，尽量避免冲突与矛盾，通过使用积极的委婉语来维护国家的尊严。在军事领域，大量使用委婉语可以掩盖战争本质，减轻残酷性，以降低战争给民众带来的心理恐慌。把平民伤亡轻描淡写地称为 collateral damage（附带伤害），这一带有专业色彩的委婉语，最早是在 20 世纪 60 年代出现的。collateral damage 一词经常被美国军方用来解释各种"误炸"事件。美军在对南联盟、伊拉克、阿富汗等国进行军事侵略时，常常造成大量平民伤亡事件，这些伤亡都被美军宣称是 collateral damage。美军还把侵略主权国家的战争行为轻描淡写地说成是"先发制人的打击"，以掩盖其赤裸裸的侵略行径。小布什 2002 年 6 月 1 日在西点军校的演讲中，首次正式提出了"先发制人"。他的理由是为了应对许多意想不到的威胁，美国必须"做好在必要时采取先发制人的行动，做好捍卫我们的自由和保护我们的生命的准备"。

里根担任美国总统期间对新闻记者经常使用 invasion 一词十分恼火，要求媒体报道用 rescue mission 来替换 invasion。使用 rescue mission 这一委婉语，就模糊了原词 invasion 之中的贬义。为了缓解国内对南联盟战争的反战情绪，美国国防部长 William Cohen 在新闻发布会上，把对南联盟的战争行为委婉地说成"We're engaged in combat"。美国官方力求借助于委婉语，给人们造成美国政府发动战争是一种无辜的印象，从而美化美国政府形象，缓解社会压力，以获得选民的支持。

利他委婉语是一种为了照顾对方的面子或者与对方关系密切的人的利益而采用的语言策略。人与人之间的交流难免会存在一些使人们感到不愉快的事实，因此，人们都会选择较为委婉的词语来替代那些人们不愿直接表达的事物，以免刺激对方。有时为了与对方合作顺利，对那些可能令人不快的事物以美言相称。西方人忌"老"讳"穷"，怕"老"是一种社会心理定式，尤其在美国这样个人主义价值观占主导地位的社会，更是如此，人们极少用 the old 或者 the poor 这样的说法。对老年人的说法多采用 a senior citizen，entering golden years，long-lived，mature 等委婉表达。有人风趣地说当今的美国人没有 old，要么是 seasoned，要么是 well-preserved。

泛利委婉语是为了使听话者感到悦耳、说话者显得文雅，而委婉曲折地把意思表达出来。这种表达方式不但能够避免引起对方的不快甚至伤害对方感情，而且能照顾被涉及的人的尊严，委婉含蓄的表达方式能够达到最佳的交际效果。比如人体部位和器官（禁忌部分）、疾病与伤残等类别的委婉语，以及一些服务行业为了取悦顾客而使用的委婉语，如将飞机的头等舱说成豪华舱（deluxe class），将三等舱说成是经济舱（economic class），将旅馆的一般客房说成标准房（standard），等等。邵军航认为，利己委婉语和利他委婉语是两个大的趋向，是一条线上的两端，中间部分就是泛利委婉语。①我们主要是考虑到对交际双方及非交际参与者第三方的有利因素，将委婉语分为利己、利他、泛利三类，当然这样划分不一定涵盖全面。

也有一些学者将委婉语的功能分为避讳功能、礼貌功能、提升功能、掩饰功能、求雅功能等。

避讳功能就是对不能够直接说出的事物力求回避。英美人大多数信奉基督教，对于他们来说上帝的名字是最大的禁忌语，在人际交往中，任何人都不可以直呼上帝名讳，在必须使用时，一般都会用委婉语来代替。汉语中也有类似的情形，如有关神灵的委婉语，但是，更多的是封建社会对当朝皇上名字以及当地官员名字的避讳，其主要目的是表示敬畏。

委婉语的避讳作用，起源于古代人们对自然现象的不理解和对野兽的惧怕，人们在提到这些事物时就使用其他词语来代替。在科学发达的今天，有些流传下来的禁忌观念在人们的思想中还是难以消除，比如，西方人对"13"这个数字仍然是避讳莫深的。我们不应简单地说，所有委婉语的禁忌与避讳都是出于消极心理，是迷信的表现，我们应该认识到趋利避害是人类的一种本能，是出于自我保护心理。一些"低微职业"的从业者为了提升自己的社会地位，有意避讳自己从事的职业，而采用委婉的说法等。

礼貌原则是由英国语言学家 Leech Brown 和 Levinson 等人提出来的，他们进一步将这一现象概括为"面子"问题。在社会交往中，说话者要给对方留有面子，以得到对方的好感，最终取得理想的交际效果。"礼貌"是对不雅的事物的回避，如"排泄""怀孕""女性身体"等；政治委婉语是以"伪装"和"欺骗"为目的的，是"化妆词"。②

提升功能，是指人们为了追求时尚、典雅和得体而使用的委婉手段。对一些社会地位低的职业，有意换用新的职业称谓，其目的是提升职业地位。从职业称谓本身来看，这类职业从业者受过一定的专业技术教育，工作具有一定的技术

① 邵军航.委婉语研究.上海：上海外国语大学，2007：76.
② 李国南.英语中的委婉语.外国语（上海外国语大学学报），1989（3）：23-27.

含量，这种现象在"师"和"顾问"的使用上表现得尤为明显。在中国传统文化中，大凡带"师"的职业都备受人们的尊崇，而今已成为高雅职业称谓的标记，已经普及到各行各业，如金融界向人们推介理财产品的推销员被称为理财师，艺术界把舞台设计人员称为艺术总监，饮食界把调酒员称为调酒师，把餐馆厨师称为美食烹调师，服装行业把裁缝称为服装剪裁设计师，等等。consultant原来的意思是"请教者"，19世纪的医生首先称自己为consultant。由于医生在社会上受人尊重，人们也就纷纷效仿，用consultant来美化自己的职业。在福尔摩斯的故事中，柯南·道尔就称私家侦探为our London consultant。然后就出现了business and management consultants（商业管理顾问）、engineering consultants（工程顾问、技术顾问）、chimney consultant（烟囱顾问）、moving consultant（搬家经费估算员）等用法。[1]英语中的engineer，一般用来指受过专门技术教育的工程技术人员，在社会上颇受人们的尊重。人们为了提升低微职业从业者的社会地位，就把bootblack（擦鞋匠）称为footwear maintenance engineer（鞋类保养工程师），把floor sweeper（大楼清洁工）称为maintenance engineer（大楼维护工程师），把telephone repairman（电话修理工人）称为telephone engineer（电话修理工程师），把janitor（看门人）变成了security officer（安全官员）。recycler（物品二次循环工作者）是用以替代junkman（废品商、旧货商）和operator of an automobile junkyard（废旧汽车堆积场的拆卸工）的委婉语。If we recycled more waste, we wouldn't need to produce so much and there wouldn't be so much pollution. 如果我们能够更多地收旧利废，那就无须生产这么多产品，也就不会有这么严重的污染。[2]

在不同的语言环境中使用委婉语，话语的语用含义会随语境的变化而变化。比如，利他或泛利委婉语在特定的语言环境中会变成利己委婉语，反之亦然。例如，英语中give the sack作为"解雇"的委婉语，起因是sack一词原指工匠外出做工随身携带的"工具袋"。站在雇主的立场，解雇工人时就令其带着自己的工具袋离开，从这个角度讲，give the sack就是利他委婉语。另一方面，站在工人的角度，give the sack也就意味着"失业"，就变成了利己委婉语。

也有学者根据交际功能，将委婉语分为夸张性委婉语（exaggerating euphemism）和缩小性委婉语（narrowing euphemism）。夸张性委婉语"是指将所用的委婉字项（euphemiseditems）拔高，使原意听上去雅致、温和一些，使其比它们

---

① 刘纯豹. 英语委婉语词典. 南京：江苏教育出版社，1993：23.

② 同① 33.

所代表的真实事物更体面、更重要"。缩小性委婉语是把人们忌讳或不好意思开口的词语改头换面，而不直接使用它们。英美人通常用 trouble（麻烦）或 condition（状况）等词语来代替"疾病"，汉语也有龙体欠安、凤体不佳、不舒服等表述。①

三、按照构成手段分类

邵军航在《论委婉语的分类标准及类型》一文中认为：委婉语可以运用语音手段、词汇语义手段、语法手段、修辞手段等构成。根据委婉语的构成手段，我们大致可以把委婉语分为语音类委婉语、词汇语义类委婉语、语法类委婉语等。②

汉语中人们为了在社会交往中达到理想的交际效果，往往通过语音或声调的改变以及避音的方式构成委婉语。英语中由语音变异形成的委婉语很多，人们一般采用弱读、语音畸变法、重读音节转移法等方式构成委婉语。也有人将语音变异和拼写变异放在一起讨论。我们认为单词的拼写属于构词范围，故将其放在语法手段里面讨论。英语委婉语构成的词汇语义手段包括模糊词语、利用同义或近义词、借用外来词、利用反义词语等。用这些手段构成的委婉语就是模糊词语委婉语、同义或近义词委婉语、外来词委婉语、反义词语委婉语。汉语在运用词汇语义手段构成委婉语方面，除了用与英语相同的构成方式，还常常借助四字成语构成委婉语。委婉语构成的语法手段包括句法和词法两类。汉语和英语都可以利用疑问、否定、虚拟、省略主语、换用人称代词、改变时态等方式构成委婉语。英语还可以运用逆拼法（backforming）、截短法（abbreviation）、首字母组合法（initialing）、合成法等方式构成委婉语。汉语则利用四字成语、歇后语及拆字法、藏字法等汉语的独特结构创造委婉语。在汉英语言中，人们经常使用一些修辞手段，如借代、隐喻、拟人、低调、迂回等来达到委婉目的。

按照构成手段分类来了解委婉语，我们可以较清楚地看到委婉语是如何构成的，然后通过其构成方式进一步探讨委婉语的形成机制。当然，这种分类标准也有不足之处，因为有时一个委婉语不是由单一的方式构成的，而是涉及两种或两种以上的手段，如"Would you help me?"是大家都认可的委婉语，它的构成涉及疑问形式和过去时态两种手段，很明显它们都属于"语法类委婉语"，如果再分的话，可以分为"疑问类委婉语""时态类委婉语"等，我们考虑这些都是语法的范畴，如果进行更详细的归类意义不大。关于委婉语的构成方式，这里不再展开讨论。

---

① 文军. 英语写作修辞. 重庆：重庆大学出版社，1991.
② 邵军航. 论委婉语的分类标准及类型. 上海金融学院学报，2009（4）：68–72.

四、按照规约化程度分类

委婉语在我们的日常交往中非常重要，在社会交际中使用委婉语可以避免唐突或无礼，如果必须涉及一些令人不快的事情，我们会选择委婉表达的方式，以避免伤害对方的感情。如果我们能够恰当地使用委婉语，不仅能显得彬彬有礼，还可以照顾到对方的情面，取得良好的交际效果。有的委婉语经过长时间的使用，逐渐得到语言社团的认可，从言语现象变成语言事实，进入语言体系；而有的则是一时的言语创新，用过之后没有得到推广，或仅在小范围内使用，没能从言语现象转变成语言事实。[①]已经被人们所接受、进入语言体系的委婉语就是规约化委婉语（conventional euphemism），没有进入语言体系的属于非规约化委婉语（non-conventional euphemism）。如汉语的"解手"一词，可以在《现代汉语词典》中查到，说明其已经进入语言体系，属于规约化委婉语。而前些年被导游广泛使用的"唱歌"（去洗手间）一词，虽然被大家接受，但是，该内涵在《现代汉语词典》中还查不到，它只是一种言语现象，属于非规约化委婉语。

规约化委婉语和非规约化委婉语这两个术语最早是由徐海铭 1996 年在《委婉语的语用学研究》[②]一文中提出的，其实，委婉语的规约化分类标准在不少学者的著作中都曾出现过，只是在不同的学者那里有不同的叫法。如除了规约化委婉语和非规约化委婉语这两个术语，束定芳教授在《委婉语新探》一文中，还将委婉语以使用的频度为标准划分为一般委婉语和临时委婉语。他认为：一般委婉语是在一定时间内，作为某一语言社团内比较流行的现成语言单位，而临时委婉语则带有明显的"临时性""个别性"，也许只有很少几个人用，或只用一次。[③]后来，束定芳教授在《委婉语研究：回顾与前瞻》一文中，把委婉语划分为广义委婉语（generalized euphemism）与狭义委婉语（euphemism in narrow sense）。他认为"狭义委婉语即委婉词语，一般是约定俗成的，经过一段时间使用在一定范围内被大多数人所接受的词或短语"，"广义委婉语是通过语言系统中各种语言手段，或是语音手段或是语法手段，或是话语手段临时构建起来具有委婉功能的表达方法"[④]。李国南在《英语中的委婉语》中，把委婉语划分为习语化委婉语（idiomatic euphemism）与临时性委婉语（temporary euphemism）。[⑤]蒋涛

[①] 邵军航. 论委婉语的分类标准及类型. 上海金融学院学报, 2009（4）: 68.

[②] 徐海铭. 委婉语的语用学研究. 外语研究, 1996（3）: 22–25.

[③] 束定芳. 委婉语新探. 外国语（上海外国语大学学报）, 1989（3）: 30.

[④] 束定芳, 徐金元. 委婉语研究：回顾与前瞻. 外国语（上海外国语大学学报）, 1995（5）: 19.

[⑤] 李国南. 英语中的委婉语. 外国语（上海外国语大学学报）, 1989（3）: 23–27.

在《浅谈固定委婉语和临时委婉语》一文中，把委婉语划分为固定委婉语（fixed euphemism）与临时委婉语（temporary euphemism）。蒋涛认为固定委婉语指"一段时间内经过大量使用而为某一社团所普遍接受的委婉语"，主要指委婉语词典中收集的一些话语性不强的词和短语，具有共时性和约定俗成的特点；而"临时委婉语是指人们在具体言语交际中利用各种语言手段临时构建的委婉语，与固定委婉语相对，又可称之为广义委婉语"，它不仅包括词和短语，还有大量的其他语言形式，这种委婉语处于历时层面和动态之中。[①]李军华则更为明晰地解释了这两种类型的委婉语，从使用频率以及固定程度上，将委婉语划分为固定委婉语和临时委婉语两大类。临时委婉语是指"为适应社会文化传统以及交际心理的需要，表达者临时突破语言的语法、语义等规范，运用言语、逻辑等手段来委婉地表达所说内容的一种语言现象"；固定委婉语是指"在特定的语言环境以及社会文化背景下已经具有约定俗成的含义、为人们所熟知的委婉语"[②]。张宇平等著的《委婉语》一书中提出：临时委婉语往往是人们极常用的委婉形式，因为它同样表达出委婉的语义，在一段语境中与固定委婉语一样能准确地传达意义，达到交际目的，取得良好的交际效果。[③]邵军航认为使用"规约化委婉语"和"非规约化委婉语"更为恰当。因为，规约化委婉语、一般委婉语、狭义委婉语、习语化委婉语、固定委婉语基本上是指同一类委婉语；而非规约化委婉语、临时性委婉语、广义委婉语基本上是同一类型的委婉语。我们认为使用"规约化委婉语"和"非规约化委婉语"更为恰当，是因为首先，"规约"二字较好地体现了规约化委婉语约定俗成的特点，而约定俗成也包括了固定性的特点。[④]

以上我们主要从婉指对象、语用功能、构成手段、规约化程度等方面讨论了委婉语的分类问题。按照婉指对象标准进行分类，可以在委婉语词典编纂时，为内容的编排提供参考；按照语用功能标准进行分类，可以帮助我们了解委婉语的功能性、目的性，从而在使用中为达到一定的目的而采取不同的语用策略；按照构成手段标准进行分类，有利于进一步研究委婉语的形成机制；按照规约化标准进行分类，在委婉语词典编纂时，有利于确定哪些委婉语可以吸收进词典。

---

① 蒋涛. 浅谈固定委婉语和临时委婉语. 鄂州大学学报，1998（4）：60.

② 李军华. 汉语委婉语研究. 北京：中国社会科学出版社，2010：22.

③ 张宇平，姜艳萍，于年湖. 委婉语. 北京：新华出版社，1998：24.

④ 邵军航. 论委婉语的分类标准及类型. 上海金融学院学报，2009（4）：69.

第三章

委婉语研究回顾

一、国外委婉语研究回顾

　　早在 16 世纪 80 年代初，英国作家 Geoger Blunt 就在英语中首次引用了 euphemism 一词，并给了这样一个定义：（Euphemism）is a good or favorable interpretation of a bad word.（Judith. S Neaman & Carole G. Silver, 1991, *Kind Words: A Treasures of Euphemisms*, New World Publishing House）1981 年，英国语言学家 Hugh Rawson 编纂出版了 *A Dictionary of Euphemisms and Other Doubletalk*《委婉语与含糊其辞》，该词典集中展现了英美语言学家多年来对委婉语的研究成果。词典中长达数十页的前言，是迄今为止中外学者研究委婉语的各种论文中最为杰出的一篇。它追溯了委婉语研究的历史，对委婉语的特点、定义、分类及涉及范围等问题进行了认真讨论，是委婉语研究的经典之作，其理论意义难以估价。

　　国外对委婉语这一语言现象的研究主要从社会学、人类学和人种学三个方面进行，产生了不少成果，比较有代表性的著作如 *Totem and Taboo*（《图腾与禁忌》），对产生禁忌现象的原因进行了解释；*Taboo, Truth and Religion*（《禁忌、真实与宗教》），深入研究了委婉语的产生、分类、影响和功能。随着社会语言学的不断发展，大量的研究成果不断涌现，其中，R. A. Hudson 著的 *Sociolinguistics*（《社会语言学，1980》）对语言禁忌的定义、意义和功能进行了更加详尽的描述。英国 Peter Trudgill 著的 *Sociolinguistics: An Introduction to Language and Society*（《社会语言学：语言与社会导论》，1983）论证了语言与社会、社会阶级、种族、性别、语境、社会交往、民族以及地理等的关系。该书还探讨了社会方言和地区方言的各种变体，涉及语言的性别变体问题，以及因交际环境不同而产生的语域问题。该书对语言教育、语言政策和语言规划等问题也做了探讨。D. J. Enright 1985 年编写出版的 *Fair of Speech: The Uses of Euphemism*（《委婉语大全》）是一本委婉语论文集，内容涵盖委婉语的起源、发展历史、性别委婉语、儿童委婉语、办公室委婉语、新闻委婉语、法律委婉语、宗教委婉语、政治委婉语和死亡委婉语等。

Ronald Wardhaugh 的 *An Introduction to Sociolinguistics*（《社会语言学入门》，1986）等著作把委婉语和文化现象结合在一起进行研究论述。K. Allan 和 K. Burridge 1991 年 出 版 了 *Euphemism & Dysphemism*: *Used as Shield and Weapon*（《委婉和粗直语：语言作为盾牌和武器》）对委婉语和粗直语进行了深入研究。J. S. Neaman 和 C. G. Silver 合著的 *Kind Words*: *A Thesaurus of Euphemisms*（《英语委婉语大全》）将委婉语分为身体部位：禁止领域（Parts of the Body: Forbidden Territory）、身体部位：中性领域（Parts of the Body: Neutral Territory）、血、汗、泪：分泌物、排泄物和浴室（Blood, Sweat & Tears: Secretions, Excretions & Bathrooms）、七大死罪和各种过失（The Seven Deadly Sins & Sundry Peccadilloes）、疾病：恐惧和焦虑（Sickness: Fear & Trembling）、死亡（Death）、罪与罚（Crime & Punishment）、性：业余的与职业的（Sex: Amateur & Professional）、工作与失业：工作的世界（Placement & Outplacement: The World of Work）、政府的官僚语言（The Language of Government Bureaucratese & Urbababble）、战争游戏：参与者、道具和策略（The Game of War: the Players, the Props, the Strategies）等十一类。

随着研究热潮的兴起，大量的文章和书籍也接连发表，如 Philip Thody 编写的词典 *Don't Do It*: *A Dictionary of the Forbidden*（《禁忌词典》）1997 年出版，Salzmann Zdenek 编写的 *Language Culture & Society*（《语言文化与社会》）1993 年出版，John Ayto 编写的 *Euphemisms*（《委婉语》）一书 1993 年由 Bloomsbury Publishing Ltd. 出 版。Eugene A. Nida 编 写 的 *Language, Culture and Translating*（《语言、文化与社会》）一书 1993 年出版。A. Bertram 编写的 *NTC' Dictionary of Euphemisms*: *The Most Practical Guide to Unraveling Euphemism*（《委婉语最实用指南》）一书 1998 年由 NTC Publishing Group 出版。

另外还有许多研究委婉语的文章也相继发表在学术期刊上，在此不一一列举。近几年来，关于委婉语的研究主要集中在委婉语对心理学科研究的意义及从委婉语中反映出的社会文化问题上。

二、国内委婉语研究回顾

我国对避讳现象的书面记载可以追溯到春秋战国时期。《左传·桓公六年》记载：太子生，鲁桓公向申儒征询如何命名，申儒回答说，"周人以事讳神，名，终将讳之"。避讳现象在贾谊的《论时政疏》中有这样的描述："古者，大臣有坐不廉而废者，不谓不廉，曰簠簋不饰；……坐罢软不胜任者，不谓罢软，曰下官不职。故贵大臣定有其罪矣，犹未斥然正以呼之也，尚迁就而言为之讳也。"我国历代对避讳的研究内容，在各个朝代的训诂学著作中都能够见到。清朝的钱大昕对历史上避讳的主要对象进行了全面考查，恢复了部分古籍的本来面目。

20世纪70至80年代，国外社会语言学理论传入我国。从事社会语言学研究的学者陈原先生1983年出版了《社会语言学》一书，该书辟专章探讨委婉语，是当时国内最为详尽地讨论委婉语现象的著作。陈原先生在书中详细介绍了委婉语产生的历史以及社会心理背景，深刻分析了委婉语现象的社会本质，整理归纳了委婉语构成的特点，对我们研究委婉语有着重要的参考价值。江希和的《现代英语中的委婉语》在《现代外语》1983年第3期上发表，于亚伦的《当代英语委婉语初探》在《外语学刊》1984年第2期上发表，李国南的《英语中的委婉语》在《外国语》1989年第3期上发表。这些论文对英语中的委婉语的构成方式或使用特点等进行了比较系统的归纳和整理，对帮助人们更好地认识委婉语现象有一定的影响。伍铁平先生的《从委婉语的机制看模糊理论的解释》在《外国语》1989年第3期上发表，论文从模糊理论的角度揭示了委婉语构成的一个重要特征——模糊性。束定芳的《委婉语新探》在《外国语》1989年第3期上发表，论文进一步拓展了委婉语研究的范围，比较全面地论述了委婉语所涉及的一些理论问题。李文中的《语言的委婉与粗鄙》在《外语学刊》1993年第4期上发表，束定芳、徐金元的论文《委婉语研究：回顾与前瞻》在《外国语》1995年第5期上发表。吴松初的论文《中英当代流行委婉语的文化比较》在《现代外语》1996年第3期上发表。钟守满的论文《现代广告英语委婉现象初探》在《外语与外语教学》1997年第4期上发表，论文从广告语言与心理学、社会学、美学等方面讨论了语言禁忌问题。梁红梅的《委婉语的语用分析》在《天津外国语学院学报》2000年第1期上发表，论文以语用研究的一些基本理论分析委婉语，探讨委婉语与语用原则之间的关系。李国南的论文《委婉语与宗教》在《福建外语》2000年第3期上发表，论文从宗教的角度对比研究英汉委婉语，既分析了语言禁忌具有宗教的特征，又分析了英语民族宗教的一元化与汉民族宗教的多元化给委婉语的生成和发展带来的不同影响。徐莉娜的论文《跨文化交际中的委婉语解读策略》在《外语与外语教学》2002年第9期上发表，论文分析了委婉语的生成过程，探讨了在双语交际过程中的委婉语解读策略，认定了委婉语的指称义、辨明含义和意图的重要途径。尹群的论文《略论委婉语的特性与范围》在《语文研究》2003年第4期上发表，论文提出了目的、途径、效果这三项界定委婉语的原则，对委婉语的特性及范围做了探讨。戴聪腾的《汉英委婉语的跨文化研究》在《福建师范大学学报》2003年第1期上发表，论文从委婉语的间接性、跨文化交际中委婉语运用的必要性以及不同语言之间、不同文化背景下委婉语存在差异的必然性三个方面论述了汉英委婉语的跨文化交际研究的必要性，并分别讨论了语境和情感对汉英委婉语的跨文化交际的影响。邵军航、樊葳葳合著的《委婉机制的认知语言学诠释》在《外语研究》2004年第4期上发表，论文从委婉机制、注意焦点转移或分散、文化意象替换以及理解进程暂时阻断等方面探讨了委婉语的委婉机制。李军华的论文《关于委婉语的定义》在《湘潭大学学报（社会科学版）》2004年第4期上发表。黎昌抱、吴锋针合著的《英汉死亡委婉语对比研究》在《西安外国语学院学报》2005年第1期上发表，论文从社会地位、年龄和性别特征、宗教信仰、价值取向以及发展变化等五个方面对英汉"死亡"委婉语做了对比分析。戴卫平、高鹏合著的论文《中英文化的生死观：汉英"死亡"委婉语解读》在 US-China Foreign Language 2006年第6期上发表。王冬梅的论文《英汉委婉语与中西语言文化异同》在《宁夏社会科学》2007年第3期上发表，论文从表达形式、功能和使用情况等方面对英汉委婉语的差异进行了分析，探讨了英汉委婉语各自所蕴含的文化心理和价值内涵。谌莉文的论文《汉英委婉语跨空间映射认知对比考察》在《外语教学》2007年第4期上发表，论文以 Fauconnier 和 Turner，以及 Coulson 和 Oakley 提出的跨空间映射论为认知依据，阐释了汉英委婉语意义构建差异，探讨了汉英委婉语不同的概念整合机制。刘平和刘会英合著的论文《汉语委婉语理解中的语用充实》在《广东外语外贸大学学报》2009年第6期上发表，论文从语用认知的视角，分析了汉语委婉语和所替代的本体事物之间概念范畴变化的类型，强调了委婉语理解的重要作用。盖飞虹的《浅谈英汉委婉语对比研究中的分类问题》在《中国海洋大学学报》2009年第6期上发表，论文从语言的语音、修辞、形式、语法和语用等方面对英汉委婉语进行了分类和对比研究。刘越莲的《委婉语与禁忌语的家族相似性研究》在《外语教学》2010年第6期上发表，论文以家族相似原理为依据，分析了委婉语和禁忌语的范畴化过程和委婉语的生成，从认知语言学的角度探讨了语言运用的实践性、多样性及规律性。郑慧敏的《广告英语中的委婉语探析》在《河南师范大学学报》2011年第1期上发表，论文从语义扬升、语法手段、运用模糊等方面讨论了广告英语中委婉语的表现手段。王琦的《汉语、西班牙语委婉语的文化对比》在《西安外国语大学学报》2012年第3期上发表，论文分析了汉西委婉语所体现的不同文化内涵，对促进跨文化交际有一定的帮助。徐盛桓教授的《因果蕴涵与婉曲话语的生成》在《外语教学与研究》2015年第3期上发表，论文从婉曲话语、求真视域、生成、因果蕴涵等方面分析了因果蕴涵与婉曲话语的生成的关系。张静静的论文《汉语固定委婉语探究》在《现代语文》2015年第6期上发表，论文从语言学等角度对汉语固定委婉语进行系统的分析，并对固定委婉语的动态性特点进行探讨。杨明星、王钇繁合著的论文《外交委婉语的文体特征、修辞原理与话语功能》在《中国外语》2020年第2期上发表，论文从外交学、语言学、修辞学等跨学科的视角，对外交委婉语的文体特征、修辞原理和话语功能等进行了系统研究，提出了外交委婉语的生成机制、语用原理和修辞策略。

近些年，我国外语研究刊物又陆续发表了委婉语研究者的研究论文，进一步扩大了人们对委婉语现象的认识，更加丰富了委婉语研究的成果，为委婉语研究提供了更多资料和参考依据。

汉语界对委婉语的研究大致为两类，一类研究继承避讳现象的研究，以陈北郊先生1988年出版的《汉语语讳学》为代表；另一类研究则继承了修辞学中委婉语的研究传统，继续把委婉语作为一种辞格来进行研究。

在我国，委婉语的研究主要分为五个方面：修辞学、语义学、社会语言学、心理学和语用学。张拱贵编著的《汉语委婉语词典》1996年由北京语言文化大学出版社出版，该词典按婉指事物的不同，将委婉语分为死亡与殡葬、疾病与伤残、分泌与排泄、身体器官与生理变化、犯罪（禁忌）与惩罚、战乱与灾祸、家庭与婚配、人际关系与称谓、职业与境遇、钱财与经济、品质与性情、动植物名称等，该词典收录了大量相关委婉语的例子，为我们进行汉语委婉语研究以及汉英委婉语比较研究提供了翔实的素材。

刘纯豹编写的《英语委婉语词典》2001年由商务印书馆出版，该词典根据婉指事物的不同将委婉语分为：世人与职业、人体部位与器官（禁忌部分）、人体部位与器官（中性部分）、疾病与伤残、死亡与殡葬、分泌与排泄、缺点与错误、犯罪与惩罚、政治与战争、神明与魔鬼、誓言与诅咒、性爱与生育等十二类。词典收录了大量相关英语委婉语的例子，为我们进行英语委婉语研究以及英汉委婉语比较研究提供了有力的支持。

李自修、从莱庭主编的《英语婉语详解词典》，在内容编排上是按照首字母排列顺序来组织内容的。该词典的附录Ⅰ列出的主词条分类索引，把婉指事物分为人群、人体、生理现象、宗教罪过、死亡与殡葬、刑事犯罪与惩罚、政治经济、军事、宗教迷信、发誓、诅咒与感叹、其他等十二类。

李军华的专著《汉语委婉语研究》2010年由中国社会科学出版社出版。该书从委婉语概述、禁忌与委婉、委婉语的类型、委婉语的个案考察、委婉语社会心理表现、委婉语的构造原则和语用原则、委婉语的社会功能、委婉语的意蕴与发展演化、委婉语的认知阐释、委婉语的美学意蕴等方面对委婉语进行详细的研究。作者十分重视语言材料的搜集、筛选和运用，为著述论断的科学性、可信度奠定了牢固的基础。

近年来，委婉语研究受到了极大的重视，公开发表的关于委婉语的研究文章已经近千篇。

在中国知网上输入"英语委婉语""汉语委婉语"，在选项中选学位论文，从2009年到2021年共有论文52篇，涉及英语、越南语、缅甸语、西班牙语、蒙古语、泰语、韩语、俄语等八种语言的委婉语与汉语委婉语对比研究。内容涉及文学作品中的委婉语、委婉语习得研究、委婉语类型对比研究、委婉语教学研究、委婉语认知心理机制研究、政治外交中汉语委婉语口译方法研究、委婉词研究、生理现象类委婉语语用对比研究、委婉语语用功能对比研究、委婉语翻译研究以及委婉语跨文化对比分析等十一个方面。

在中国知网上输入"英语委婉语"，时间限定为从2010年1月至2021年12月，共搜索出文章706篇，其中，委婉语360篇，英语委婉语183篇，语用功能41篇，英汉委婉语39篇，英语教学36篇，交际功能32篇，礼貌原则32篇，商务英语15篇，合作原则13篇，大学英语12篇，原型范畴理论12篇（以上统计有交叉）。在中国知网上输入"汉语委婉语"，时间限定为从2010年1月至2021年12月，共搜索出文章176篇，其中委婉语64篇，汉语委婉语48篇，英汉委婉语39篇，对外汉语12篇，对外汉语教学11篇，文化内涵4篇，对比研究4篇，委婉语习得4篇，委婉语跨文化比较4篇（以上统计有交叉）。从搜索到的文章篇数来看，关于英语委婉语的文章较多，而关于汉语委婉语的文章相对较少。

第四章

汉英委婉语构成方式差异分析

委婉语是人们在社会交往中为达到理想的交际效果而使用的一种特有的语言现象，它带有明显的社会文化心理印记，表现出强大的交际功能，恰当地运用委婉语能够协调人际关系，维持正常交往。在各种交际场合，为了避讳禁忌，避免矛盾冲突，或者粉饰现实，达到掩饰的目的，交际者会委婉曲折地表达自己的意思，把原本显得粗俗或令人不快的话语换成婉转、含蓄的话语表达出来，使人易于理解和接受，使交际更加顺畅。委婉语就是通过语音手段、词汇语义手段、语法手段和修辞手段，来表达生活中那些使人尴尬、惹人不快或者令人恐惧的事物，达到避免刺激对方，给人以心理上的安慰的目的。同时避免使用粗鲁的语言，可以显示出说话人的文雅，给人耳目一新的感觉。我们计划从以下几个方面来讨论委婉语的基本构造手段。

一、语音、拼写手段

语音是人们表示事物和现象概念而发出的声音，与事物之间没有必然的联系。索绪尔认为："语言符号不仅把事物与名称结合起来，而且把概念和音响形象也结合起来了"[1]。在日常交际中，人们往往通过避音、变音、省音和谐音等语音变异的方法，有意将禁忌词语的发音略加变动，避免使用禁忌语，以此来达到委婉的目的。

英语有很多单词或词组属于禁忌语，为了避讳这些发音，人们常常利用或创造发音相同或相近的词语，来达到委婉的目的。由于英语是拼音文字，英

---

① 索绪尔.普通语言学教程.斐文，译.南京：江苏教育出版社，2001：74.

语中利用语音的变异构成的委婉语很多，这是拼音文字所特有的，因此，其运用语音或拼写手段构成委婉语的方式与汉语相比，更为便捷、灵活。英语语音手段构成委婉语的方法是多种多样的，Neaman 和 Silver 把这些方法分为八种：缩略（abbreviation）、词尾脱落（apocopation）、首字母缩略（initialing）、逆生（backforming）、音节或字母重复（reduplication）、语音扭曲（phonetic distortion）、混成词（ablend word）、指小词法（a diminutive）①等。我们主要从首字母缩略法、语音扭曲法、重读音节转移法、谐音、避音等方面进行讨论。

1. 首字母缩略法

它是缩略构成委婉语的一种形式，通常与上帝、灵魂、犯罪、疾病等内容有关，如把 Jesus Christ 写成 JC，把 drive under the influence（酒醉开车者）写成 DUI，把 venereal disease 写成 VD，等等。通过省略字母把单词或短语缩短，如把 garbage man 缩短为 G-man，把 hell with it 缩短为 h with it。

2. 语音扭曲法

委婉语的产生是由人们的文化价值观决定的，在英语国家，大多数人信奉基督教，对上帝怀有一种崇敬之情，一旦提及上帝的称谓就会产生敬畏。在英语中，通过语音扭曲法所构成的委婉语，被用来代替与上帝及诅咒有关的禁忌语。如 "God" 的语音扭曲形式有 Dod，Gom，Gosh，Hot，Gog，Cod，Cud，Ods，Ad，Ud，Gad，Gud，Golley，等等。

3. 重读音节转移法

英语中 "laboratory"（实验室）一词，就是通过改变单词的重音位置而构成的英语委婉语。其重音原来在第一个音节，后来为了避免和 "lavatory"（厕所）相混，人们就把 laboratory 的重音移到第二个音节，这样一来，就不会因为两个单词读音相近而出现误读。

4. 谐音

谐音主要指为了避讳某些不好听的词语，人们利用或创造发音相同或相近的字词形成委婉语。英语是一种拼音文字，为委婉语的创造提供了广阔天地，例如，英语中用 a flowery dell（鲜花盛开的小山谷）来指 cell（单人牢房），用 a

---

① NEAMAN J S, SILVER C G. Kind Words: A Thesaurus of Euphemisms. Beijing: World Publishing Corporation, 1991.

coffee shop 来替代 a coffin shop，就是利用 coffin 和 coffee 发音相似，为了避免直接提及"棺材店"，使人引起不好的联想，而利用谐音构成的委婉语。委婉语的数字构成手段是指利用数字的谐音或者暗含之义来代替那些粗俗、露骨或者诅咒的话，如：用 two-by-four（二乘四）或 sixty-to-four（六十比四）谐音代指 whore（妓女）。

汉语中利用数字谐音构成委婉语的例子也有很多，如，用 7456 替代"气死我了"，用 156756 代表"你无聊真无聊"。这些例子表明，利用数字手段构成的委婉语多是运用数字的谐音来替代一些发音相同或相近的怨言、诅咒以及脏话。

张拱贵主编的《汉语委婉语词典》，把汉语委婉语的构成手段分为四类：语音手段、词汇手段、修辞手段、语义手段。[①] 其实，汉语除了与英语相同的构成方法，还可以利用避音、谐音、语调变化（四声）、四字成语及拆字法等汉语的独特结构创造委婉语。

汉代以来，儒家思想观念在中国的传统伦理思想中一直占主导地位，在中国两千多年的封建社会中，人们强调等级的差异，高度重视血缘关系，提倡长幼有序、尊卑有别。晚辈对长辈，绝对不能直呼其名，否则会被视为不敬不孝、大逆不道。年龄的长幼、辈分的高低与地位的尊卑与权力紧密相关。

汉语是笔画文字，每个汉字都是一个语素，每个语素又是一个音节。因此，汉语在碰到禁忌词时不能像英语那样省去一个或几个音节，而是删掉整个字或者通过一些笔画改动[②]，把不愿说出的某些字音省略掉，达到委婉和避讳的效果。汉语中较为典型的避音方式就是封建社会的"名讳"，在中国封建社会，皇帝的姓名是神圣不可侵犯的，皇帝和有权势的官宦把自己的名讳强令形成法度。如秦朝时为避讳秦始皇嬴政的"政"字，秦代就把正月改为"端月"。唐太宗李世民，讳"世"字，人们遇到"世"就用"代"来代替。译自梵语的观音菩萨，原本应译为"观世音菩萨"，但为了避圣讳"世"字，僧侣们只好翻译为"观音菩萨"。唐朝开国皇帝李渊的第三个儿子原名李玄霸，在明清小说《说唐演义全传》中是一个力大无比的人物、所向披靡的侠士，后来为了避讳康熙皇帝玄烨的"玄"字，而被改为李元霸。柳宗元的《捕蛇者说》中有一句话说"以俟夫观人风者得焉"[③]，这里的"人风"其实指的是"民风"，为了避讳唐太宗名讳李世民，柳宗元不得已将"民风"改为"人风"。再如田登做州官的时候，当地就要避官

---

① 张拱贵.汉语委婉语词典.北京：北京语言文化大学出版社，1996.

② 刘明阁.跨文化交际中汉英语言文化比较研究.开封：河南大学出版社，2009：191.

③ 余彦君.柳宗元文.武汉：崇文书局，2017：33.

讳"登"字，因避官讳同音字"登"，官府在张贴正月十五放灯的公告时，为了避讳"登"的发音，竟把"依例放灯三日"改为"依例放火三日"，留下了"只许州官放火，不许百姓点灯"的典故。江南名镇乌镇原名乌敦镇，南宋时宋光宗登基，因为他的圣讳"惇"，和"敦"同音，于是为了避光宗皇帝讳，乌敦镇被改称乌镇。《唐律疏议·职制》记载唐代法律规定："诸上书若奏事，误犯宗庙讳者，杖八十；口误及余文书误犯者，笞五十；即为名字触犯者，徒三年。"由此可见，唐代名讳的等级是非常严格的。

汉语中有许多利用谐音的方式取得委婉效果的例子：东边日出西边雨，道是无晴却有晴，这里就是利用了晴与情的谐音。猪八戒的脊背——悟能之辈，就是利用了"悟"与"无"的谐音，表面上说"悟能之辈"其实是"无能之辈"。再如毛泽东诗词《送瘟神》中"千村薜荔人遗矢，万户萧疏鬼唱歌"一句，"遗矢"就是委婉的运用。汉语可以利用发音相同或相近的词或字来替代禁忌语，在一定程度上避开原来的概念，达到委婉的目的。例如，把丈夫在家受妻子的气说成是"气（妻）管炎（严）"，是借助"气"与"妻"、"炎"与"严"的谐音构成委婉。把"大、小便"说成是"解手"，也是借助"手"与"溲"的谐音，达到委婉的目的，把"吸毒成瘾者"委婉地说成"隐君子"就是利用"隐"与"瘾"同音，可能有些人还真的以为是指清高的隐士呢。

现在流行的网络语言用数字88来代替 bye-bye。呜呜呜呜是表示痛苦不堪的哭声，为了避免直接表达使人感觉难受，就用5555来替代。

这种谐音的委婉表达，表面上似乎让人不知所云，但细细品味之后人们就会明白该表达方式的巧妙，其幽默的表达效果，体现了年轻人简洁又不失委婉的表达技巧。不过，我们应该注意，利用固定的谐音构成委婉语是基于一定的民俗文化而形成的，而网络委婉词语之间的谐音关系则更多是为了适应网络交际的需要而构成的，没有太多民俗文化因素。

汉语常借助四字成语来委婉表达人们不愿提及的事情。例如，有关"死"的委婉语有不同的表达方式，褒义的表达方式有：百年之后、为国捐躯、与世长辞等；中性的表达方式有：三长两短、寿终正寝等；贬义的表达方式有：命归黄泉、一命呜呼等。

委婉语就像一面镜子，可以折射出一个民族的文化心理，反映一个民族独特的伦理观、道德观和价值观。从以上分析可以看出英语和汉语都可以通过避音、省音、变音、谐音的方式达到委婉的目的。在这些委婉语的构成方式中，英语通常将禁忌词语的某个或几个字母省略或改变拼写方式，使词语产生语音扭曲而形成委婉。汉语通常是采用避音手段构成委婉语，即将禁忌词语换成意思相同的词语，也有利用谐音构成委婉语的，即利用读音相同或者相近的词语替代禁忌词语。这些方法的目的是避免禁忌词语在视觉或听觉上给人造成不愉快的影响，从而达到委婉的效果。

二、词汇语义手段

语言与社会联系最为直接、最为密切的是词汇。词汇不仅能反映社会现象，而且能表现人类的发展和文化的积淀。这些表现往往体现在禁忌上，每个民族都有不同的忌讳，人们往往出于心理上的缘故，采用委婉词语替代禁忌或难以启齿的词语，从而取得文雅的效果。

运用词汇语义手段构成委婉语就是通过词汇表达方式在语义上的"张冠李戴"，避免或者减弱原表达方式粗俗的一面，使语义得到美化，把原本不雅或粗俗的词语用委婉词语替代，使之能够登上大雅之堂。

利用语义词汇手段构成委婉语的方法，概括起来有以下几种。

1. 借用外来词

借用外来词是指使用语义上具有相同意思的外来词，去替代语义上具有消极色彩的本族词语。语义学家 Waldron 曾经说"借词具有委婉语的优势，使之与盎格鲁－撒克逊词汇的表层形式有着某种程度上的隔离。"[1]由于特定的历史原因，英国在历史上曾经先后被罗马人、日耳曼人征服和被说法语的诺曼人占领，英语在其形成和发展过程中，先后受到数种外来语言的影响，导致大量的拉丁语词汇和法语词汇进入英语。因为英语受外来语言的影响很大，所以同一事物在通常情况下可以用几种不同的词汇来表达。这些外来词，在意义上与本族语言的词汇是等值的，但是，在语音形式和书写形式上，对本族人来说却还是生疏的，所以很多人都喜欢借用法语、拉丁语、西班牙语词汇来婉指那些令人尴尬的事物。比如"author"这个源自拉丁语的外来词听起来就比盎格鲁－撒克逊自己的"writer"要显得高雅些。由于拉丁语在欧洲文化中曾经是罗马教廷、贵族使用的语言，被认为是一种高雅的贵族语言，高水平的学术论文也要用拉丁文写成，所以引进拉丁词替代本族词语也会给人一种高雅的心理感受，比如借用拉丁语的"halitus（气息、呼出的气）"构造出"halitosis"一词指代口臭。源于拉丁语的委婉语还有 rotund（肥胖）, expectorate（吐痰）, urination（小便）, perspire（出汗），

---

① WALDRON R A. Sense and Sense Development. London: Andre Deutsch Ltd., 1979.

naked（裸体）。源于法语的 toilet（toilette 意思为梳妆打扮），pregnant（enceinte 怀孕），indisposed（不舒服），arse（derriere 屁股），源于意大利语的 bordello（妓院）。

同样，汉语中用源于英语的"去一号"（go to No. 1）来婉指上厕所，在口语中用拜拜（bye-bye）表示离婚。此外，由于人们讳言疾病，英语国家的医生在开处方的时候，常常会借用拉丁语、希腊语。中国医生为了减少病人的心理压力，常常当着病人的面用英语来讨论病人的症状，避免给病人造成精神负担。汉语里的外来词通常来源于英语、日语、拉丁语和希腊语。2003 年春，非典型性肺炎在中国快速传播蔓延，由于非典型性肺炎死亡率很高，人们甚至惧怕到了说到这种病就害怕的地步。于是人们干脆避谈非典型性肺炎，当不得不说的时候，就用英文名称 SARS（Severe Acute Respiratory Syndrome）替代，后来 SARS 成了人们回避直接说非典型性肺炎最常用的委婉语。随着国际交流的日益频繁，汉语中直接引用了一些英语的委婉缩略词，如"艾滋病"（AIDS-acquired immune deficiency syndrome 获得性免疫缺损综合征）、"丁克"（double income no kids 夫妇双方工作不要孩子）等。

人们喜欢借用外来词充当委婉语，主要原因可能是外来词至少在一定时期内，对人们神经的刺激强度比本族语言所引起的刺激强度要低一些，在一定程度上缓和了消极色彩。

英语中还有一种十分特别的委婉方式，就是把一些不好或不雅的事物用别国的国名来指称，如英国人把梅毒称为 the French disease（法国病），把 abortion pill（堕胎丸）称为 French lunar pill。有些委婉词语借用法语和拉丁语，是因拉丁语在英国历史上曾经被用作公文和教会语言，被认为是高雅语言；而英国在历史上被说法语的诺曼人征服过，法语曾经是征服者和英国上流人士使用的语言，也被认为是高雅语言。近些年，汉语中还出现了借用英语字母来代替汉字的现象，在青年人，尤其是青年学生平时的语言交流和网络聊天中，常常会见到借用英语字母来代替汉字的现象。说话人利用这种手段把该使用的汉字变成了英语字母，以此掩盖不雅言语，降低语言的粗俗之感，从而达到委婉的效果。例如，PPPP 用来表示对某人的言语不屑一顾，但是说话者没有直说不雅言语，而是采用汉语拼音字母 P 单音重复来表述原本不雅的词语，从而达到掩盖不雅言语的目的。又如，CNN 在 2008 年成了无耻、无聊、颠倒是非、造谣中伤的代名词。此说法源于美国有线电视新闻网 CNN 主播杰克·卡弗蒂（Jack Cafferty）的辱华言论和行为，杰克·卡弗蒂在报道 2008 年 3 月 14 日拉萨打、砸、抢、烧的严重暴力犯罪事件时，造谣污蔑、不顾事实、颠倒是非，使中国网民群情激愤。一位网民创作的歌曲《做人别太 CNN》随即在各网站上热播，歌词最后一句"做人不能太 CNN"迅速流传开来，CNN 遂成为无耻、无聊、颠倒是非、造谣中伤的代名词。每当人们看到不公正或者片面的报道发生时，往往要发自内心地喊一声：做人不能太 CNN！

2. 语义模糊

词义模糊是指通过使词语的语义扩展、延伸、抽象化等方式来实现词义的泛化。哈特维尔（Hartwell）在 *Open to Language* 一书中，把委婉语与 Weasel words（模糊词语）相提并论。[①]陈望道在《修辞学发凡》一书中指出："口头语上的避讳多半是用浑漠的词语代替原有的词语。"[②]模糊词语的使用能扩大某些词的外延，泛化的词义使其所替代的禁忌语变得模糊。在社会交往中，当直接说出一些事情会给人造成痛苦或使人难堪时，人们就会把使用的语义给予模糊处理使之笼统化，借以冲淡人们的厌恶或恐惧。用词义模糊的词语去替代含义比较清晰的词语，使原本明确清晰的概念模糊起来，正是这种模糊避免了交际中人们不愿提及的内容，而且语义模糊后，词语所指的含义可以有多重理解，给受话人更加宽泛的选择余地，这样一来就能够避免令人尴尬的局面。

3. 利用反义词

为了避开禁忌词语，人们往往通过正话反说的形式，使用相反的词语构成反义委婉语。利用反义词构成的委婉语在英汉两种语言中都存在。汉语中有许多这样的用法，如失火的反义委婉语是"走水"，火灾是一种灾难，却说成是"火祥"。停尸间是令人不安的地方，却被反义称为"太平间"，人死了亲属会非常悲痛，明明是令人痛苦的事情，却说是"白喜"。还有把人死亡以后与"死亡"相关的东西称为"寿"，如将棺材婉称为"寿材""寿木""长生板"，死人穿的衣服叫作"寿衣"，坟墓也成了"寿穴"。利用反义构成委婉语的例子很多，把本来不卫生的东西说成"卫生"：如把厕所称为"卫生间"，把大便用的手纸称为"卫生纸"。就是牢房这样让犯人居住的地方，汉语中却用反义手段，将其委婉地说成"福舍"或"福堂"。[③]汉语中利用反义构成委婉语就是为了避开一些不吉利的词语，避免使人产生不好的联想，以达到逢凶化吉的目的，这充分

---

① HARTWELL P. Open to Language: A New College Phonetic. New York & Oxford: Oxford University Press, 1982.

② 陈望道. 修辞学发凡. 上海：上海教育出版社，1982：139.

③ 张拱贵. 汉语委婉语词典. 北京：北京语言文化大学出版社，1996：145.

体现了汉民族的趋吉心理。英语中利用反义词构成委婉语的很少，也有个别这样的用法，如把 a slim chance 说成 a fat chance（大有希望），把 bad words 说成 good words（好话），把 papule 说成 beauty spot（美人斑）。英语中有反面着笔法（negation）构成委婉语的，也就是说从相反的角度表达令人不快的事物，有时候效果会比正面直说委婉些，如用 unwise（不聪明）替代 foolish（愚蠢）。

4. 利用同义或近义词

为了交际的顺利进行，人们使用褒义或中性的词语去替代那些人们不愿提及或可能引起不愉快联想的词语。这是英语中最简单也最常见的一个委婉语构成方法。如用 speculator（投机者）替代 gambler（赌徒），用 plain（长相一般）替代 ugly（长相难看），用 slim（苗条的）替代 skinny（皮包骨头）。汉语中把医院的医护人员称为白衣天使，把邮递员称为绿衣使者，把环卫工人称为城市美容师，等等，前者让从业者感到自己从事的职业社会地位低，后者让从业者感到自己职业的社会地位听起来受人尊重。

此外，英语中还有其他一些通过词汇方式来表达委婉意义的特殊方法，如英语中常将一些不雅的事物或现象推到外国人的身上：syphilis（梅毒）被称为 French (Spanish/Italian) disease（法国或西班牙、意大利病）。英国人有时还硬要中国人承担一些莫须有的罪名，如 cocaine（海洛因）被称为 Chinese red（中国红），strong cocaine（烈性海洛因）则被称作 Chinese white（中国白）。这是典型的语言沙文主义遗存。

三、语法手段

委婉语是一种文化现象，是社会发展的产物。当人们感到直说某事可能遭到拒绝甚至厌恶时，就通过遣词造句，采用语法手段，更为婉转曲折地把原本不太悦耳的话语或令人不快的事情表达出来。汉英两种语言在语法委婉构成方面有很多共性，它们都是竭力避免在说话中使用否定性词语，最大限度地降低使用刺激性话语，尽量保护交际对方的面子，避免损伤他们的自尊心。汉语和英语都常用句法和构词的手段来构成委婉语。

1. 句法

1）省略主语。

在表示批评或建议时，省去动作发出者，有时可以收到良好的委婉效果，如英语中，对于一个旷课的学生，老师若用 "It's not good to take French leave"（不辞而别，可不好）代替 "It's not good for you to take French leave"（你不辞而别，可不好），语气则缓和得多，不致使对方感到过分尴尬。[①]

2）换用人称代词。

人称代词的互相借用或者用复数形式代替单数形式是汉英语言表达委婉语气的共同特征。用第一人称复数代替第二人称单（复）数，通过增加指称的模糊性，能够达到委婉的效果。如医生查房时对病人说："How do we feel today?" 就比说 "How do you feel today?" 语气显得婉转亲切些，而且这样说既可以消除病人紧张不安的心理，也有利于病人配合治疗。同样，汉语中老师也可以对课堂上随便讲话的学生说："我们上课能不能不讲话？" 在学术报告或者学术论文中，常常出现用第一人称复数代替第一人称单数的现象，如 "我们认为"，而不是 "我认为"。汉语中也经常在学术报告中听到 "根据以上分析，我们可得出以下结论" 的说法。同样，英语中常用 "We guess (think, hope)"，而不是 "I guess"。这样用第一人称复数代替第一人称单数使自己的观点易为别人接受，避免了骄傲自大之嫌。人们也常用第二人称复数来缓和语气，如领导批评一位对工作态度不认真的青年同志时可以委婉地说："你们还年轻，以后的路还很长，应该将主要精力放在工作上。" 这样的表达方法使领导的语气显得比较委婉，被批评的年轻人也就更易于接受。这种用复数形式代替单数形式的表达方式，回避了批评具体的人，既达到了批评的目的，又不至于让受批评的人太尴尬。

由于汉语在人称代词的使用方面比较丰富，所以，在社交场合换用人称代词进行表达非常灵活。与别人谈话时，一面用手势让对方坐下，一面说 "咱们坐下来谈吧！"，要比直接说 "坐下来谈吧！" 客气得多。当别人离开时，说 "您走好！" 要比 "你走好！" 显得更礼貌、客气。

3）运用否定句式。

人们为了把意思表达得含蓄些、委婉些，往往不直接把事情说出来，而用否定句表达肯定的意思，在句式上形成一些固定的委婉表达形式，如用疑问句表达建议、猜测，或者在句子的结尾加上表示商讨的语气词，这样可以减弱说话人生硬的口气，使对方容易接受。否定句式构成委婉是英汉语言中比较常见的语法手段，使用否定的形式，语气显得不确定，表达的意思也没那么生硬，这种形式更容易被接受。运用否定句式去表达那些令人不快的事物，有时会比直接说出效果更婉转些。英语常常通过这种方法构成委婉，如 "He is not feeling well." 就比直

---

① 刘明阁. 跨文化交际中汉英语言文化比较研究. 开封：河南大学出版社，2009：194.

接说"He is ill."委婉些。"I don't think you're right."和"I think you are wrong."相比较，前者语气也比后者婉转得多。用 not very beautiful（不太美）比直接说 ugly 效果好。汉语中否定词"不"放在表示美好的、积极的意义的词语前面，表达非肯定的意思，这样的词语组合不仅能够表达本义，而且因为后面接续表达肯定、积极意义的词语，减少了刺激性，所以听话人也乐于接受。我们在交际中常用"不免""不妨""未免"等否定词构成委婉，例如，"这种方法我们还没有用过，不妨试试看。""他用这种办法来教学生，未免要误人子弟呀！"如果直言会有损于听话人的面子，使交际陷入尴尬的境地。

双重否定是表达委婉的另一种形式，所谓双重否定是指在同一个句子中，两次使用否定词语。第一个否定词往往是绝对否定词如 no，not，nothing，nobody，never，neither 等，后一个常为半否定词，如 absence，fail，few，hardly，little，illogical，ignorance，scarcely，等等。汉语常常使用"不得不、不该不、不会不、几乎不、未必不、不无道理、几乎没有、无可厚非、并不否认"等，使句子表达得更加委婉。例如："我已经通知他了，一般情况他不会不来的。"又如俄罗斯国家杜马原第一副主席斯利斯卡关于在北约境内部署美国的战术核武器问题时说："俄对北约对该地区表现出异乎寻常的兴趣深感忧虑。俄对北约在该地区的所作所为不会无动于衷。""无动于衷"形容内心毫无触动，这是用含有否定意义的词语加否定词"不"构成双重否定。在外交场合使用这类语义结构之所以委婉，是因为复杂的说法，语气总是弱一些，既能够表明自己的态度，又能够缓和外交关系，尽量避免冲突与矛盾。

4）运用反问句式。

有时候人们在进行交流时，会因特殊原因而不便直接表达自己的意思。如果直言不讳地表达，往往会让对方感觉很不舒服，也显得说话人很粗俗、没涵养。为了化解这种尴尬，人们往往通过以问代答的方式来委婉说出不便直接表达的意思，如："How can we do so?"（我们怎能这么做？）。汉语中遇到不好解决的问题时，为了缓解双方僵持的局面，往往会说"这个办法如果可行的话，我们为何不先试一试？"。

5）改变时态。

时态是用语法手段构成委婉语的常用方法。英语中为了避免直接表达本义可能造成的尴尬局面，在使用 want、hope、think、wonder 等词语时，人们常常采用改变时态的方法来缓和语气，婉转地表述自己的意思。

用探询式的方式含蓄地表达愿望时，语气就显得柔和一些。一般过去时，除了常常用来表示过去某一时段所发生的事情，还可以用在一些特殊的语句中代替一般现在时使用，表示说话人的想法虽然现在不是真实的，但也有实现的可能性，这种探询式的语气委婉表达，使人听起来感到更加委婉和客气。

例如 "Did you want to see me now?" 带有更多探询、商量的口气，听起来要比 "Do you want to see me now?" 更加客气、委婉，容易接受。

6）虚拟语气。

虚拟语气是一种特殊的形式，一般用来表示说话人的主观愿望、假设或推测，表明陈述的内容与事实完全相反，表述的动作或状态不是客观存在的事实。因此，用虚拟语气来表述事情比直接陈述显得更加委婉和礼貌。在社会交际中，英语中的祈使句和命令句远远少于汉语，英语中有很多句子以 "Will you..." "Could you..." "Would you mind..." "I wonder if you could..." 等开头。因为对英美人来说，使用虚拟语气，能够使语气显得委婉，同时也显得说话人有礼貌。使用虚拟语气也充分体现了人人平等的价值观念，这样也不会把自己的观点强加给别人。唐代李益的《江南曲》中："早知潮有信，嫁与弄潮儿" 这句诗也是运用了虚拟语气。

2. 构词法

1）逆拼法。

逆拼法就是将单词第一个辅音字母移至词尾与元音字母组合构成音节而形成委婉的方式，如 ponce（皮条客）ecop，belly（肚子）elly-bay。sutech 一词是美国前几年出现的关于窃听的委婉语。窃听（wire trapping）这种行为是卑鄙的，在官方语言中堂而皇之地命令部下去窃听别人，总是不太雅观，因此在美国某些官方文书中出现了很文雅的 technical surveillance（技术监视）替代 wire trapping。这个词组的倒转缩略语（把第二个字的字头 su 与第一个字的字头 tech 合成一词）sutech，就成了窃听 wire trapping 的委婉语。由于这种构词法构成的词不多，造出的词多新颖别致，用来代替常见的敏感词，常常能够收到委婉的效果。

汉语中把"监狱"叫作"巴黎子"也是运用逆拼法构成委婉的，为了防止囚犯逃跑，在监狱牢房的四周都建有高高的围墙，在围墙上再拉上铁篱笆，利用逆拼法把篱笆说成巴黎，因为"巴黎"与"笆篱"同音就构成了委婉。

2）截短法。

英语是拼写文字，每个单词由一个或多个字母组成，人们在形成委婉语时常常通过截短法把禁忌词语省掉几个字母，使这些禁忌词语在读音和拼写上发生变异，避免使人产生视觉上或听觉上不愉快的联想。常见的如把 God 缩略为 "G d"，以 gents 代替 Gentleman's room 等；也有把禁忌词斩头去尾的，以形成委婉的方式，如把 confidence man（骗子）说成 con man，把 lavatory（厕所）截短成 lav，把 public convenience（公厕）截短成 convenience。

3）首字母组合法。

这种方法顾名思义，就是把禁忌词语或人们不愿说出来的词语的首字母抽出来合在一起，组成一个词。英语中就常常采用这种办法组成缩略词来表达委婉。例如：把 Jesus Christ 缩略为 JC，同样把 bar girl 缩略为 B-girl（吧女，妓女），把 bowel movement（大便）缩略为 B. M.，把 body odor（狐臭）缩略为 B. O.，用 AIDS 代替 acquired immune deficiency syndrome（艾滋病），用 LDCs 代表 less developed countries（不发达国家），等等。汉语当中也存在这种通过元音省略来构成委婉语的方式，特别是在年轻人的网络语言中。年轻人在网络交流中，通过省略脏话的元音的形式形成来委婉语，这样一来就避免了在交流的过程中直接说出脏话，给人带来的不快。

4）合成法。

为了避免说出一些不雅的词语，人们将两个或多个单词合拼为一个词而构成委婉词语，如把 goes under（夜壶）说成 gezunda。

四、修辞手段

为了使交流更加和谐顺畅，人们经常使用借代、比喻、拟人、低调、迂回、拆字与藏字等手段构成委婉语。在言语交际中，人们如果能够恰当地运用修辞手段构成的委婉语，用曲折含蓄的话语来表达暗示的内容，不直白本义，同样能获得良好的交际效果。利用修辞手法构成委婉语，一方面是为了使交际活动成功，为对方着想而采用委婉的表达方式；另一方面是说话人为了显示自己的高雅而委婉含蓄表达。汉英语言中经常使用以下这些修辞手段来构成委婉语。

1. 借代

"借代"首先是全人类所共同所有的普遍的思维方式，是人类认识客观世界，给万事万物命名的一种重要手段。[①]借代是指不直接说出要表达的人或者某事物的名称，而是借用和这些事物密切相关的词语去代替，顾名思义就是用一事物代替另一事物，以部分代替整体，以小代大。借代利用相关性，引人联想，使语句特点鲜明，以实代虚，以简代繁，表达效果更加具体生动。委婉语用借代这种

---

① 李国南. 英汉修辞格对比研究. 北京：外语教学与研究出版社，2018：56.

间接的方法来表达意思，在似与不似之间使听话人产生联想，给听话人更多主观感受的空间，这种感受往往是通过品味由语言造成的生动形象性所激活，能够达到生动、愉悦、幽默的修辞效果。利用借代手法构成的委婉语，主要是借用与本体密切相关而又比较文雅、含蓄的委婉词代替那些人们不愿启齿的事物，以及用整体来代替那些不便直言的部分，从而获得委婉效果，如英语 be fond of the bottle（喜欢酒瓶）表示贪杯，是用容器代替内容的方式，chest（胸脯）表示乳房，是采用整体代替局部的方式，pick（撬锁工具）表示撬锁的窃贼，是用工具代替事物的方式。the son under the rose（玫瑰之子），众所周知，玫瑰是爱情的象征，所以 the son under the rose 表示"私生子"是很自然的。汉语中，用袁大头代替印有袁世凯头像的银圆。李白《望天门山》中的"两岸青山相对出，孤帆一片日边来"，就是用船的一部分"帆"来代替船，以上都是局部代替整体的方式。苞箧婉指搜刮的财物，以装物的器具代替所装物品，达到委婉目的①，是借容器代所容之物的方式。刀客本为清末陕西一带民间的秘密团体名称，后用以婉指土匪。因旧时土匪也以刀作武器，因带有隐秘性，故称。②

2. 隐喻

隐喻是一种常用的修辞手段，我们这里所说的隐喻是指用某种名称或描写性词语去描写禁忌事物的特点，用本质不同但具有相同特点，容易让人接受的事物而不是这种名称的字面语义去说明事物，以类比的方法达到委婉目的。意大利哲学家维柯在《新科学》一书中指出："值得注意的是在一切语种里大部分涉及无生命的事物的表达方式都是由人体及其部分以及用人的感觉和情欲的隐喻来形成的。"③由于人类共有的相似联想和思维方式，英汉语中这类借助隐喻造成的委婉语不谋而合。④李国南认为，汉英语言中都有大量利用隐喻手段构成的委婉语。如英语中用 to go to sleep forever（永远睡着了）代替死亡，用 in one's birthday suit（身穿生日服装）代替 nude，用 bracelets（手镯）代替 handcuffs（手铐），用 go astray（走入歧途）指代"堕落"，用 five fingers（五指汉）代替小偷等。汉语中运用比喻的方法构成委婉语的也有很多，例如，不说没有钱，而形象地说成"手头紧""囊中羞涩"，其实都是"经济拮据"的意思。又如，"And, it being low water, he went out with the tide."，句子中把人被海水淹死比作"went out with tide"

① 张拱贵. 汉语委婉语词典. 北京：北京语言文化大学出版社，1996：130.

② 同① 137.

③ 维柯. 新科学. 北京：人民文学出版社，1986.

④ 李国南. 辞格与词汇. 上海：上海外语教育出版社，2001.

（跟潮水一道去了），非常含蓄、婉转。

3. 拟人

拟人手法，是人类把自己的形体和感情投射于外部物质世界的一种思维方式，即把人以外的事物当作人来看待，利用这种方法可以替代那些不愿提及的事情，例如，在英语中由于人名"Harry"与"heroine"首字母相同，读音相近，人们就把毒品"heroine"婉称为"big Harry"；用 Mary Jane 婉指 marijuana（大麻）。汉语则根据"海洛因"的名字，取其第一字构成委婉语，将吸食海洛因的人婉称为"老海"。

4. 低调陈述

低调陈述是一种常见的语言现象，也是一种常用的修辞手段，即采用低调与弱化的语言形式来表达，貌似柔弱反而可以增强语言的效果，听起来让对方容易接受。在社会交际中恰当地采用低调陈述，可以避免发生令人不愉快的场面。有时候当我们不得不提及一些令人不快或者不愿说出的事情时，应尽量避免非礼言行，选择委婉表达的方式，以避免伤害对方的感情。如果我们能够使用委婉语，不仅能显得彬彬有礼，还往往会因为照顾到了对方的情面而取得好的交际效果。我们可以采取轻描淡写的方法来表达那些令人不快的事物，让人不致感到难堪或听着刺耳。例如，用 underprivileged（弱势人群）替代穷人，遇到有人 lie（撒谎），一般说成 not tell the truth（没说实话）。在英语国家，保守或低调的说法比比皆是，例如，在学校中，老师切记不能在家长面前说他的孩子是 poor student（学习成绩差的学生），而常常会说是 underachiever（他尚未发挥潜力）或者 below-average students（低于一般水平的学生）。又如，"In private I should merely call him a liar, in the press you should use words: 'reckless disregard for truth' and in parliament—that you regret he 'should have been so misinformed.'"。同样一个 liar，在不同的语言背景下，有不同的表述，在报刊上说成是"reckless disregard for truth"（粗心大意地忽视了事实），在议会里却成为"should have been so misinformed"（竟然得到如此错误的情报）。英国人的对话中常常出现大量的 a bit、a little、small，其实都是表示 very、big。当有人看到你不小心丢掉东西了，他们会说"Sir, you might have dropped something."：一个人生病了，人们不说"He is sick."，而是说"He has a condition."。

在汉语中，情况亦是如此，通过使用低调陈述的方式也能取得很好的委婉效果。鲁迅先生写的《孔乙己》中，孔乙己窃书被人抓住，他却狡辩偷书行为是

"读书人的事，能算偷么"。而英语中则使用 take other's things without permission 来替代 steal。遇到身体有残疾的人，我们不能说"残废"而说"生理上有缺陷"。这种表达方式可以使话语变得亲切、委婉。

5. 迂回陈述

迂回陈述是指人们故意采用绕弯子、兜圈子的办法，使用一些较长或复杂的词汇来婉转地表达深层的意思，其结果是短词长写，造成短话长说。威尔斯认为这种说法虽然有点拖泥带水，但目的是避免冒犯对方，也是出于礼貌的缘故，经常表现出委婉的特征。[1] 李国南认为，这种迂回陈述不直陈其事，而往往只道出其相关行为。[2]

迂回陈述的表达形式有两种：一种是为了回避一些可能含有负面影响，容易令人不快的词语，把本来一个词就可以表示的语义用一个词组来替代，原本可能令人不快的语义就会显得缓和，这样就可以达到委婉的效果。例如，英语中用 colored people（有色人种）来替代 negro，避免了种族歧视；用 cash advance（预支）来替代 debt，显然是把债务问题进行了美化；用 substandard housing（普通标准房屋）来替代 slum，既能够维护居住者自尊心，又给政府增加了光彩。迂回陈述的表达方式多用于战争、教育、政治等方面，如把造成大量平民伤亡或者大量财产损失轻描淡写地说成 collateral damage（附带伤害），把 attack 委婉地说成是 pacify the area（使这一地区实现和平）。把 poor child 说成 under privileged child（享受特权不足的孩子）。在水门事件中，把尼克松因派人进入水门大厦安装窃听装置陷入的尴尬局面，委婉地称为 White House horror（白宫的恐慌）。有些媒体甚至用 less than truthful（不完全真实）来代替"lie"，把 adjustment downward（向下调整）替代 drop（下跌）。汉语也有类似的表达，为了给没有钱的人留面子，不直接说某人"缺钱"，而说成某人"囊中羞涩"。为了显示人人平等，尊重来城市打工的农民，把"农民工"说成"外来务工人员"；把在城市购买房产，在城市生活的农民称为"新市民"。

另一种是不直接说出禁忌词，而是换用能够表达相同语义相关侧面的词语。如英语中的 to wash one's hands，其实，to wash one's hands 只是便后的一项内容，却用来表达整个行为。汉语的"洗手间"也是一样，洗手间的功能不仅仅是洗手，其主要功能是为大小便提供场所。"'My son, John lives at the government's

---

① WALES W. A Dictionary of Stylistics. England: Longman Group UK. Ltd., 1989.

② 李国南. 辞格与词汇. 上海：上海外语教育出版社，2001.

expenses now,' Mary said."真实的情况是玛丽的儿子在坐牢，她却不直说 in prison，而拐弯抹角地说是生活由政府负担，用 lives at the government's expenses 替代 in prison。玛丽的表述把儿子在坐牢这样难以启齿的语言隐去，既说明了儿子的状况，也避免了尴尬。

为了避免冒犯对方，出于礼貌，汉语也常常采取这种拐弯抹角的说法，表现出婉转的特征。例如，把企业裁减下来的员工称为"富余人员"；把地方政府负债建设，以成本价向生活在城市的低收入住房困难户提供住房的建设项目称为"安居工程"；把国家安排计划，免收土地出让金，各种收费减半，按保本微利原则出售的商品房称为"经济适用房"；用"吃双份饭"来指"怀孕"；用"衣服瘦了"来指身体"胖"；等等。

6. 拆字与藏字

由于在词语结构上的优势，汉语在运用修辞方式构成委婉语方面，显得比英语更加灵活一些。除以上与英语相同的几种修辞手法外，汉语中还可以利用拆字和藏字这两种独特的修辞手法来构成委婉语。我们所说的拆字，主要是指不便直接说出某些词语时，将需要避讳的词语按偏旁部首拆成若干部分，以此获得委婉效果。东汉末年董卓专权，引起民愤，但是迫于董卓的强权，人们不敢直接反抗，只能委婉曲折地表达不满。当时社会上流传有一首童谣：千里草，何青青，十日卜，不得生。这里"千里草"是"董"字拆开的说法，"何青青"是形容赤地千里，"十日卜"是把"卓"字拆开，"不得生"是形容民不聊生。这首童谣暗指奸臣董卓专权误国，欺压百姓，使人民生活在水深火热之中。再如：著名作家巴金先生的小说《家》中有这样一段描述"他们就动手打起来，有的丘八还跑上戏台胡闹。"可能当时说话人害怕直接说出"兵"，故意把"兵"拆开说，其实"丘八"合拼起来即为"兵"。英语中也有利用拆字的方法构成委婉语的例子，只是比较少见。例如：

Husband: Let's get the kids something.

Wife: OK, but I veto i-c-e c-r-e-a-m-s.

上面的例子是夫妻在讨论为孩子买食品的问题时，为了避免孩子嘴馋吵闹，夫妻间提到 ice creams 时拆为字母读音 "i-c-e c-r-e-a-m-s"，用的就是拆字法构成委婉的方式。

所谓藏字，就是有意将话语中某些词省去不说出来，而意义不会发生改变的一种修辞手法。这种隐藏部分词语、保留原意的手法正好符合委婉语的最基本要求，如：老舍先生在《方珍珠》中有这样一种说法"这是千里送鹅毛"。本来

"千里送鹅毛——礼轻情意重"是一个完整的歇后语，而老舍先生是把"千里送鹅毛——礼轻情意重"的后半部分隐藏起来，形成委婉的表达。有人把中国男子足球在国际比赛中一直失败委婉地说成是"孔夫子搬家"，就是省去了歇后语的后半句"尽是书（输）"。

　　从以上分析汉英委婉语的构成方式，我们可以看出，汉英委婉语在构成方式上既有相同之处，又各有特色，说明人类的思维方式和感情表达方式基本是一致的，只是不同的语言都具有自己的语言体系。委婉语的应用范围非常广泛，其构成方式也多种多样，它反映了人们的审美观念、道德标准、价值观念和行为规范。由于汉英委婉语都是在各自的社会环境中形成的，在内部交往中起到润滑的作用，在不同的语言环境中，委婉语也各不相同。所以，我们在跨文化交际的过程中，应充分意识到委婉语的差异。认真学习和熟练掌握不同语言中的委婉语，有助于我们恰当地表达自己的思想，避免犯忌，进一步提高跨文化交际的能力。

第五章

汉英委婉语的跨文化透视

委婉语是人类社会中普遍存在的一种语言现象，语言作为文化的一部分，反射着这个文化多姿的形态，是一个民族文化的写照。委婉语反映了一种语言所代表的这个民族的价值观念、宗教信仰、风俗习惯、地理环境和文化心理等。一个特定时代、特定地区、特定社会所产生和流行的委婉语就是这个时代、这个地区和社会的道德、民俗、政治和社会心理等文化现象的一面镜子。[1]

我国有几千年的发展历史，一向被称为文明古国和礼仪之邦，而西方国家特别是英国，一向强调体面，提倡绅士风度。汉英两种语言中的禁忌和委婉语都有很多，虽然由于社会文化存在的差异，汉英语言在委婉语的表达上有所不同，但委婉语的交际功能是基本一致的。在社会交际过程中，人们在遇到不便直接说出的事情或说出来会令人难堪的时候，往往不会直接说出来，而是采用含蓄、模糊的方式婉转地表达，这样一来，说话者就显得轻松自如、大方得体，交流就可以顺利进行。人们在交际过程中，难免会遇到粗俗的事物或者需要回避的词语，在这种情况下，人们往往会用一些听起来让人更容易接受的词语来表达，这些听起来让人更容易接受的词语就是委婉语。委婉语犹如一张薄纱，遮掩了令人难堪的事实真相，使人们可以比较自然地表达那些本应属于禁忌语范畴的概念和思想。[2]

委婉语是所有语言所共有的一种语言现象，存在于世界各种文化之中，由于不同文化之间存在着差异，不同语言中委婉语的表达形式就会有不同。形形色色的委婉语反映了形形色色的社会价值观和社会心理状态，反映了与之相应的文化传统。[3]汉语与英语分别属于两个不同的语系，各自都有不同的社会文化，因此，

---

① 吴松初. 中英当代流行委婉语的文化比较. 现代外语，1996（3）：59.

② 刘明阁. 汉英委婉语的跨文化透视. 南阳师范学院学报（社会科学版），2008（11）：88.

③ 李国南. 辞格与词汇. 上海：上海外语教育出版社，2001：57.

汉英委婉语也必然会存在很大的差异。深入了解委婉语的产生原因，能够帮助我们顺利地进行跨文化交际。为了进一步了解汉英委婉语的普遍特征，以便更好地理解汉英语言中委婉语的特殊性，我们试图通过委婉语在反映社会文化、表达礼貌原则和体现鲜明的尊卑观念等方面的探讨，对这两种语言中委婉语的表现形式和交际功能进行比较和分析，以便我们能够在交际中正确理解和使用委婉语。

一、委婉语对社会文化的反映

语言是一种社会现象，是人们进行社会活动的交际工具。美国社会语言学家恩伯认为："一个社会的语言能反映与其相对应的文化，其方式之一则表现在词汇内容或词汇上。"[①]委婉语是所有语言所共有的一种现象，与社会的各个方面都存在着联系。委婉语的产生、发展与价值取向、宗教信仰、社会心理、风俗习惯、历史背景、地理环境等方面都有着不可分割的关系。委婉语作为文化的一部分，深深地根植于世界各民族的文化沃土之中，包含着丰富的文化底蕴，承载着各民族的价值取向、宗教信仰、风俗习惯、道德观念等。[②]

委婉语反映了一个社会的价值取向、宗教信仰、社会心理和风俗习惯，同时也显示了一个社会的文明程度。每种文化都存在着对某些事物的禁忌，反映在语言中，就是语言禁忌。不同国家、不同民族的人们之间进行交流，人们的禁忌内容也有所不同。英美文化是海洋文化，是一种崇尚金钱的物化文化，而中国自古就是农业国，中国文化是典型的农耕文化。古时的人们一年四季面朝黄土背朝天地在田间劳作，其中的辛苦可想而知，视节俭为美德，是很自然的。不同的价值观念必然在语言上有不同的表现。

关于语言与文化的关系，不同的学者有不同的认识，至今尚未有统一的定义。但大多数学者认为，语言是文化的一个组成部分，是文化的镜像折射，展现了本民族绚丽多姿的文化形态，包括价值取向、社会心理、风俗习惯、宗教信仰以及道德观念等。

李国南认为，委婉语最重要的特征之一是利用语言表达上的模糊性，运用同义词语、比喻、借代、褒义化的手法等，使谈话的双方能够用一种比较含蓄的方式来谈论不愿意直接说出的事，以避免不应有的内疚或尴尬。委婉语存在于人类语言的使用过程中，深受社会文化的影响和制约。语言的价值取决于使用者的价

---

① 恩伯C，恩伯M. 文化的变异. 沈阳：辽宁人民出版社，1988.
② 李喜芬. 英汉委婉语比较分析. 中州学刊，2004（4）：137.

值观念和社会文化心理，因此，委婉语是折射社会文化的一面镜子，是后两者在其中的投影。

委婉语能够反映出一种文化价值体系，在不同文化语境下，人们对同一事物的敏感性以及敏感程度会有所不同，在对待老年人的态度方面的表现，就是中西方文化价值观差异的典型体现。在我国，尊老爱幼是一种传统美德，千百年来人们传承光大尊老爱幼的优良传统，反映在语言中就产生了"老马识途""老骥伏枥""老当益壮""老成持重"等成语，这些成语体现的就是敬重老人、赞誉老人的表达方式。在现代社会中，四世同堂的传统家庭结构几乎已经彻底消失，但是，在很长一段时间里，长辈是家庭的核心成员，受到一家人的尊重。我国的许多老年人还以"老骥伏枥""老成持重""老当益壮""老将出马一个顶俩"为荣。中国人有尊老爱幼的传统美德，在年龄方面往往直言不讳，汉语中"老"常含有褒义，"老"代表着学识渊博、经验丰富、忠实可靠、老成持重等，所以，汉语中表示"老"的委婉语很少，"上了年纪""年事已高"大概是为数不多的几个表示"老"的委婉语吧。有时为了表示对老年人的尊敬，还要特意在称谓前面加上"老"字，如老领导、老教授等。再比如，中老年人在相互称呼时，往往在姓氏前面加上"老"字，如老张、老马等，这样的称呼既表示尊敬，又显得更加亲切。如果把"老"字放在姓氏的后面，如郭老、徐老，不但表示出被称呼者的年龄大，而且包含着对德高望重的老人等更深的敬意。这充分体现了中华民族尊"老"的价值取向。

中国的文化属农业经济型，传统社会发展缓慢，经验的积累显得尤其重要，人们在生活中往往以家庭宗族为中心，注重祖先崇拜，强调伦理道德。而西方国家，尤其是美国，其文化模式属于工业经济型，社会经济发展较快，注重创新，过去的经验用处不大，而且，人们奉行以个人主义为中心，提倡独立，不迷信特权与传统，强调个人奋斗与创新，因此，英美文化所体现的是轻"老"的价值取向和追求不断发展的创新精神。在英美等西方国家，"老"是人们忌讳的词语，老意味着说话唠叨、知识老化、固执任性、思想僵化、反应迟钝等，因此在语言表达方面"老"常含有贬义，如老式的守旧派等。英美人怕别人说自己老，有些人对老的惧怕心理已达到了谈老色变的程度。于是人们费尽心机地借用委婉语表示老年这一概念，例如，用 advanced in age 代替 old，用 senior citizens 表示 old people。但是，这些委婉语的使用并没有减轻老年人所承受的因文化偏见所导致的社会压力。因此，在西方，有很多老年人对中国文化中尊老爱幼的优良传统流露出羡慕之情，而对自己所处的境况则有种伤感情绪。例如，英国有一个老人晴天上街手里拿着雨伞，而不是手杖，他宁可让别人称自己为傻瓜，也不愿让别人认为他老了。可见，关于"老"的委婉语的产生深深根植于一个民族的社会文化环境，蕴涵着丰富的价值观和文化内涵。

二、委婉语基于礼貌原则

委婉语含蓄、隐晦，能淡化和消除禁忌词语给人带来的不快和反感，因此，它已成为人们喜欢的恪守礼貌、建立良好人际关系、确保交际目的实现的一种常见的言语手段。在人际交往中，讲礼貌是各种社会、各种群体共有的普遍现象，委婉语的使用就是出于礼貌原则，在交际中避免冒昧和无礼。当迫不得已要涉及令人不快的事情时，就要选择委婉的表达法，以避免伤害对方的感情。委婉语的理论基础就是利奇（Leech）的"礼貌原则"。根据利奇的理论，人类的社会交际活动，就是在合作原则和礼貌原则的框架下进行的。如果没有合作原则，谈话可能就无法进行下去；如果交流双方不遵守礼貌原则，听话者与说话者就无法进行合作。因此，出于礼貌，说话人会根据自身情感的体验，适时选择使用委婉词语，避免给对方造成情感伤害，从而达到使听话者能够接受自己的话语内容的交际目的。礼貌原则是由人们的社会角色决定的，社会角色赋予人一定的社会权利与义务，这就构成了社会交往中人的言语平衡的要求。而且权势关系客观存在于社会中，并以某种框架的形式固定下来，也必然要在人们的语言交流中反映出来。凡与这种社会权势框架吻合的言语行为，就会被认为是礼貌的，就会被社会所接受，凡是与之不吻合的言行便会被认为违背了礼貌原则。前几年，湖南电视台热播的电视剧《人民的名义》，剧中人物市委书记李达康成了网红，省委书记沙瑞金称他达康同志，而不是李达康同志。按理说党内人人平等，无论职务高低，都可以称同志，其实则不然。同志既是身份认同，也是政治待遇。省委书记沙瑞金职位比他高，可以称他达康同志，表明二人是上下级关系。与达康同级或者关系亲近的人则省去姓氏，叫达康书记，显得亲切一些，而地位比他低的人一般叫李书记，表示尊重，这些不同的称谓就体现了对礼貌原则的遵循。

在社会交往中，很多情况下为了尊重对方，一些话语不能够直接表达出来，或者是说话人需要表达自己的谦虚，弱化对他人的批评和不满，在交流中就要使用委婉语。

委婉语的作用与礼貌原则是一致的，这为委婉语在语言交际中的运用提供了依据。例如，在英语中，老板解雇职员不说 fire 而用 discontinue，如果一个人失业，人们会用 between jobs，to be developing new project 等代替 "lose job" "jobless"。此外，用 plain（长相一般）或 homely（相貌平平）代替 ugly 表示人长得丑，用 heavy set，be on the heave side（身体发福）代替 fat 表示人身体太胖，用 slender（苗条、纤细）代替 skinny 表示人太瘦，用 physically handicapped（生理上缺陷）代替 crippled（瘸子或其他残疾人）等都属于这种用法。现代英语中，更是出现了 Miss Kate（凯特小姐）、business girl（商务女郎）、girl at ease（大方女郎）这些妙趣横生、诙谐幽默的委婉语。这些新委婉语的出现，取代了那些含有不雅之意的词语，堂而皇之地登上大雅之堂，而且从字面上看还显示出上流社会"名门闺秀"的意味。

在中西方文化中，人们都会在社会交流中使用委婉语来表达自己的礼貌，但是，同样是表达礼貌，却存在着一定的差异。中国人为了表示礼貌，在使用委婉语时常常含有贬低自己、抬高他人的意思。而在西方文化中，只需要委婉地表达出自己的意思，不必谦虚地贬低自己。虽然中西方文化对礼貌的理解有明显不同，但是委婉语的使用都是说话人想要展现自己有礼貌的一种心理。

委婉语如同润滑剂，有助于人们在交往中保持和谐和增加友谊。人们在交际场合为表示对他人的尊重，出于礼貌，常常用委婉语减少对他人的批评，其目的是把对方的反感情绪降到最低。在国家与国家、种族与种族的交往中，恰当地使用委婉语，可以避免矛盾激化，因为当需要共同面对一些敏感的话题时，直接表达可能会激化矛盾、扩大分歧，措辞委婉可以起到化干戈为玉帛的作用。如用"发展中国家"指那些经济水平较低、较落后的国家，以回避贫困落后这些词语，既体现了平等观念，也更容易使这些不发达国家的政府和人们所接受。另外，在 20 世纪人们借用东、西方位词表示不同的政治制度，用"东方国家"表示实行社会主义制度的国家，用"西方国家"表示实行资本主义制度的国家，这样就巧妙地回避了政治制度的差异。同样，"南北对话"和"南南合作"中的"南"是特指南半球的"发展中国家"，而"北"则指位于北半球的"发达国家"，"新兴经济国家"则指中国、俄罗斯、印度、巴西、南非等经济发展较快的发展中国家。从以上例子可以看出，在国际交往中使用委婉语，一方面是出于礼貌，另一方面是体现了平等观念，避免歧视或尴尬局面的出现。委婉语的使用，显示了说话人语言的微妙含蓄和使用者释放的善意，在平等角度上来体现对交际对方的尊重。

三、汉语委婉语受尊卑观念的影响

中国长达 2000 多年的封建统治形成了等级森严的社会结构，靠礼教来维护社会等级关系和家庭伦理关系。人们在社会生活中将职位高低、长幼尊卑等区别得非常清楚，封建礼教在避讳习俗中的核心，就是尊卑贵贱的等级关系。

封建社会规定要避帝王讳，全体臣民对统治者帝王绝对遵从，各个朝代对当朝皇帝的名字都要避讳，臣民不能直呼当朝帝王的名字，随便说出帝王的名字就要触犯国讳，有可能招来杀身之祸。当必须说出帝王的名字时，就要用另外的词语来代替，这种现象称作"避帝王讳"。如我们耳熟能详的神话传说中的"嫦娥"，原名"恒娥"，在宋代，人们为避讳真宗赵恒之名"恒"字，而将"恒娥"改为"嫦娥"。封建社会有权有势的官员也将自己的名讳定为制度，是为官讳，百姓如有违反就要受到惩罚。宋代有个州官叫田登，下令州内黎民百姓必须避讳"登"及同音的字，犯者会受鞭笞。上元节放灯，州吏贴出告示："本州依例放火三日"，于是就留下了"只许州官放火，不许百姓点灯"的成语。

所谓避家讳，是指对有血缘关系的父祖及所有长辈的名字要避讳，这是封建社会中最主要的一种避讳方式。在我国，后代子孙直呼祖先的名字就是大不敬，凡是遇到长辈的名字，就用其他字词来代替，以示对祖先的敬意。如司马迁写《史记》，因其父名司马谈，所以司马迁在《史记》中把凡是名叫"谈"的都改为"同"，如把"赵谈"改为"赵同"，把"李谈"改为"李同"。

俗话说"子不言父名，徒不言师讳"就是这个意思。一方面，这体现了中国在封建制度影响下宗法观念的根深蒂固，上下关系的等级森严；另一方面，这也是中国人讲究礼貌、尊敬长辈的表现。随着时代的变迁，封建制度已经土崩瓦解，国讳、官讳在中国已不存在了，但对长辈名字的避讳一直持续至今，如在家庭和亲戚中，晚辈对长辈不能够直呼其名，而要用亲属称谓，子女直呼父母姓名被认为是忤逆不敬的行为，是绝对不允许的。人们的语言、行为无不渗透着等级尊卑的观念，连死亡也不例外。《礼记·曲礼》中记载"天子死曰崩，诸侯死曰薨，大夫死曰卒，士死曰不禄，庶人曰死"。同样是死，不同的身份、不同的地位，表达方法是有严格区别的，不同人的死亡使用不同的表达方法，就充分体现了鲜明的等级观念。为了赞美帝王，帝王之死还有"驾崩、弃群臣、山陵崩、宫车晏驾、千秋万岁后"等委婉词语。古代中国人，在地位尊贵的人面前说到自己的死，常常会用一些比较低贱的语态词语，如《战国策》所描述的触龙与赵太后的一段对话中，触龙把自己以后的死称为"填沟壑"。西方委婉语中等级不太明显，我们仍以死亡的委婉语为例，笃信上帝的基督徒认为上帝创造了人，众生生而平等，死亡就成了 to the great leveler（走众生之路），to be in (go to) the Heaven，be with God，等等。因此，死亡也就没有等级，从谚语"Popes, kings, beggars and thieves alike must die"（人固有一死，不管教皇、国王、乞丐和小偷都一样）可窥一斑。

委婉语是一种语言变异现象，是语言变化的潜在机制之一，不言而喻，委婉语具有重要的社会功能。一方面，它可以维持语言禁忌的实施和效能；另一方面，它可以用来保持良好的人际关系，促进言语交际的正常进行。①我们应该注意到，委婉语从一个侧面反映了一种文化、一个社会的价值观或崇尚心理。在社会交往中，人们应该根据自己的身份，采取适当的行为方式，以保持和谐的人际关系。社会心理学理论认为，人际关系是在一定的情感基础上产生和形成的。如果人们具有相同或相近的生活习惯、共同的兴趣爱好、共同的理想信念、类似的经历，这些都能容易拉近人与人之间的心理距离，进而帮助人们建立和维持良好的人际关系。反而，如果观点不同、情趣各异、感情对立，就不能够形成良好的人际关系。在言语交际中，良好的人际关系是交际能够顺利进行、实现交际目的的基础，因此，言语交际时如遇到因语境限制而"不宜说""不好说""不能说"等一些令人不悦、比较粗俗或欠礼貌的话题时，讲话者往往都会"拣好听的说"以给对方留面子。出于讲礼貌和尊重对方的原则，人们故意说些与本义相关或相似的话来委婉地表述自己的意思，以获取对方的好感，营造一种轻松和谐的氛围，使本来也许十分困难的交往变得顺利起来。不同的社会时期会产生不同的委婉语，它的文化内涵是由风俗习惯、道德观念、政治观点、社会心理以及价值观念等因素所决定的。在不同语言和文化的国家中，人们有自己的交际风格，这是由各自民族文化的深层影响所决定的。美国文化学家萨姆瓦认为，文化因素对跨文化交际情景的影响程度是由文化间的差异程度所决定的。

汉英两种语言中的委婉语，既有相似之处又存在着差异，如不了解其他民族的历史文化、宗教信仰及语用习惯，而是将带有自己民族特色的交往习惯生搬硬套在与其他民族人们的交际中，就会使交际对方感到莫名其妙，甚至尴尬或难堪，严重的可能会引发冲突。因此，在跨文化交际中，我们要吸收和借鉴西方文化中一些合理而优秀的东西，来更加丰富我们的民族语言，促进中国特色社会主义精神文明建设，只有这样，才能在委婉语的使用和跨文化交际中，注重对交际对方民族文化的尊重，减少语用失误，不触犯对方的禁忌，恰当得体，成功地与他人进行沟通与交流。

---

① 范先明. 从文化的角度审视英、汉两种语言中的委婉语. 成都大学学报（教育科学版），2007（12）：120.

第六章

汉英职业委婉语的跨文化差异分析

　　委婉语是人类交往中普遍使用的一种语言现象，"如果没有委婉语，世界将会因摩擦而停止运转，也将会充满仇恨"[①]。委婉语普遍存在于许多语言、许多领域中，它的使用可以营造和谐的氛围，好像在语言交流中添加了润滑剂，形成一种语用机制，使人们的交流变得婉转含蓄，达到理想的交际效果。这样委婉曲折地把意思表达出来，不仅能够避讳禁忌、减缓矛盾，避免伤害对方感情，恰当地使用委婉语还能够使对方容易接受，达到理想的交际效果。由于不同社会背景、文化心理的影响，委婉语有不同的表达方式，但是其使用效果是相同的。

　　职业委婉语既是一种社会现象，也是一种文化现象。由于文化上的不同，即使语言准确无误，也会产生误会。对于不同的人们，同一个词或同一种表达方法可以具有不同的意义。[②]英美人认为语言上的不平等就是社会不平等的直接反映，因此，西方从 20 世纪中叶就开始进行反语言歧视的斗争。从文化角度讲，职业委婉语可以显示出一个民族的社会制度、道德标准、价值观念、风俗习惯，因此具有鲜明的时代特征和民族特色。职业委婉语在汉英两种语言中存在着许多相似之处，也存在着一些差异。

　　职业委婉语是委婉语的一个重要组成部分，在现代社会中，人们为了表示尊重对方，弥补从事社会地位低微或技术含量低的人的心理落差，而采用含蓄委婉的说法，以避免这些职业名称所引起的联想给他们带来的不快或者尴尬。人们常常运用赋予旧词新义或根据时代特征创造新词的方式来替代原有的职业名称，以达到委婉的效果。职业名称有不同的分类标准，如果根据劳动性

---

① ENRIGHT D J. Fair of Speech: The Uses of Euphemism. New York: Oxford University Press, 1985: 3.

② 邓炎昌，刘润清. 语言与文化：英汉语言文化对比. 北京：外语教学与研究出版社，1989：195.

质来分类，可以分为体力劳动型和脑力劳动型，也就是人们经常说的靠体力劳动获得报酬的"蓝领"，以及在办公室从事文书及管理方面工作的"白领"。如果根据行业类别的不同进行分类，委婉语可以分为政府机关委婉语、服务行业委婉语和娱乐行业委婉语等。①也有人提出应该把职业委婉语划分为传统职业委婉语和新兴职业委婉语两类。所谓传统职业是指从事体力劳动的搬运工、清扫工、勤杂工、保姆、门卫等技术含量不高的服务性工作。按社会惯例，一般将这种类型的工作视为技术含量低或者社会地位低微的职业。与在办公室工作的白领阶层相比，这些职业名称随着社会的发展已经演变成具有贬义内涵的称谓。所谓新兴职业是指随着时代发展而出现的新的职业，这类职业有些听起来很有技术含量，但其实非常简单，如给手机贴膜被委婉地称为"智能高端数字通讯［信］设备表面高分子化合物线性处理"，医药厂家的药品推销员被称为"医药代表"，开电梯的人被委婉地称为"立体交通管理员"，停车场管理员被委婉地称为"汽车进出口管理执行官"，捡废品者被委婉地称为"再生资源区域管理规划师"，房地产售楼处的业务员被委婉地称为"置业顾问"，擦皮鞋的人被委婉地称为"鞋靴保养工程师"，帮助别人整理家里摆设等物品的人被婉称为"整理收纳师"。由于受社会不良职业价值观的影响，有些人看不起体力劳动或者服务行业的工作，这种职业歧视往往给从业人员带来心理压力，如果在他们面前直截了当地谈论这些问题就会给他们造成情感刺激，所以人们对职业的社会地位十分敏感。梁镛认为，当职业不再仅仅是人们维持生计的一种规约方式，而是人们政治权利与地位、个人价值与能力等综合因素的体现时，民主政治体制下不断强化的人权平等意识，就为英语职业委婉语的产生和运用创造了语言环境。与此同时，人们对于职业称谓也更加敏感。如在欧美一些国家，单从个人收入的角度来看，垃圾清运工（garbage collectors）、水电维修工人的收入甚至比一般学校教师的工资还要高一些。然而就职业的社会地位来看，学校教师的社会地位显然高于垃圾清运工和水电维修工人，所以，谁也不愿为了多挣钱而放弃教师职位去当垃圾清运工。

随着社会经济的发展，出现了一些新的职业，在这些新的职业中，有些具有高科技含量，如IT行业，而有些新职业并没有高要求，如快递员、外卖员等。另一方面，随着人们的平等意识不断增强，在社会交往中人们有意回避那些敏感的职业称谓，这就促使新的职业委婉语应运而生。

---

① 杨雅琴，张素芹.浅析职业委婉语.河北大学成人教育学院学报，2008（2）：94.

一、职业委婉语的社会功能

（一）提升功能

　　职业现在已经成为日常生活中一个相对敏感的话题，因为工作性质不同，从业者的收入存在一定差距，有的职业收入高，有的收入低，有的职业工作环境差一些，累一些，技术含量要求不高，而有的职业相对清闲、安逸，技术含量要求高。在社会交往中，人们把那些工作环境差一些、劳动强度较大、没有什么技术含量，容易被人歧视的职业，尽量说成是"技术含量高""工作环境好"的职业。借用职业委婉语来提升他们所从事职业的社会地位，满足他们的心理需要，这类职业主要包括体力劳动和那些没有多少技术含量的服务性工作。"环卫""保姆""门卫"等服务性职业虽然社会地位低下、收入不高，却是我们日常生活中不可或缺的。由于这些工作要么工作环境脏、要么劳累，或者需要夜间值班，而且所得报酬不高，所以被人们看成是社会地位低下、让人瞧不起的职业领域。职业委婉语的出现避免了直接称呼这些职业给从业者造成的心理刺激，满足了从业人员的心理需要。例如，根据工作环境，"清洁工"被赋予了高雅的称谓：室内的"清洁工"被称为"保洁员"，高空清洁作业的人员被称为"蜘蛛人"，负责打扫街道的清洁工被委婉地称作"城市美容师"。又如，过去人们常用的"保姆、女佣"等，被用"阿姨"或者用"家政服务员"替代；"看门人"被用"门卫""保安"代替；甚至高校学生宿舍的女保安也被称为阿姨。再如，过去人们称那些到城市打工的农民为"农民工"，后来用"外来务工人员"替代；那些回收废旧物品的从业人员过去被称为"收破烂的"，随着社会的发展，人们委婉地称他们为"再生资源回收经营者"；同样，"邮递员、送报纸的"被委婉地称为"绿衣使者"；出家当和尚被称为"避俗"；等等。职业委婉语的使用，使从事低微职业的从业者从心理上感觉自己从事的职业得到了别人的尊重，赢得了社会的认同。有些在城市打工的农民，挣钱后在城市购买房屋，不再被称为"农民工"，而被委婉地称为"新市民"。

　　在英语国家，白领阶层的社会地位高于蓝领阶层，人们把许多传统观念上认为是"卑微"的职业都冠上了 engineer、manager 等头衔。这种称谓的改变，抬高了从业者的社会地位，体现了他们所从事的工作的技术含量，减缓了社会对这些职业的偏见。为了提高 garbageman 的社会地位，人们委婉地称其为 sanitation engineers，同理，用 meat technologist（肉类技术处理专家）替代 butcher，使

butcher 职业低微的社会地位得以提高，专业性也显得更强，更易于被从业者接受。相同表达的还有把 farmer 婉称为 agriculture engineer，把 janitor 婉称为 security officer，把 hair dresser 婉称为 beautician，把 tree-trimmer 婉称为 tree surgeon。英语职业委婉的表达通过美化、提升等手法，使一些受人歧视职业的从业者的社会地位得到提升，使该职业显得身价倍增。我们通过同一职业从"sales man"到"salesperson"（推销人员）再变身成为"sales engineer"（销售工程师）的"华丽转身"，可以看出对于一些地位低微的职业来说，恰当地使用职业委婉语会使该职业听上去更加庄重，更加受人尊敬。过去那些人们不太喜欢的称谓，一旦着上美化的外装，就会引起美好联想，不但减少了刺激，也使人们在交流中谈到这些话题时，不再闪烁其词，不但避免了难堪，而且提高了人际交流的成功率。职业委婉语在语言上体现出了职业的平等，用许多具有褒扬意义的职业委婉语替代难登大雅之堂的传统的职业称谓，既降低了对从事低微职业者的刺激，又悦耳动听。职业委婉语的使用逐渐消除了低微职业在人们心理上的差别，实现了内心世界的平等，陶冶了人们的情操，沟通了人与人之间的情感，促使和谐人际关系的建立。

胡文仲教授认为，在英美报刊的报道或讲演者的讲话中，职业委婉语的运用日渐增多，也从侧面反映出社会价值观或崇尚心理发展与变化的趋势。[①]社会地位是衡量一个人成功与否的重要标志之一。那些从事肮脏、辛苦、劳累职业的劳动者，从他们的职业称谓来看大多属于低微的职业，通过使用职业委婉语，这些职业听起来技术含量得到提高，显得更加专业，这些委婉语的使用达到了提升职业地位的目的。

吴平在《英汉修辞手段比较》一书中认为"人们感到直说某事可能受到怀疑、拒绝甚至厌恶，出于忌讳或礼貌，就通过遣词造句，或借用于某事情相应的同义词语，避免过于露骨，婉转曲折地表达出来"[②]。许多职业委婉语，都是通过粉饰称谓提升功能，以提高一些低微职业在人们心中的社会地位。

（二）掩饰功能

经济社会发展的不平衡是客观存在的，任何时代都有一些人为了生存而从事一些不光彩、不正当的职业。随着社会的发展，人们提倡平等的呼声越来越高，但是，对于社会上存在的这些阴暗、丑陋现象，人们不愿意直截了当地说出

① 胡文仲. 胡文仲英语教育自选文集. 北京：外语教学与研究出版社，2006.
② 吴平. 英汉修辞手段比较. 合肥：安徽教育出版社，2001：200.

来，而往往采用含糊其词的表达方式来称谓，以掩盖其难以启齿的本质，达到避实就虚的目的，为这些职业蒙上了一层遮丑的面纱。随着经济社会的发展，出现了一些新兴的隐蔽职业，例如，人们把那些替他人排队购票、挂号的人称为"代排族"，把那些靠在网络上注水发帖来获取报酬的写手称为"水军"。"职业粉丝"是指有些文化公司为了包装打造明星，花费重金组织的摇旗呐喊的人，这些人与传统上的"托儿"在性质上是一样的，都是为了获得报酬而替人造势炒作，自古至今这些都是不光彩的行为。

（三）美化功能

中国有句俗话"七十二行，行行出状元"，尤其是在中华人民共和国成立后，更是提倡工作不分高低贵贱，都是为人民服务，无论干什么工作，都是为社会做贡献。但是，在人们的传统观念中，职业仍然有高低之别、贵贱之分。随着时代的发展，人们对同一事物会产生新的认识，有时人们为了追求时尚、典雅和得体，对一些社会地位并不算低的职业，会有意换用新的称谓，以提升职业荣誉度，进而获得社会认同。为了提升技术含量，这类职业委婉往往借用"师"和"顾问"的社会地位和影响力。《现代汉语词典》中对"师"的解释是"称某些传授知识技术的人"。"师"在中国传统文化中占有崇高的社会地位，过去中原地区农村，农家堂屋正中的地方大都挂"天地君亲师"的牌位，由此可见"师"的地位之重要。在中国历史发展的各个阶段，头衔带"师"的人都会受到人们的尊崇，而今，"师"字已成为高雅职业称谓的标记，增加了"掌握专门学术或技艺的人"的新意，常被用来构成职业称谓委婉语。例如，金融界把向人们推介理财产品的推销员称为理财师；美容界把理发员称为美容师、化妆师；艺术界把舞台设计人员称为艺术总监；餐饮界把调酒员称为调酒师，把餐馆厨师称为美食烹调师，把负责送菜的人称为配菜师；服装行业把裁缝称为服装剪裁设计师。此外，还有商界的资产评估师、会计师，没有固定工作的人被称为自由职业者，以及新兴的家具装饰设计师、电子商务师。甚至替人看管多肉植物的人也被称为多肉植物寄养师，以及形象管理师、朋友圈包装师等。一些小众职业的兴起，满足了年轻人对理想职业的期盼。"顾问"一词在《现代汉语词典》中被定义为"有某方面的专门知识，供个人或机关团体咨询的人"，如"法律顾问"。按照这样的定义，不具有某方面的专门知识的人是没有资格称顾问的。但是，现在社会上，"顾问"一词的使用已经十分普遍，如"开发顾问"其实是负责市场开发的业务员，"实施顾问"是负责产品售后服务工作，专门为客户解决问题的技术员。随着商业模式的改革，传统的营业柜台消失了，在商场出现了一些负责接待顾客，向顾客提供咨询的人，这些人员被称为"售前咨询顾问"。公司里负责日常接听客户服务热线电话，答复客户提出的问题的接线员被称为"座席代表"。医药厂家为了提高药品销量，雇用大量药品推销员，美其名曰"医药代表"，这些医药销售业务员可以拿到高额销售提成，长期在各大医院推销药品。同样，酒店招待员被称为"酒博士"，在茶馆里泡茶供顾客品尝的服务员成了"茶博士"，等等，这些词语都属于美化类职业委婉语。

英语中这样的例子也有很多，例如，engineer（工程师）在西方社会颇受人们的尊重，他们一般都受过专门的技术教育，在企业从事工程技术工作，属于白领阶层，收入比较稳定。但是，现今社会并非从事工程技术工作的人才能被称为工程师，人们为了提高低微职业从业者的社会地位，把 bootblack（擦鞋匠）称为footwear maintenance engineer（鞋类保养工程师）；为了提高清洁工人的社会地位，把 floor sweeper（大楼清洁工）称为 maintenance engineer（大楼维护工程师）；在社会交流中介绍 garbage man（垃圾工人）时，有意地称其为 sanitation engineer（清洁工程师），避免了直接说出垃圾工人时可能带来的不愉快，使垃圾工人感到受人尊重；telephone repairman（电话修理工人）也被称为 telephone engineer（电话修理工程师）。此外，宣传员、广告员被称为 public relations counsel（公共关系顾问）；undertaker（从事殡葬的焚尸工）被婉称为 grief-therapist（哀伤治疗专家），以避免直接提及他们的工作给人带来的不快；那些令人不胜其烦的 sales-man 变成了 manufacturer's representative（商家代理）；janitor（看门人）变成了 security officer（安全长官）；甚至 prostitute 也被称为 street walker（街头漫步者）。这种对一些服务行业人员的委婉称谓，虽然并没有从根本上改变他们的社会地位，但是，通过美化或淡化这类职业称谓能使从业者获得心理上的平衡，在心理上得到慰藉。英语职业委婉语通过以模糊概念代替精确概念、以雅词取代俗词、以大词置换小词的方法，达到提升职业地位、美化职业内涵的目的，这些有意的委婉既显幽默诙谐，又透着从业者对社会平等地位的期待，更显示出礼貌原则下人们对低微职业从业者的社会尊重。①

从事体力劳动和服务性工作的人，难免被人轻视，甚至看不起。职业委婉语是一种积极的语用策略，使用委婉语称谓社会地位本来不高的职业，使人感觉到他们所从事的不再是一种单纯的简单的体力劳动，他们的劳动价值得到社会肯定，劳动成果也得到了人们的认可。职业委婉语的大量出现和运用，一方面体现

① 方晓梅. 简述英语职业委婉语的社会功能. 黄山学院学报，2008（3）：126.

了人们讲究礼仪的社会风貌和对劳动者的人情关怀；另一方面对体现社会文明具有积极意义，同时使用职业委婉语还能够平衡从业者的心理，对促进社会就业起到积极作用。以大词代替小词，可以达到美化职业内涵的目的，使从业者在心理上得到平衡。使用模糊概念来代替精确概念，有助于满足从业者对社会平等地位的期待，也体现了人们对低微职业从业者人格的尊重。

委婉语是一种文化现象，存在于不同的社会生活和言语交际中，由于不同民族的历史发展、风俗习惯、价值观念不同，人们所禁忌的事情、言语以及行为也不尽相同，因此，反映在委婉语的使用上也是不同的。委婉语的美化功能，能够折射出人类情感的共性，是联络人们感情的一个纽带，能够使人们进行和谐顺畅的交际，也是衡量社会文明程度的重要标准。

二、职业委婉语的构成方式

一般来说，职业委婉语的使用能避免给人造成刺激，使听话人得到心理上的安慰；用文雅的称谓代替粗俗的称谓，能够平衡心态，缓解矛盾；摈弃陈腐的思想，能够表示对人格的尊重，体现平等意识。如果我们在日常生活中使用职业委婉语，能够体现出对从事低微职业工作者的理解和尊重。

在西方，职业委婉语的兴起始于 20 世纪 60 年代的美国。由于民权运动和妇女解放运动的兴起，"人权"和"平等"的思想开始深入人心，过去遭受歧视的黑人、穷人、妇女和从事各种"卑微低下"工作的人，不管他们的社会地位有无实质性的改善，但最起码他们的工作都获得了一些委婉的称谓。职业委婉语的使用可以使一些"卑微低下"的职业得到提升，获得社会认同，显得高雅。[①]

一般来说，职业委婉语的构成有以下三种方式。

（一）汉语广泛使用"师"英语使用拉丁语后缀

随着我国经济社会的快速发展，各行各业都出现了大量的职业委婉语，如金融界推销理财产品的人成了"理财师"，美容美发行业中理发员成了"美容师"，商界推销产品的推销员成了"营销师"，餐饮界负责调酒的服务员成了"调酒师"，茶社负责泡茶供顾客品尝的服务员成了"茶博士"。目前新流行的婚庆公司主持婚礼的工作人员成了"婚礼主持师"，为长途货运联系货物的人成了"货

---

① 马松梅.职业委婉语的交际功能探析.山东外语教学，2000（4）：40.

运代理师",等等。

英语中使用高雅的拉丁语后缀 -ician, -or 或 -ist 来替代本族语词缀 -er 和中心词 engineer,使一些从事卑微职业的人从体力劳动者变成脑力劳动者,听上去像是拥有专业技术的人才,从而突出职业名称的技术含量,增强听觉上和视觉上的高雅度,使这些职业从业者感觉到自己的人格得到尊重。有些传统职业本身没有什么技术含量,但是,这些职业的从业者却迫切希望得到社会的认可。使用职业委婉语,一方面表现出了社会平等意识,另一方面也是对卑微职业从业者的一种心理补偿。由此可见,使用高雅的拉丁语后缀构成职业委婉语是一种社会发展的产物。后来人们利用这些后缀创造了一大批职业委婉语。如用 automobile engineer(汽车工程师)替代 mechanic(机修工),用 mortician(丧葬师)代替 funeral undertaker(殡葬工),用 beautician(美容师)代替 hairdresser(理发员),等等。职业委婉语的使用虽然没有从根本上改变从业者的社会地位,但是,至少从称谓上他们成了技术专家,从这一点来讲,他们所从事的职业得到了社会的认可,他们在心理上获得了平衡,可以避免产生自卑心理。

(二)汉语拔高职业名称 英语使用中性标记

汉语职业委婉语一般通过夸张拔高的手法,把一些在社会上不被看好,甚至瞧不起的职业,通过有意提升职业名称,以满足从业者的心理需要。例如,在汉语中,把歌手或舞蹈演员称为"文化工作者",把秘书称为"行政助理",把一般警察称为"警官",把理发说成是"发型设计",把普通的销售人员说成是"企业代表"。又如,一说到扫大街的环卫工人,就会让人联想到那些手拿扫帚、头戴草帽、浑身落满灰尘的扫街人。使用城市美容师来代替环卫工人,不但褒扬了他们对城市建设做出的贡献,也让人们感觉他们成了经过训练的技术人员,工作具有一定的技术含量。

英语中 person 一词的委婉含蓄,有其独特的历史文化背景和社会功能。长久以来,虽然女性已经在社会上各个领域占有一席之地,并发挥着自己的作用,但是,性别歧视还是在人们的不经意间被流露出来。重男轻女、男尊女卑的观念在传统的英语职业称谓中也存在很多,大量以 man 为后缀的职业称谓就是突出的性别歧视现象。一个 man 后缀,抹杀了女性在社会发展中所起的重要作用,例如:salesman, policeman, chairman, statesman,等等。20 世纪 60 年代,美国的人权运动和妇女解放运动强调男女平等,反对种族歧视。受其影响,为了避免性别歧视,英语中很多含有 man 的职业称谓都换成了中性标记 person。随着社会进步，女权主义者强烈要求实现男女平等的呼声越来越高，广大女性为争取自己的合法权益，努力进行抗争，她们认为这些带有 man 后缀的职业称谓夸大了男性的作用，贬低了妇女的社会地位，有悖于男女平等的观念。所以，为了避免职业领域中的性别歧视，缓解社会矛盾，很多职业称谓的后缀 man，都变成了中性标记 person。例如：chairman 变成了 chairperson（主席），spokesman 变成了 spokesperson（发言人），statesman 变成了 statesperson。

（三）汉英语言都使用职务标记

委婉语之所以能达到委婉的效果，在很大程度上归功于其含义模糊，职业委婉语的使用也是为了达到这种效果。汉语中头衔称谓多的一个原因，主要是受等级观念的影响，是封建社会遗留下来的官本位思想。职业委婉语的一个显著特点就是普通的工作人员也可以获得一个动听的头衔，当然，这种头衔只是一种虚指，并不是实际职务，这可能是汉语中为讨好对方而故意抬高称谓的策略。汉文化中仍存在着一定的官本位思想，职位高低是一个很重要的问题，下级对上级的称谓尽量使用官衔，而不称呼姓名。为了表示对上级领导的尊敬，人们对政府部门领导中的副职的称谓，往往去掉"副"字，把从上级机关下来但并没有官职的工作人员也冠以"领导"。在日常生活中，人们常常把护士称为医生，把学校里并没有授课的一般工作人员称为老师，这也是使用职务标记构成职业委婉语的例子。

同样，英语中也存在这种利用职务标记构成职业委婉语的现象。例如，representative 的原意仅仅是某个方面的代表，现在已经成为商界常见的一个美化词，如为了提高销售效果，显示出厂家的重视，把普通的工厂销售人员称为 manufactures' representative（厂商代表）。随着社会的发展，传统的商业模式发生了翻天覆地的变化，商品的生产厂家不是被动地依靠商场或超市去经销自己的产品，他们还派出自己的经销人员到商场或超市去，这些营销人员被称为 sales representatives（销售代表）。

职业委婉语通过以模糊化概念替代精确概念，以雅词取代俗词，以大词置换小词的方法，达到了提升职业地位、美化职业内涵的目的，这些有意的委婉既幽默诙谐，又透露着从业者对获得社会平等地位的期待，更显示了人们对低微职业从业者的社会尊重。①随着社会的发展，那些从事卑微职业的人对自己的社会地位

---

① 方晓梅. 简述英语职业委婉语的社会功能. 黄山学院学报，2008（3）：126.

十分敏感，他们害怕被人看不起，尤其是对那些含有贬义的职业称谓非常反感，因此职业委婉语的使用，可以让从事卑微职业的人从心理上易于接受这份职业，减轻戒备心理，使低微职业的从业者感到被人尊重，从心理上得到慰藉。

三、职业委婉语的交际功能

目前，我国正处于转型期，就业问题已经成为全民关注的社会问题，关系到社会的稳定和经济的发展。然而，社会上已经出现了一种奇怪的现象：一方面是寻求就业的人感到"无业可就"，另一方面是社会上一些行业却出现了用工荒。造成这种现象的一个主要原因，是一个人所从事的职业的社会地位成为人们关注的重点，甚至出现了一些从事体力劳动的人的收入高于一般白领的收入的情况，由此可见，从业者的待遇薪酬已经不是择业的唯一标准。在这样的环境下，职业委婉语的使用，可以使社会地位低下的从业者在心理上得到安慰，在一定程度上缓解这一矛盾。

（一）提高职业的技术含量

职业的技术含量是衡量从业者能力高低的重要标志。使用职业委婉语可以使从业者的职业技能化、科学化，使普通工作的技术含量得以提高，使从事简单劳动的工人成为从事具有技术含量工作的人员。例如，把购物中心、超市的营业员称为导购师、售前咨询顾问，虽然他们的身份并没有得到实质性的改变，但是，新的职业"导购"体现的不仅仅是出售货物这一简单重复的劳动，更显示出为顾客提供购物指导的技术含量。有些时候人们在创造职业委婉语时，也从词汇的中心成分上下功夫，如发型设计师、售前咨询顾问等目前流行的委婉语，就是在传统称谓上增加"师""顾问"等关键成分构成的职业称谓。有时在构成委婉语时还需要在修饰成分和中心成分两方面同时下功夫，例如，把理发员称作发型设计师，就是把"员"换成了"师"，把"理发"换成了"发型设计"，这样既更换了修饰成分也调换了中心词。金融界把向人们推介理财产品的推销员称为理财师，艺术界把舞台设计人员称为艺术总监，服装行业把裁缝称为服装剪裁设计师，都是增加关键成分构成的委婉称谓。

传统职业称谓一般只是对工作内容的名称概述，新称谓明显强调职业的技术含量。虽然只是名字的更改，但是，显示的工作性质却发生了质的变化，从名称上看，传统的职业称谓显示这项工作要求从业者具备简单技能，新称谓却显示从业者成了经过专业训练的技术人员。原本极不起眼的职业，在使用新的称谓以后，其技术含量得到明显提升，更易于被从业者接受。

　　英语中 engineer 通常指受过专门技术教育，在企业从事工程技术工作的人，他们在社会上受到人们的尊敬，因此，很多从事相对低微职业的人，为了提高自己的身价就给自己也冠一个 engineer 头衔。例如，把从事广告宣传的广告员（press agent）称为 publicity engineer（广告工程师）；把干洗店从事日常干洗工作的 dry cleaner（干洗工）称为 dry cleaning engineer（干洗工程师，干洗师）；还有把负责水暖管道的维修工 plumber（管子工，暖气工）称为 heating/pipe engineer（供暖工程师，管道工程师）。另外，还有把大楼看门人、打扫卫生的清洁工或者负责大楼日常管理的管理员都委婉地称为 building engineer（大楼维护工程师）；还有把负责电话线路维护的工人委婉地称为 telephone engineer（电话工程师），甚至把家庭妇女（house wife）也委婉地称为 domestic engineer（家庭工程师）。有人统计，由 engineer 美化的称谓竟达 2000 多种，它成了最受人们喜爱的职业拔高词（uplifting word）。人们把众多"卑微低下"的工作以 engineer 称谓来抬高自己的身份，甚至连一些"体面"的职业也附庸时髦，往自己的工种上加一个 engineer 的头衔，如：optician（眼镜商）称自己为 vision engineer（视力工程师）①。而 human engineer（人事管理专家）听起来好像是人力资源管理的专门人才，是专门研究如何能使职工人尽其才提高工作效率的心理分析专家，而其真实身份是人力资源部门的一般工作人员。概括起来，在众多的职业委婉语中，engineer 与工程技术根本没有关系，实质上也就是 man 或 person 的意思。

（二）提升从业者的社会地位

　　由于职业委婉语所涉及的对象是社会地位较低的人，他们都有深刻的情感体验，很明显仅仅使用一些委婉语来模糊他们的工作性质、工作场所，还不足以满足他们的心理需求，因此，人们常常利用职业委婉语的美化功能，通过拔高低微职业的称谓来提高从业者的社会地位。作为一种积极的语用策略，只要恰当运用，职业委婉语就能够起到"润滑"作用，减缓社会矛盾。为了构建和谐社会，我们应该保持一种从容、积极的生活态度，提升自己的道德修养，要尊重从事低微工作的从业者，使他们感觉自己的劳动是为了服务社会，是光荣的。

　　在我们国家，抬高对方称谓是一种传统语言文化，如称对方的父母为"令

---

① 马松梅. 职业委婉语的交际功能探析. 山东外语教学，2000（4）：41.

尊"，称对方的学生为"高足"，称对方的单位为"贵单位"，再如这些年为了抬高官员的身价，取悦在政府中担任副职的官员，故意隐去官衔中的"副"字，如把某某副局长称为某某局长，把某某副校长称为某某校长，等等。

在现代社会中，人们甚至把抬高对方称谓也作为职业委婉语常用的构成手法，这些职业委婉语的使用起码让从事低微职业的人们在心理上得到满足，感觉自己的劳动得到了社会认可，自己的社会地位得到了提升。在职业委婉语的构成手段中，常借助比喻方式，适度夸大某种职业对于人类社会的积极意义。例如，把环卫工人称作城市美容师，就是采用夸大环卫工人在城市建设中的作用，把净化城市环境比喻为给城市美容。再如，把教师比作"人类灵魂的工程师"，是为了突出教师教书育人，为国家建设培养人才而付出的辛勤劳动，还有将护士比作"白衣天使"。以上这些职业的委婉说法，夸大了职业的社会作用，使其社会地位得到提升。除了创造新的职业委婉语，还有给旧词赋予新义，把特定职业的称谓用在其他工作者身上。例如，把其他词语加上大使，创造出形象大使、文化大使等新名称。所谓企业形象大使其实是企业为了扩大宣传效果，推广企业的经营理念，为企业带来相应的品牌效应。企业在广告宣传中，常把一些影视明星聘请为产品代言人。所谓企业文化大使是指能够帮助公司建立积极向上的企业文化氛围，提高员工的工作热情和归属感，从而提升企业的整体竞争力，而选择有影响的人物代言自己的企业。还有的把只用来表示相对高级职位的称谓用在相对低级的工作称谓上，如用艺术总监来替代舞台设计，一些企事业单位用行政助理来代替秘书。

同样，在英语国家，医生历来都是最受人尊敬的三大职业之一，physician 是个众人仰慕的美称。"-ician"是个拉丁语后缀，其意思是"精通或从事某项学术的专门人才"，如：mathematician（数学家），musician（音乐家），academician（科学院院士），等等。于是，附庸风雅者便使用拉丁语后缀"-ician"，把相对低级的工作用相对高级的工作称谓来替代。例如，用 mortician（丧葬医师，丧葬师）代替 undertaker（丧葬承办人）就是使用拉丁语后缀"-ician"构成的委婉语。该词是 1895 年首创的委婉语，见诸当年二月份的 *Embalmer's Monthly*（《防腐者月刊》，即《殡葬工作者月刊》）。[①] 后来，人们利用该拉丁语后缀，还创造出了一大批以"-ician"结尾的委婉语。如：shoetrician（皮匠），locktrician（锁匠）。fizz 是个拟声词，通常是指开瓶后能嘶嘶发泡的饮料，如香槟和汽水等，加上了"高贵"的后缀"-ician"就成了委婉语 fizzician，成为用以代替俚俗的 soda jerker

---

① 刘纯豹. 英语委婉语词典. 北京：商务印书馆，2002：41.

（卖汽水的人）^①的委婉语。whoop 在英语中是个拟声词，相当于汉语中模仿那种兴奋而高声叫好的声音，加上后缀 "-ician" 变成委婉称谓 whooptician：啦啦队队长、呐喊助威团团长。

（三）体现社会平等理念

在经济繁荣、社会稳定的时代，人类的语言也更加讲究含蓄文雅，使用职业委婉语已经成为文明社会的一种体现，也是现代社会平等理念在人们的职业价值观上的体现。由于受价值观的影响，职业歧视在任何国家、任何时代都不同程度地存在着。虽然职业委婉语的使用只是改变职业的称谓，不能够从根本上改变工作环境，也不能够彻底改变那些低微职业从业者的社会地位，但是，职业委婉语从一个侧面表达了社会对低微职业的认同和对低微职业从业者的尊重。在社会交往中，委婉称谓的使用在某种程度上减轻了职业歧视，体现了平等意识，避免了直接称呼这些职业对从业者造成的心理刺激，体现出人们对弱势群体的尊重和保护。例如，把保姆委婉地称为 "家政服务员" 就是目前流行的职业委婉语。按照传统习惯，保姆的工作包括洗衣、做饭、看孩子等内容，对一个家庭来讲，雇用保姆的目的，就是找人来处理家务，把家庭主妇从繁忙的家庭事务中解放出来。"家政服务员" 的称谓增加了对从业者的尊重，提升了从业者的社会地位，同时消除了保姆中含带的贬低的成分。"家政服务员" 的称谓体现了当代社会人们对这一工作的认同，家政服务员不仅要做家务，最好还要懂外语，会使用电脑，了解健身知识，对家庭的正常运转起到了重要的作用。

英语中用高雅的拉丁语后缀 "-or" 来取代原来土气的本族语词尾 "-er"，以此构成的词语显得更加技能化、科学化，从视觉上抬高了那些从事相对低微职业者的身份。"-er" 是表示体力劳动特征的词缀，如工厂的工人（worker），"-or" 为拉丁语后缀，是具有技能特征的词缀，意思是 "行动者" "工作者"。它经常缀加在一些词语后面，显示这些词语指代的人身份的高贵。例如，有社会地位的政府官员（administrator），社会地位较高、收入颇丰、受人尊敬的医生（doctor），为社会发展做出贡献的发明家（inventor），等等。因此，拉丁语后缀 "-or" 也成了雅称的一种标记，常被用来创造职业委婉语。realtor 就是一个典型的例子。"We ought to insist that folks call us 'realtors' and not 'real estate men'. It sounds more like a regular profession."（S. Lewis Babbitt 1922 我们应该坚持让人们称我们为房地产

---

① 罗钱军. 英汉职业委婉语探析.洛阳师范学院学报，2005（1）：126.

经纪人，而不是房地产中介。这样的称谓听起来更像是一种正规的职业）。

四、职业委婉语的心理机制

（一）职业委婉语的委婉标记阐释

通过以上讨论，我们不难看出委婉义产生的途径是凭借委婉标记实现其语义扬升的，因此，汉英职业委婉语都属于有标记委婉语。绝大多数职业委婉语都具有固定的委婉义项，如我们把护士称为"白衣天使"，是对护士工作的褒奖，这里的"天使"指的是"护士"。红娘原是《西厢记》中崔莺莺的侍女，她促成了莺莺和张生的婚姻，后来民间把红娘视为帮助别人完成美满婚姻的代称，"红娘"指的是"媒人"。但是，也有少部分职业委婉语是无标记的，如"白领""蓝领"。

1. 专业技术标记

随着科学技术的发展，尤其是 21 世纪以来，机械化、电子化程度显著提高，劳动分工更加细化，劳动强度逐渐降低，普通劳动者出现了向知识化、白领化方向发展的新趋势。随着社会环境的变化，传统的职业称谓已经无法涵盖当今社会上一些职业的内涵，更无法满足人们追求高尚优雅的品性和社会平等的心理需要。出于追求高雅文化的心理，人们把一些在传统意义上遭轻视的低微职业加上与技艺相关的称谓，使其从称谓上看已经不是简单的体力劳动，而是具有技能化、知识化的工作。汉语中最具代表性的一个语素是"师"，原来是"师傅"的简称，最早出现在《穀梁传·昭公十九年》："羁贯成童，不就师傅，父之罪也"，后来用作学徒对传授技术者的尊称，近代指对各种有技能的人的尊称。现在又增添了行业中具有精湛技艺的"大师"这样的内涵。以"师"作为委婉标记的职业委婉语存在于各行各业中，如"时装设计师""心理咨询师"等。

英语职业委婉语中最常见的隐喻是"工作是工程"。这个隐喻凸显出任何工作都具有的共性，即都有一定步骤、自成体系，至于其他差异则忽略不计。这个隐喻通过将工程的步骤性、系统性映射到工作中，使任何工作似乎都具有复杂、难度大的特点。同时，由于概念隐喻具有系统性的特点，从"工作是工程"派生出了"工作者是工程师"的次隐喻，于是，英语中就出现了大量以"engineer"为中心词的委婉语。[①]以专业技术标记为中心词的职业委婉语大量出

---

① 叶华. 英语职业委婉语语义模糊和扬升的隐转喻研究. 西昌学院学报（社会科学版），2005, 22（1）: 15.

现，它们将需要简单体力劳动的职业美化为从事脑力劳动的职业，把从事简单重复体力劳动的从业者拔高为从事技术性工作的工程师。同时，他们从事的工作也向专门化转化，并且具有了高级化性质，从而满足了从事低微职业人的心理需求。

2. 职务标记

职业委婉语构成的一个显著特点，是通过给普通工作人员添加职务标记，让他们听起来具有比自己实际职位高一级的头衔，虽然这些职务标记并非实职，只是虚指。例如，作为职务标记的"顾问、经理、助理、代表"之类。由于受官本位思想的影响，汉语中头衔称谓比较多。通过添加职务头衔，可以提高普通工作人员的身份和地位，使他们在对外交流中，更具成就感和权威性。

英语中常见的虚指职务头衔有 representative（代表），consultant（顾问），manager（经理）等。例如，把企业派出的普通业务员称为 representative（代表），把从事一般工作的 guard（保安）称作 security officer（安全官员）。consultant 是一个非常时髦、备受欢迎的职业美化词。那些从事技术性工作的人被称为 technical consultant（技术顾问），在一项工程中从事一般技术工作的人往往被拔高为 engineering consultant（工程顾问），等等。

3. 品位标记

品位泛指人或事物的品质、水平，包括思想高度、文化含量、品格、风度等。有些职业称谓不具有高雅的特点，而这些职业的从业者出于一种补偿心理，希望得到社会对他们的尊重，而其他社会成员也希望通过称谓来表现出平等意识，消除歧视，于是人们在称谓的使用上竭力从品位上下功夫，对职业称谓中的相关语素进行调整或改变，换上一些高品位的词缀。如汉语中部分后缀"者""员""家"等。"者"字是我国广泛使用的职业委婉语标记，如文艺工作者、科学工作者、社会工作者等。"员"字在我国曾经是广泛使用的职业委婉语标记，主要是为了强调平等，比如在新中国成立前的战争年代以及新中国成立后的一段时间，社会上流行把负责吹号的战士称为司号员，把负责做饭的战士称为炊事员，把部队的最高首长称为司令员。从事舞台演出的文化工作者被称为演员，商店从事服务的人员被称为售货员。但是，随着社会的发展，在新的社会潮流中，新事物层出不穷，新的词语不断涌现，"员"字已满足不了新的社会环境下人们对潮流的追寻，于是以"星"为后缀的职业称谓应运而生。人们把从事舞台演出的文化工作者称为"歌星"，把电影演员称为影星，把那些既能够登台唱歌，又能够在电影中扮演角色的演员称为两栖明星。

英语中也出现了不少以后缀 -ist 或 -or 结尾的职业委婉语。-ist 是一个表示人称的后缀，由它构成的名词，多数表示事业有成、有所建树的人或具有一定社会地位的人，如 artist（艺术家）、scientist（科学家）等。由于这类人多为有成就的人，又有社会地位，所以 -ist 常常被用来创造职业委婉语，例如，把负责打扫卫生的 cleaner 委婉地称为 gar-biologist（垃圾处理专家），一下子将从事简单劳动的工人变成了具有专门技术的专家；把从事殡葬工作的工人 undertaker 称为 grief-therapist（悲痛治疗专家），让人感觉到他们从事的工作能够减轻死者亲属的痛苦；把从事屠宰工作的 butcher（屠夫）委婉地称为 meat technologist（肉类技术专家），减轻了职业歧视给从业者带来的压力，使该职业更容易被人们所接受。

（二）职业委婉语的心理成因分析

费迪南·德·索绪尔认为："语言只是依照在社会集团成员中普遍接受的规约而存在。"[①]任何委婉语的产生都有其特定的历史文化背景，职业委婉语的产生也是如此。现代社会强调人人平等，在社会交往中如果能够根据交际对方的身份，恰当地运用职业委婉语，不仅可以避免矛盾的产生，维护交谈对方的面子，而且能够缓和氛围，达到理想的交际效果。

1. 遵循礼貌原则

讲究礼貌是人类文明的标志，是人们在言语交际行为中所遵循的重要原则。为了使交际能顺利进行，人们往往遵循礼貌原则。这些原则代表了社会规范，如果违反礼貌原则往往会导致交际失败，因此，人们在社会交往中，一般要遵循礼貌原则，注意照顾对方的面子，含蓄委婉地表达那些不愿直接说出的事情，让听者自己去感悟。职业委婉语的产生就是出于尊重、礼貌、同情心理，人们在尊重对方的同时，也在进行自我保护。布朗（Penelope Brown）和莱文森（Stephen Levinson）在戈夫曼（Erving Goflman）"面子行为理论"的基础上，提出了礼貌策略。戈夫曼认为，面子是社会交往中人们为自己赢得的正面社会价值，是个人的自我体现[②]，在社会交往中交际者应顾及别人的面子，让交际顺利进行下去，以免关系恶化，这个理论的核心概念就是"面子"。布朗和莱文森认为，礼貌是减轻某些交际行为给面子带来威胁的意图表达，即为听话人和自己面子需要所做的

---

① 索绪尔.普通语言学教程.裴文，译.南京：江苏教育出版社，2001：16.
② 罗钱军.英汉职业委婉语探析.洛阳师范学院学报，2005（1）：125–127.

努力。因此，他们将礼貌称为"策略"①。人们在社会交往中为了争取与对方合作，对一些从事"低微职业"的人，就会使用职业委婉语，从这个意义上说，在人际交流中使用职业委婉语就遵循了礼貌原则。

2. 职业价值差距的存在

在历史发展过程中，由于人们生活的需要，出现了各种各样的职业，职业就其本身而言没有贵贱之分，但是职业歧视在历史上早有存在。受社会价值观的影响，人们对职业的社会地位极为敏感，有些人对某些职业存在偏见。这种偏见不但制约了不同职业群体间的交流，而且伤害了"低微职业"从业者的自尊心，一些为大众服务的职业得不到尊重。现代社会提倡人人平等，每个人从事的职业都是社会的需要，不应该有高低之分，合法的劳动都应该得到尊重，都有独特的社会价值。由于受到平等观念的影响，人们在社会交往中使用职业委婉语，也是为了在某种程度上减轻人们对"卑微职业"的歧视。职业委婉语的广泛使用，也从侧面反映出社会价值观正在发生变化的趋势。

在英美国家，人们把工作分成白领阶层和蓝领阶层，前者社会地位较高，工作环境好而且工作稳定，后者工作环境差，而且工作不稳定，因此为满足蓝领工人的心理需求，从事技术的工人常被委婉地称为"工程师"，如从事暖气管道维修的 plumber 被委婉地称为 heating engineer（供暖工程师）。又如，garbage man（垃圾工）被委婉地称为 sanitation engineer（公共卫生工程师），委婉语 sanitation engineer 使这种原本又脏又累的工作变得十分重要，工程师的使用显得这项工作具有技术含量。从简单的体力劳动者变成技术型的工程师，这一职业从而变得"体面"起来了。garbage man 这一传统职业本身就是一份社会地位比较低的工作，尤其是其职业称谓令人感到不快，人们一提到垃圾就会联想到肮脏破碎的东西和难闻的气味。而委婉语 sanitation engineer 所强调的职业是工程师，而工作内容是垃圾被清除之后的"卫生"。

随着科学技术的迅猛发展，劳动者逐渐由体力型向智力型转变，人们从事的许多职业出现了知识化、白领化的趋势。由于机械化、电子化程度越来越高，在这个转变过程中，一些对技术含量要求较高的职业，同时又具有收入高、工作环境舒适的特点，在社会上受到人们的青睐，尤其是青年人更是崇尚这些社会地位高的工作。在社会交际活动中，一个人从事的职业越来越深刻地影响着人们的生活。所以，体力型从业者虽然没有舒适的工作环境，但是，希望自己从事的工作

---

① 罗钱军. 英汉职业委婉语探析. 洛阳师范学院学报，2005（1）：125–127.

在职业称谓上能够与那些具有精湛的专业技术的职业等同起来，以提高自己的社会地位，获得心理上的补偿，达到心理上的平衡。

3.道德观念的影响

职业委婉语的使用是与一定的社会文明程度相一致的。我国是从农耕社会发展起来的，家庭是社会的基本单位，因而逐渐形成了群体至上的社会基本价值取向。尽管我国在历史上经历了朝代更替，但传统文化积淀的道德观念仍影响至今。千百年以来，人们以集体利益为重，强调敢于担当，人人尽责，集体主义思想逐渐积淀而成，这是我国劳动人民在社会发展中长期形成的价值取向。因此，职业委婉语的产生反映了社会文明进步的潮流和趋势。

从职业委婉语的使用中，我们可以清楚地体会到道德观念对人们的生活、心理产生的影响。职业委婉语的出现和广泛使用，就说明社会对低微职业从业者劳动的认可，虽然人们对那些辛苦、劳累、危险的职业还存在一些偏见，但是职业委婉语的使用体现了对他们劳动的尊重，社会也为从业人员创造了舒适安宁的条件，有些服务性劳动是我们生活中必须需要的，正是由于他们的辛勤劳动，我们的生活才能够更加舒适。职业委婉语的产生和使用，突出体现了社会的价值取向。随着社会经济的发展和社会文明程度的提高，一些职业委婉语的使用也体现了人们对一些过去已经绝迹的现象的包容和宽容程度。

职业委婉语在社会交流中能够达到协调人际关系的作用，主要通过改变职业称谓来显示自己从事的职业具有专业技术含量；通过抬高职务头衔，满足从业者的心理需求；通过使用有委婉义的语素或词语来实现语义的扬升，达到委婉效果。职业委婉语的使用把从事简单劳动型的工人提升为技术型的"工程师""技术员"等。例如，从事电脑维修工作并不需要高深的技术，但是，电脑工程师却需要具有本领域的专业知识；修剪花草的人所从事的工作只是简单的体力劳动，而园艺师却要具备园艺科学基本知识和技能，还要有一定的生产管理和经营能力，是高级技术应用的专门人才。这样一来，用委婉语称呼那些"低微"的工作，使得这些从事"低微"工作的人感到受人尊敬，他们的身份也从普通劳动者变成具有专业技术，能够为人们提供服务的复合型人才，社会地位也得以提高。

世界各族人民由于地理位置、宗教信仰、风俗习惯的不同而产生了不同的价值观念，但是却具有共同的心理现象，人们都会采用含蓄曲折的表达方式来表达那些令人不愉快或者难以启齿的事情。为了避免贬损交流对方的形象，人们会采用避俗求雅、扬长避短的方法，因此，在提到低微职业时，人们往往给从业人员的职业称谓换上人们乐于接受的职业委婉语。

职业委婉语听起来时尚、典雅，使从业者得到心理上的平衡，还能够掩盖难以启齿的事情，达到避实就虚的目的，而且，使用职业委婉语满足了从业者希望在社会交往中受到尊重的心理。作为一种文化现象，职业委婉语的广泛使用折射出中西方意识形态各异的社会价值观。由于语言、文化背景的差异，汉英职业委婉语各有特色，这也反映出东西方在社会心理和文化内涵方面的差异。

第七章

汉英新闻委婉语的跨文化视角

　　新闻委婉语有别于其他专门用途的委婉语，它用词覆盖范围广泛，形式变化多样，其内容涉及社会经济、政治活动、国际交流、军事冲突、种族矛盾、劳资纠纷等多方面。委婉语是语言的润滑剂，在新闻中的巧妙运用不仅能使粗俗的语言变得含蓄、婉转，使生硬的话语变得幽默、风趣，还能使新闻更具人性化，这样一来就会进一步拉近媒体和受众的心理距离，更具阅读性。新闻委婉语是媒体中常见的实用文体，委婉语的使用会给新闻带来独特的语言效果，是新闻语言不可或缺的一部分。新闻媒体中使用委婉语可以掩盖事实真相，低调陈述发生的一些丑闻，在国际交往中使用委婉语可以缓和外交关系，尽量避免冲突与矛盾；在报道战争时，可以掩盖战争本质，减轻残酷性。这些特殊、简单、幽默的委婉语背后，其实都蕴含着复杂的新闻事件。在这些新闻事件中，有些报道了外交关系的微妙处理方法，有些体现了人们生活观念的改变，有些记录了经济问题在社会上的反映。通过对新闻委婉语的研究，可以对国际上的政治、外交活动有更深刻的了解。

　　新闻语言是表达政治观点的媒介。新闻委婉语的使用离不开一个国家的文化背景和社会现实。由于西方政治、战争的需要，西方媒体常常搜肠刮肚、拐弯抹角地使用含蓄的词语来掩盖事实真相，欺骗公众，造成委婉语的使用层出不穷。在美国政治生活中，政客们出于不可告人的政治目的，常常利用委婉语作为安抚人心、维护社会稳定、缓解社会压力、赢得选民支持、施展外交策略、掩盖事实真相的惯用手段。每当严重的政治丑闻发生时，政府或领导人都会使用委婉语来隐藏真相、混淆视听、欺骗公众，因此大量的委婉语就会进入新闻媒体和官方文件中。我们准备从以下几个方面探讨汉英新闻委婉语的差异。

一、掩盖事实真相 低调陈述

委婉语表达的不仅仅是事情的内容，它同时和当前政治、人们的生活方式、经济水平有着密切联系。福勒（Fowler）在论及委婉语时曾风趣地指出：几乎每一事件——政府可能采取行动的不愉快事件，都小心谨慎地被称为 emergency，可谓含糊之至。[①]1972 年尼克松竞选连任委员会为窃取对手竞选策略的情报，派特工潜入位于华盛顿水门大厦的民主党全国委员会竞选办公室，在安装窃听器并偷拍有关文件时，被当场抓获。这一丑闻曝光后，许多在尼克松政府任职的人被陆续曝光，根据证据证明甚至尼克松本人也涉及这次丑闻，从而造成了美国历史上最严重的宪法危机。尼克松也成为美国历史上唯一一位因为面临被弹劾而辞职的总统。这一美国历史上最不光彩的政治丑闻，不仅在美国新闻界产生了重大影响，也对整个国际新闻界都产生了深远的影响，发生在水门大厦窃取情报的事件被新闻媒体称为"水门事件"。媒体在报道这一丑闻时创造了大量委婉语，潜入水门大厦窃取情报的人被称为"plumber"（管道工），发生在水门大厦窃取情报的事件被称为"scenario"（剧情、事态），事件发生后时任总统尼克松刻意地隐瞒信息的行为被描述为"containment"（遏制），事件发生后，白宫上下一片慌乱，疲于应付，包括尼克松本人也陷入困局，这种尴尬局面则被委婉地称为"White House horror"（白宫的恐慌）。媒体的报道用"less than truthful"（不完全真实）来代替"lie"（谎言），用"intelligence gathering"（收集情报）代替"overhearing"（窃听），用"burglar"（夜盗）代替"the crime of breaking and entering"（破门而入），而"illegal"（非法）则被轻描淡写为"inappropriate"（不当）。在以上媒体的报道中尼克松与大量的委婉语有关，正是因为尼克松善于使用委婉语，所以他的名字也被贩毒者作为委婉语使用。"Nixon"被用来指一种名义上为高品质，实际上却没有多大效力的毒品。这不能不说是一个极大的讽刺。

水门事件之后，类似的政治事件或大的丑闻通常会被新闻界冠以"门"（gate），而不像以前那样直接使用"scandal"，"门"（gate）成为构词能力很强的词根。在最后一次竞选辩论前，里根的助手为其窃取了竞选对手上千页的资料，经过有针对性的精心准备，里根击败竞选对手获得胜利，而依靠窃取资料获得辩论胜利的丑闻被媒体婉称为"辩论门"（debategate）。20 世纪 80 年代中期，美国里根政府向伊朗秘密出售武器被称为"伊朗门"（Irangate）。克林顿与白宫实习生莱温斯基的性丑闻被称为"拉链门"（zippergate）。Nannygate（保姆门），

① FOWLER H W. A Dictionary of Modern English Usage. New York: Oxford University Press, 1965.

指克林顿当选美国总统后，提名 Nanny 任司法部部长，在国会即将举行听证时，有人曝光 Nanny 曾经雇用非法入境者看护孩子，由于这个原因，Nanny 无缘司法部部长职务，这被新闻媒体称为 Nannygate。"情报门"（intelligence-gate）则是指美国情报部门在发动伊拉克战争之前杜撰出伊拉克拥有大规模杀伤性武器的情报，布什政府以此为借口发动伊拉克战争，战后却始终未能在伊拉克找到大规模杀伤性化学武器。这种尴尬的局面被媒体称为"information-gate"。"棱镜门"指美国前特工斯诺登披露美国国家安全局和联邦调查局通过微软、谷歌、雅虎等9 大网络的服务器进行的秘密电子监听计划，因为这一计划被称为"棱镜计划"而得名。

后来，"门"（-gate）已经突破了美国的界限，频繁应用于世界各地发生的较大的政治事件以及具有重大影响的各类丑闻。"电话门"是 2006 年有关意大利足球联赛的丑闻，意大利足球俱乐部总经理与球协官员在电话中谈论通过安排裁判控制球赛进行幕后交易。这是一次世界顶级足球联赛，尤文图斯等四家俱乐部搅进了假球事件，对世界足坛来说是个爆炸性的新闻。"酋长门"是指英国著名小报《太阳报》周日版《世界消息报》经过精心策划，在 2006 年 1 月份将埃里克松邀请到迪拜，并让记者假扮阿拉伯酋长从埃里克松口中套出了诸如世界杯后欧文离开英格兰队、去纽卡斯尔全为钱等猛料，引起英格兰足坛轩然大波。法国国家足球队"雏妓门"是指 2010 年 4 月底，南非世界杯开战前夕，法国国家足球队爆出涉嫌嫖娼丑闻——里贝里、本泽马等三名法国国脚涉嫌嫖娼雏妓。英国的"骗补门"（allowance-gate）是指英国内阁 13 名成员涉嫌利用议员的身份，骗取额外补贴的丑闻。"窃听门"（hacking gate）是指英国通俗报纸《世界新闻报》雇用私人侦探非法窃听社会名流、犯罪行为受害人亲属等人电话的丑闻。"虐囚门"源自哥伦比亚广播公司（CBS）2003 年 4 月 28 日刊登的美军虐待伊拉克囚犯的照片，指美国 2003 年入侵伊拉克后虐待伊拉克战俘的丑闻。"通俄门"是指特朗普当选美国总统以来，其竞选团队不断被指控"通俄"。俄罗斯方面坚决否认干预美国大选，但特朗普就职以后，其竞选团队的"通俄门"风波不断发酵。"乌克兰门"是指一名美国情报界人士检举特朗普在与乌克兰总统泽连斯基的通话中，向乌方施压，要求其对美前副总统、民主党总统候选人拜登及其儿子进行调查。美国会众议长佩洛西 2019 年 9 月 24 日宣布启动对特朗普的弹劾调查，指责其滥用职权并寻求外国势力干预美国总统选举。

汉语新闻媒体中也有此类叫法，被用来指一些带有爆炸性的事件及新闻，一般具有新闻效应，能够引起人们的广泛关注，通常是一些负面事件。2006 年，国内新闻报道和网络论坛上出现了"某某门"泛滥的现象。2008 年，由于新浪博客系统升级，无法使用匿名留言，不少网友发现原来的匿名留言在升级之后，显示的竟然就是博主本人，众多明星在博客里纷纷夸奖自己。因为这是由新浪博客系统升级引起的，所以人们就叫它"博客门"。从国际上新闻媒体使用"某某门"的情况分析，"门"作为后缀而构成的委婉语，经常用来表示一些不光彩的事件，尤其是政治丑闻。可见"门"作为后缀而构成的词具有强烈的感情色彩，词性具有贬义。而今有些媒体为了吸引读者，不分事情的对错，随意贴标签，动辄就冠以"某某门"，用感情色彩强烈、具有贬义的词语来报道客观发生的事，也暴露了一些媒体炒作话题的浮躁作风，报道明显不够客观、公正。使用"某某门"虽然可以吸引一部分读者的眼球，但动辄使用"某某门"的形式，随意贴标签，是极不负责任的行为。我们认为，新闻媒体对"某某门"应当慎用。例如，被有些媒体热炒的"补妆门"，是指女主播某某某在播出新闻背景资料的时候，拿出粉扑补妆的镜头进入直播画面，其实是很正常的，并没有产生多大不良影响，新闻报道应客观地展示事实，让读者自己去评价事件的好坏。

二、缓和外交关系 留有余地

国与国之间的交往，强调主权平等，相互尊重，因此，彼此间通过谈判、磋商、对话等形式来维护国家之间的正常关系，保护本国利益。双方的交流讲究委婉含蓄，注重模糊，尽量避免矛盾与冲突。例如，贫穷落后国家（poor and backward countries），在外交场合被媒体委婉地称为不发达国家（underdeveloped countries），后来为了维护贫穷落后国家的尊严，新闻媒体称贫穷落后国家为发展中国家（developing countries）。现在，一些发展较快的国家如中国、印度、巴西、俄罗斯等被媒体婉称为新兴国家（emerging countries）。*Global Business* 杂志 2010 年 10 月在一篇文章中写道 "Much of the problem now facing Brazil and other emerging nations in Asia and elsewhere stems from the slow growth of economies of Europe and the United States." 文章中 "emerging" 一词的使用，一方面是对第三世界国家在世界经济增长中取得的成绩给予肯定，因为这些国家在世界经济发展中扮演了重要角色；另一方面也避免了使用 "developing countries"，以免和 "developed countries" 形成直接对比。客观上来讲，使用 "emerging" 一词比使用 "developing" 更容易被读者，尤其是第三世界国家的读者所接受。钱连冠先生在《汉语文化语用学》一书中指出 "说话人释放适当的冗余信息，多说话或说超出需要量的话，也是一种语用策略"①。采取委婉的方式多说话或说超出需要量的话可以淡化双方的矛盾，缓和对方的敌意，使对方能够接受，从而达到成功的目的。中美签署的《中美联合公报》中描述中国大陆与台湾的关系时，用了这样一段措辞，"The US side declared: The United States acknowledges that all the Chinese on either side of the Taiwan Strait maintain there is one China and that Taiwan is part of China. The United States does not challenge that."。我们知道中美两国会谈中最敏感的是台湾问题，怎样描述大陆与台湾的关系是非常棘手的。《中美联合公报》使用 all the Chinese on either side of the Taiwan Strait 这样的描述，淡化了双方的对立。实际上增加 on either side of the Taiwan Strait 是冗余信息，但是，正是这样迂回婉转的措辞，使《中美联合公报》得到双方的认可。

委婉语还是外交关系的润滑剂，外交人员通过使用积极的词语来维护国家的尊严。在 2001 年中美撞机事件的定性上，一开始美国坚持把事件说成是 accident（意外），并呼吁中国不要把它定性为"事件"（incident），后来由于中国的坚持，美国改称"悲剧事件"（tragic incident），这是事件定性的语言策略。在表述事件的用词上，美方对中国飞行员王伟的失踪表示"regret"（遗憾、惋惜）和"very sorry"（非常抱歉）；对美国军用飞机未经允许迫降中国陵水机场也表示"very sorry"，坚持不用"apologize"，因为，一旦使用"apologize"就意味着美国承认错误并愿意承担法律责任。对于被中国扣留的美国军机上的人员，究竟是"人质"（hostages），还是"俘虏"（captives），美国为避免事件升级，同时给自己保留面子，不愿多说。美国总统小布什委婉地称被中国扣留的美国军机上的人员为"our 24 men and women"。一开始美国非常强硬，要求中国"prompt"（即刻）释放被扣留人员，归还飞机。中国坚持美国承认错误并道歉，美国自知理亏，后来就委婉地说 It is time...。1982 年 9 月 24 日，撒切尔夫人访华，同邓小平会晤时，她仍坚持"三个条约有效论"。关于香港回归问题，邓小平当时跟撒切尔夫人表示中英双方根本谈不拢，中国将重新考虑收回香港的时间和方式。撒切尔夫人听了以后，马上就明白邓小平讲的是什么意思。邓小平这句话的意思是委婉表明，如果谈判不成功，中国会提前通过武力解决香港回归问题。

构成外交新闻委婉语的主要手段是采用否定形式。外交新闻中常舍弃精确的肯定式表述，而喜欢使用模糊的否定方式，其目的是使语义的内涵和外延改变，言语含义显得委婉。2003 年 6 月 22 日，印度总理瓦杰帕伊访问中国，《中国青年报》在 6 月 18 日就印度总理瓦杰帕伊访华发表文章，在谈到双边关系问题时，

---

① 钱连冠. 汉语文化语用学. 北京：清华大学出版社，1997.

援引中国驻印度大使华君铎的话：印度不应把中国看作对手，而应看作具有共同区域和全球利益的伙伴。《现代汉语词典》对"对手"一词的定义为"竞赛的对方""特指本领、水平不相上下的竞赛的对方"。而华君铎大使这里所说的"对手"实际上替代"敌手"，华大使的话语含义是中国和印度不是国家利益相冲突不能相容的敌手。

《匹兹堡邮报》在一篇报道苏联在非洲问题上的政策的文章中这样写道："The Soviets have placed a large question mark over the future of detente."（苏联给缓和国际关系打了个大大的问号）。这里的"placed a large question mark over the future of detente"其实就是"threatened international relationship"（威胁到国际关系的未来）的委婉表达。

美国总统里根访问韩国时，英国广播公司电视新闻记者报道称"the South Korean government is careless of civil liberties and human rights"[①]。实际上韩国政府在公民的自由和人权上并没有问题，也不可能存在"careless"，如果韩国政府拒绝赋予公民自由和人权，那么它肯定知道自己在做什么，但是这样的事情肯定不是由于疏忽而产生的。那么，英国广播公司记者为什么要这样说呢？一个可以肯定的事实是，记者与政客关系非常近，并且从他们那里学到了使用委婉语的方法。里根总统访问韩国，美国必须在世界上发表一些对韩国政府的赞誉之词。但美国对韩国在这方面的做法又不能表现出不信任的样子，所以它必须对韩国严厉的政治制度提出缓和的批评，不伤和气，有度、有节，而这样就导致了"粗心大意"这个委婉语的产生。

根据塔斯社报道，俄罗斯外交部2004年3月22日宣布爱沙尼亚驻俄使馆的两名外交官为不受欢迎的人，并责令他们在两天内离开俄罗斯。报道说这两名爱沙尼亚外交官被限令离开俄罗斯是因为"从事了不符合外交官身份的活动"[②]，这里没有说这两名爱沙尼亚外交官"进行间谍活动"，而说他们"从事了不符合外交官身份的活动"。如果使用"间谍"一词，会表现出贬义色彩，是对其身份和行为的明确指控。使用"不符合外交官身份"，只是对"外交官"所应具有的身份概念意义的否定，是对其行为与职务要求吻合度的否定，说明两名外交官行为是失职或失态，批评强度自然就明显缓和了。

2006年，美国驻印度大使馆在关于印度核问题的声明中表示：美国不承认

① ENRIGHT D J, Fair of Speech: The Uses of Euphemism. New York: Oxford University Press, 1985: 127.
② 俄宣布驱逐两名爱沙尼亚外交官 http://www.cctv.com. (2004–03–23).

印度是核武国家，但是它理解印度不会以非核武国家的身份加入核不扩散条约。[①]声明实际上是表明美国政府关于印度核问题的态度，声明中所说的"理解"其实是"明白、知道"的意思，从当时的国际环境来看，美国驻印度大使馆发表关于印度核问题的声明并不包含同情或支持的意思，只是显示友善罢了。美国与伊朗在核问题谈判期间，美国白宫发言人麦克莱伦对新闻界说，"伊朗政府最近的声明表明，它试图让其核问题产生的紧张局势升级，并继续与国际社会对抗"。当时美国与伊朗在核问题上针锋相对、互不相让，麦克莱伦想要表述的是，伊朗政府发表声明表明想与国际社会敌对，但是又不便直说，就用"对抗"代替"敌对"，其目的是减轻对立情绪，弱化攻击性。例如，外交事件的声明中常常用"赞赏"代替"同意"，用"遗憾"表示"抗议"，用"关切"表示"对抗"，等等。由于外交事件发生的背景、时间、地域不同，外交事件的起因、性质、严重程度不同，外交部门处理事件的轻重、缓急、方式也不同。为此，外交新闻语言的会话含义在遵守礼貌原则的前提下，常通过词语的礼貌级差来体现对外交事件的不同态度。面对新闻记者的提问，外交官会委婉地回答那些尖锐的问题。2018 年 10 月 25 日外交部例行记者会上，有记者向华春莹提问：《纽约时报》10 月 24 日报道，中国和俄罗斯情报部门，一直在监听特朗普总统个人苹果手机。《纽约时报》引用美国官员的话说，中国政府希望利用监听的内容，应对经贸摩擦。华春莹对此回应称，看到了报道，"感觉美方有些人真是在不遗余力地角逐奥斯卡最佳剧本奖。"华春莹说："如果可以的话，我有三个建议：第一：《纽约时报》应该知道，它发表类似的报道，只会多一个在做 fake news（假新闻）的证据；第二：如果很担心苹果手机被窃听的话，可以改用华为手机；第三：为了绝对安全起见，可以停止使用任何现代通讯［信］设备。"[②]华春莹的回答既严肃又不失幽默，在保持外交官的风度的同时又幽默了一把。把美国《纽约时报》的无事生非说成是"不遗余力地角逐奥斯卡最佳剧本奖"。

　　2017 年 3 月 7 日韩国公开宣布，美国的"萨德"系统装备已经运抵韩国，中国外交部在此之前早有回应："中方反对在韩部署'萨德'系统的意志是坚定的，将采取必要措施维护自身安全利益，由此产生的一切后果由美韩承担。"[③]这样看似简单的几句话，却充满了智慧，中国外交部的声明中没有很明确地提出要如何"采取必要措施"，如何"报复"，整个警告语气是极为克制的，只是强调

---

① 布什政府"高调"声明美不承认印核武国家地位 http://www.cctv.com. (2006–04–26).

② 美媒称特朗普苹果手机被窃听 华春莹：可改用华为手机.（2018–10–25）[2023–01–23].http://shanghai.xinmin.cn/xmsq/2018/10/25/31445904.html.

③ 李宁. 部署"萨德"产生的一切后果由美韩承担. 人民日报，2017–02–28（21）.

在韩国部署"萨德"的后果是非常严重的。外交部发出这样的警告为将来可能会出现的局面留了余地，堪称绝妙的委婉。接下来的几天，我们从新闻中看到有韩国乐天集团在中国开设的超市因消防隐患被关停的信息。后来，韩国叫嚷要到WTO去状告中国的"报复行为"，但是，我们从来没有说要报复韩国在华企业，我们查封韩国乐天集团在中国开设的超市是有理有据的，我们只是强调一切后果由美韩承担，说中国报复的请你拿出证据来对簿公堂。面对韩国状告中国恶意抵制韩企，外交部的回应同样充满了智慧："我们已多次表明中方的有关立场。我们支持中韩双方开展正常的经贸往来，但这需要相应的民意基础。与此同时，中国反对'萨德'的立场是一贯和明确的。"①外交部声明说"支持中韩双方开展正常的经贸往来"，同时强调支持是"需要相应的民意基础"，韩国不顾中国人民的感情，一意孤行地部署"萨德"，结果也很明显。我国外交部声明没有太过直白地表达出来，而是恰当地使用正式词、中性词等代替直白词，避免了刺激性的话语，这样不仅可以在外交场合保全双方的面子，而且可以维护我国的正当权益，促进正常的外交关系。美国白宫国家经济委员会主任库德洛称：美中未能达成解决贸易分歧的协议，责任在中国。2018年7月19日的外交部例行记者会上，有记者问中方对此有何评论。对于美国不负责任的推诿，华春莹没有直接辩驳，而是委婉回答："美方应该清醒认识到，这是经济全球化深入发展的21世纪，这次它面对的是中国。美方某些人不应再沉迷于做17世纪的唐吉诃德。"②言外之意是，现在都21世纪了，有些人还在那里自欺欺人，难道成熟地面对现实不好吗？有一次一名美国记者问马云："如果中国超过美国怎么办？"很明显这个问题带有挑衅的意味，如果马云回答说，如果中国超过美国，就可以取代美国在世界的主导地位，可能会引起美方的误会。而马云的回答很委婉："拳击伤人制胜，太极拳不伤人也能制胜。中国，完全能通过一种和平、友善的方式崛起，让西方国家不必如临大敌、感到恐惧。"③马云的回答有力地回击了记者的挑衅，而且巧妙地避免了误会，借机宣传了中国的传统文化。2022年3月28日俄罗斯总统新闻秘书佩斯科夫回答PBS特约记者瑞安·奇尔科特的提问，当奇尔科特问道如果

① 外交部发言人就李克强出访等问题答问.（2017-03-21）[2023-01-23].http://www.gov.cn/xinwen/ 2017-03/21/content_5179209.htm.

② "道貌岸然"面具被撕开！中国两大部委同日回击美方言论.（2018-07-19）[2023-01-23].http://news.cctv.com/2018/07/19/ARTIkC2khGV3bfSvgHKC2g0C180719.shtml.

③ 美国记者挑衅马云：中国超越美国怎么办？看回答就知道他为何成功.（2020-04-24）[2023-01-23]. https://www.360kuai.com/pc/9c308b7af6de30d35?cota=3&kuai_so=1&sign=360_57c3bbd1&refer_scene=so_1.

这些国家拒绝采用卢布结算，俄罗斯会怎么办？佩斯科夫表示自己虽然不知道欧洲国家拒绝后会发生什么，但有一点可以肯定，俄罗斯不会"做慈善"，更不会免费向西欧送天然气。[①]佩斯科夫的回答含有两层意思，一是外交辞令：一切皆有可能，二是警告欧洲那些国家：俄罗斯到底会不会切断天然气供应，你们可以试试。

在国际事务中，新闻媒体总是刻意将亚非拉地区经济落后的国家称为"developing countries"（发展中国家），把中国、俄罗斯、巴西、印度等经济发展较快的国家称为"emerging countries"（新兴国家），把最穷的国家称为"least developed countries"（最不发达国家），这样一来，世界上就没有落后国家，更不存在 poor countries（贫穷国家）。

三、掩盖战争本质 减轻残酷性

消极委婉语具有掩饰功能，可以淡化、美化事实真相，掩盖某些事情的本质，达到不可告人的目的。战争其实是政治的另一种手段的继续，如果发生战争就不可避免地会造成破坏与死亡。美国在国际政治事务中强硬推行自己的意志，多次出兵侵略主权国家，美国媒体大量使用委婉语以掩盖战争本质，减轻残酷性，降低事情危害等级给民众带来的心理恐慌。为了掩盖战争本质，美国媒体把对越南的狂轰滥炸委婉地说成是"close air support"（近距空中增援）；为了减轻残酷性把对越南平民的残酷杀戮委婉地说成是"wasting the enemy"（消耗敌人），为了淡化民众对战争的恐惧，把"civilian casualties"（平民伤亡）委婉地说成是"collateral damage"（附带伤害）；把对主权国家的"invasion"（侵略）委婉地说成是"involvement"（介入），如把美国侵略越南说成是 U. S. involvement in Vietnam（美国介入越南）；把空袭利比亚说成是 surgical strikes（外科手术式打击）；逃跑或溃退不叫 rout，而是 phased withdrawal（暂时撤退）；把"attack"（进攻）委婉地说成是"pacify the area"（使这一地区实现和平）。pacification 常常意味大量反叛者或居民的死亡，（据奥韦尔 [Orwell] 观察）也可能是对毫无防卫能力的村子的轰炸，或机枪对牲畜的扫射。越南战争在新闻中常常被简单地表述为"police action"（警察行动）[②]，而驻扎在越南的美国军人则被称为"peacemakers"（维和人员）或"combat advisers"（军事顾问）。根据美国国防部的报告"some

---

① 观察者网 https://m. guan cha.cn/. (2022–03–29).

② ENRIGHT D J. Fair of Speech: The Uses of Euphemism. New York: Oxford University Press, 1985: 128.

American soldiers had joined the immortals in the war against the Southern Alliance"。这里的 "joined the immortals" 的真实意思是 "fall in battle or be killed in action"。这样拐弯抹角、歪曲事实真相的委婉语的使用减轻了战争的残酷性，其模糊性起到了改变其侵略战争的性质的作用。

2003 年 3 月 20 日，美英联军绕过联合国，发动了第二次伊拉克战争。美国媒体将这场战争称为 "preventive war"（预防性战争）或 "pre-emptive strike"（先发制人的打击）。美国政府清楚，为侵略其他国家而发动战争势必会引起美国部分民众以及国际社会的不满和抗议，而把侵略主权国家的战争行为说成是 "先发制人"，表示美国所采取的行动是为了免除伊拉克日后对美国的威胁，因而为侵略行为寻找了一个合理的借口。自战争开始，各种委婉语就满天飞。就在开战当天，美国总统布什发表了电视讲话，正式对伊拉克宣战。在这篇战争檄文中，野蛮的侵略行为被涂上了动人的色彩，赤裸裸的军事行动披上了人道主义的外衣，布什通过演说竭力把美国对一个主权国家的侵略描绘成为维护世界和平的崇高事业。布什使用大量的迂回说法来指代战争：　"military operations to disarm Iraq"①（解除伊拉克武装的军事行动），"free its people and to defend the world from grave danger"②（解放伊拉克人民，避免世界陷入危险）。这场由美国发起的战争被布什描述为 "Our Nation enters this conflict reluctantly..."（美国并不愿意卷入这场冲突）。布什在回答关于伊拉克战争时说："Clearly, the U.S. has a disproportionate responsibility when it comes to helping secure the world."（美国在维护世界和平方面承担着较多的责任）。这样一来，美国对伊拉克发动的战争就是正义的，是 "overthrow tyrants"（推翻独裁），而美国军人在伊拉克打仗是 "work in Iraq"（在伊拉克工作），是为伊拉克人民打开 "the door to liberty"（自由之门）。美国官方力求借助委婉语给受众造出美国政府是无辜的印象，从而达到美化政府形象，大肆宣扬现行政策，使政府获得选民的支持的目的。美国媒体在对伊拉克战争进行报道时，竭力把侵略行为包装成爱国主义的光荣使命，诸如 "humanitarian intervention"（人道主义干预），"softened up the resistance"（缓和了抵抗），"vertical envelopment"（垂直包围），"constructive destruction"（建设性的毁灭），"neutralized"（使无效）等用法将委婉语的掩饰美化功能表现得淋漓尽致。这些委婉语试图降低人们对暴力程度的认识，既掩饰了战争的非正义性质，又削弱了战争的残酷性，淡化了民众对战争的憎恶和恐惧，以争取民众的理解与支持。"pacification" 的真实含义往往是打死众多的叛乱分子或政见不同的人，或炮轰那些毫无抵抗能

①② GEORGE W B. Operation Iraqi Freedom Address to the Nation 19 March 2003.

力的平民。这完全印证了奥韦尔所说的："Political language...is designed to make lies sound truthful and murder respectable, and to give an appearance of solidity to pure wind."（政治语言……的目的就是使谎言听起来像真理，杀人听起来令人尊敬，也给完全虚无缥缈之物以实实在在之感）。

在委婉语的世界里，正如乔治·奥韦尔在其长篇政治小说《1984》中所说 "War is peace. Freedom is slavery. Ignorance is strength."（战争即和平。自由即奴役。无知即力量）。战场上的记者也因为立场不同而被分别冠以 "embedded journalists"（嵌入的记者，指遵守军队纪律，不自由行事、不随意报道的记者）和 "unilateral journalist"（单边主义的记者，即坚持新闻自由的记者）。伊拉克战争中，美军接连惹出多起祸端。据报道：从 2003 年 3 月 20 日到 4 月 6 日，美军的误伤就使美英联军损失 8 架武装直升机和 4 架战斗机，死亡 50 多人。①战场误伤成为危及联军生命的最大威胁。对此事件美国媒体报道采用的词汇是 "friendly fire"（友好火力）。2005 年，伊拉克哈迪萨镇，一名美军士兵被路边炸弹炸死，一名海军中士为报仇，杀死了 24 名手无寸铁的伊拉克平民。这名海军中士以业务过失罪遭到起诉，他坦承过失，不过军事法庭 24 日判他免于刑罚。②24 名手无寸铁的伊拉克平民被活活打死，他们何罪之有？美国军事法庭对杀人士兵的起诉罪名却是"业务过失"，而法庭的判决结果却是"免于刑罚"，这些伊拉克平民的生命等于白白送掉。2012 年 3 月 11 日凌晨，一名美军士兵闯入阿富汗坎大哈省潘杰瓦伊地区美军基地附近一个村庄，向平民开枪，导致 16 名平民死亡，6 人受伤，死者包括 1 名妇女和 1 名儿童。这些事件在国际对伊拉克战争、阿富汗战争的评价中会起到负面作用，它进一步毁坏了美军的形象。无论在伊拉克、阿富汗，还是在巴基斯坦、利比亚，美军对无辜平民的所谓"误袭"事件频频发生。其主要原因是美军缺乏对其他国家民众的价值观、宗教信仰、生活方式以及基本人权的尊重。这些令人啼笑皆非的委婉语，反映了媒体的虚伪荒谬以及其为美化过错所做的绞尽脑汁的努力。至于美英联军在伊拉克战场上的失利，那是 "an adjustment of the front"（战线调整）。战争中美军只有 "advance"（进攻）而没有 "retreats"（撤退）。最终的撤军计划也被描述为 "exit strategy"（退场策略）。纵观整个伊拉克战争期间美国的媒体报道，可谓是一场委婉语的盛宴。与之有异曲同工之妙的是 1980 年美国武装营救被伊朗扣押的人质行动失败，这次行动被媒体称为 "an incomplete success"（不完全的胜利）。1983 年美国军

---

① 人民网 http://www. people. com. cn/. (2003–05–07).

② 中国网 http://www. china.com.cn. (2012–01–25).

队入侵格林纳达，媒体使用的语言是"a rescue mission"（营救行动）。美国国防部部长 William Cohen 为了缓解国内对南联盟战争的反战情绪，在新闻发布会面对新闻记者的提问时，只是委婉地承认："We're engaged in combat"。*Bloomberg Markets* 杂志 2009 年在一篇文章中说 "The Sept. 11 terrorist strikes prompted Bush to alter U.S. policy by stressing the option of preemptive military action against groups or countries that threaten the U.S."[1]。根据《国际法》和国际惯例，在战争中当本国受到确定的逼近的军事袭击时才可使用 "preemptive military action"。实际上伊拉克并没有打算对美国进行袭击，布什政府不但绕开联合国对伊拉克采取军事打击，而且将打击范围扩大到 "groups or countries that threaten the U.S."。这种 "威胁美国的组织和国家" 的说法根本不能够成立，所谓的 "preemptive military action"，实质上是赤裸裸的侵略行径，是美国发动战争的借口而已。2005 年 *Foreign Affairs* 杂志的一篇文章中说 "Thus far, the Bush administration has consistently shown that it would rather resolve all of these challenges through regime change in Tehran and Pyongyang."[2] *Foreign Affairs* 杂志在文章中用 "regime change" 替代 "overthrow"，其目的是削弱其野蛮不讲理的做法，因为 "change" 和 "overthrow" 相比较，要温和得多，能够给读者留下布什政府的做法是合理的的印象。实际上布什政府是为了美国利益而插手别国事务，企图推翻他国政权。

在上述事例中，美国政府和媒体一起利用委婉语来掩盖自己的政治行为和目的，掩盖战争的侵略本质，减轻战争的残酷性，并且通过使用委婉语将侵略战争合法化。在报纸、电视和新闻广播中，大多数委婉语的使用都有文化背景。媒体从民众的心理和情感出发，避免使用引起民众不愉快联想的语言，用委婉语代替直言表达，遮蔽了刺激性。

四、淡化社会问题 缓和社会矛盾

委婉语常常用来掩盖严重的社会问题，如暴力事件。前些年英国新闻媒体催生出一组委婉语，这些委婉语最早是用来描述爱尔兰共和军（IRA）杀戮时使用的语言。人们从报纸新闻上看到或从电视新闻中听到 IRA 为一起谋杀事件

---

① Bloomberg Markets，Oct 15，2009.

② Foreign Affairs，July/August，2005.

"admitted responsibility"，有时是 "claimed responsibility"。[①] 这些短语是非常荒谬的委婉语，不仅不公正地赞扬了 IRA，还错误地表明了 IRA 的态度。在这些场合 IRA 承认了自己暗杀的罪行，但事实并非如此，因为 claimed 暗示了 IRA 对自己的杀戮行为感到满意，responsibility 则承认了杀戮是一种罪行这一普遍看法。后来这种说法被广泛用于自杀式袭击事件的报道中，不管是伊拉克战争中的路边炸弹，还是阿富汗的人体炸弹。

委婉语也会悄悄进入政治竞选语言中，而且常常被新闻评论员使用。"campaign rhetoric"（竞选措辞）本身就是一个委婉语，用来含蓄地表示 "the kind of lies and exaggerations you expect politicians to use"（政客惯用的谎言和浮夸的言辞）。例如 "There is an active possibility that we may do such and such."（我们很有可能如何如何）通常意味着 "我们在这个问题上不会采取任何措施"。作为对尖锐质问者的回答，"That's a value judgment" 意味着 "I'm not interested in your criticisms and I'm certainly not going to argue with you."（这涉及价值观问题，不予讨论）。[②] 官方语言中 "未完成" 不用简洁地表达为 "not yet finished"，而是被用心良苦地美化为 "in the early state of finalization"（在事情完成的早期阶段）。美国媒体对尼克松的报道中曾经有这样一句话："Nixon's proposals have been hailed as sound if not original. But this appraisal of his own stewardship sometimes seems more generous than candid."（尼克松的建议虽说不上有创见，但有说服力；他对自己领导功绩的评估似乎是大方的成分多于坦率的成分）。[③] 这句话含蓄地表达了尼克松的自我评价过高，言过其实，而且不够诚实。

美国《纽约时报》2020 年 10 月 14 日刊载《新冠没有成为中国的切尔诺贝利，却成了美国的滑铁卢》的文章。切尔诺贝利指 1986 年 4 月 26 日苏联切尔诺贝利核电厂的第四号反应堆的爆炸事故。这次爆炸事故所释放出的辐射剂量是日本广岛原子弹爆炸的 400 倍以上，造成了约 2000 亿美元的损失，事故也间接导致了苏联的解体。这里把新冠病毒造成的危害比作切尔诺贝利核电厂的爆炸事故。滑铁卢战役指 1815 年 6 月 18 日法军与反法联军在比利时的滑铁卢进行的决战。战役的结果是反法联军获得了决定性胜利，打败了拿破仑帝国。滑铁卢战役是拿破仑的最后一战，拿破仑自此退出历史舞台。在某种程度上，由于美国独特的个人主义文化、高度分散的分权系统、脆弱的公共卫生系统和分裂的政治体，而特朗普政府面对新冠病毒又没有采取有效措施，使感染人数位居世界

①② ENRIGHT D J. Fair of Speech: The Uses of Euphemism. New York: Oxford University Press, 1985: 129.
③ 郭亮，龚轶. 浅析新闻英语中委婉语的语用功能. 现代农业科学，2008（12）: 166.

第一，在疫情面前吃了败仗。

委婉语是一种社会文化现象，是社会发展过程中社会心理在语言中的反映，能够记载社会发展的脉动，体现社会价值观、民族观。例如，西方人忌"老"讳"穷"，尤其在美国，个人主义价值观占主导地位，因此媒体报道中极少有"the old"（老人）及"the poor"（穷人）这样直白的说法，而多用"a senior citizen"（年长公民），"long-lived"（生活经历较长），"mature"（成熟），"entering golden years"（步入黄金年龄）等委婉表达。从事英语委婉语研究的专家尼曼曾风趣地指出，当今的美国没有"old"（老的），要么是"seasoned"（老练的），要么是"well-preserved"（保养得很好的）。为缓和社会矛盾，美化政府形象，媒体语言中关于"贫穷"的委婉语更是不胜枚举。有些媒体经常用"substandard housing"（亚标准住房）代替"slum"（贫民窟），以"low-income"（低收入）代替"poverty"（贫穷）以掩饰贫困。除了贫穷与衰老，疾病与失业也是人们非常忌讳的字眼。因而媒体中多用"downsize"（缩小规模）用"layoff"（裁员）；用"between jobs"（待业）代替"unemployment"；用"recession"（衰退）或"depression"（萧条）代替"economic crisis"（经济危机）；用"industrial action"（工业行动）或"industrial dispute"（工业纠纷）代替"strike"（罢工）。政客们往往故弄玄虚、装腔作势，为了达到混淆视听的效果，在语言运用上使用隐晦、笼统、含糊的词语，通过新闻媒体的传播，发挥着美化措辞、粉饰太平的积极作用。

而用"a heart condition"（心脏状况）这样的短语来指代所有心脏病起到了弱化的效果，避免了受众关于致命疾病和死亡的联想，而"negative patient-care outcome"（不好的护理结果）实质上则是指病人死亡的委婉语。英国《泰晤士报》（The Times）和《每日电讯报》（The Daily Telegraph）关于死亡事件的专栏报道也常采用委婉表达手法。The Times 的死亡专栏就是因其新颖的表达方法而出名。演员 John Le Mesurier 去世前留下遗言，希望报纸称自己的死亡为"conked out"（发生故障），这也是委婉语。这种委婉语通过语境效应，将死亡这一不愉快、令人恐怖的话题融入优雅、中立的专栏报道中。①

一些专栏小报上刊载关于明星的花边新闻时，常用一种能够使读者兴奋但又不使他们过于震惊的委婉语言来描写明星们的不道德生活。例如，英国最受欢迎的电视杂志之一 TV Times 在报道 Mick Jagger 的女友 Jerry Hall 时，讲到她和一位富豪"took a brief excursion"（一起进行愉快的短期旅行）②。这一委

① ENRIGHT D J. Fair of Speech: The Uses of Euphemism. New York: Oxford University Press, 1985: 131.
② 同① 130.

婉含蓄的说法既能令读者明白其要表达的含义，又避免了滥交或不忠等不愉快字眼。

在汉语表达中，媒体常常把小户型、低价格的商品房称为"经济适用房"，把经济下滑称为"经济下行""经济新常态""经济增速换挡"。面对飞速飙升的房价，许多在城市打拼的年轻人只能可望而不可即，一些新闻媒体在关注这种社会现象时就使用了"蚁族""蜗居"等委婉语来描述他们艰辛的生活状况，这些委婉语不仅准确地表述了城市年轻人无奈的生存环境，也对他们的这种境况表达了人文上的关怀。

如果我们在网络上搜索一下，就会找到许多"躲猫猫""俯卧撑"之类的委婉语，如：保护性拆除、休假式治疗、轻度型追尾、幻想型自由、试探性自杀、合约式宰客、倒退性改革、疯狗式贪污、挽救性枪毙、正确性错误、保护性销毁、礼节性受贿、政策性提价、钓鱼式执法、确认性选举、临时性员工、隐蔽性收入。我们可以看到用"下岗""待业"来代替"失业"，用"执法"替代"罚款"，用"调价"替代"涨价"，用"负增长"代替"下滑"，用"零增长"替代"停滞"。

美国著名新闻学学者乔治·福克斯·莫特（George Fox Mott）在《新闻新观察》（*New Survey of Journalism*）中指出：新闻，不论是报纸新闻、广播新闻还是电视新闻，都应力求客观公正性，而公正性又要求新闻工作者的语言应客观报道事实，不能带有个人主观色彩。[①]然而，我们应该认识到，新闻语的导向性、传播性不可小觑。新闻媒体在传播实时新闻，尤其是政治新闻时往往通过含糊其词的言语转弯抹角地将个人的政治主张传递给受众，影响人们的判断力，而委婉语确实可以帮助达到此目的。据海外网 2019 年 7 月 15 日电，中国国民党 15 日召开记者会，对外公布 2020 年台湾地区领导人的党内初选民调结果。国民党团随即发出声明，表示将全力支持韩国瑜，呼吁全党团结辅选，2020 年下架蔡当局、在立法机构赢得过半席次。"下架"本指典当期满，典当的衣物，都放在架上备赎，期满则从架上取下。这里则是国民党党团呼吁全党团结一致，在 2020 年台湾地区大选中击败蔡英文，把民进党赶下台。

在多元文化并存的时代，个人之间、社会群体之间、民族之间、国与国之间，无不存在着文化差异甚至文化沟壑，新闻媒体作为一种交际工具，具有跨国界、跨文化的特点，加之文化背景及价值观的不同，新闻媒体中委婉语的使用就更加

---

① ENRIGHT D J. Fair of Speech: The Uses of Euphemism. New York: Oxford University Press, 1985.

复杂。因此，研究和分析英语新闻媒体委婉语，不仅能够丰富我们的英语知识，而且能够使我们正确认识委婉语这一语言现象和不同文化的社会价值观。我们不仅要了解委婉语的社会功能、交际功能，而且要通过这扇窗户了解不同社会的民族文化、风俗习惯、国际风云变幻的外交环境。从多学科、多层次、多角度研究委婉语，有很重要的社会价值和现实意义。

第八章

汉英广告委婉语的差异分析

委婉语既是一种语言文化现象，同时也是一种社会现象，因为它在一定程度上反映了人们的价值观、道德观和审美观。[①]在语言交际中，如果我们能够恰当地使用委婉语的话，不但能够维护交谈双方的自尊，积极协调人际关系，而且能够使人与人之间的关系达到更加融洽的程度。在广告中运用委婉语，能够使广告语言达到委婉含蓄、迂回曲折的效果。盖斯（M. L. Geis）认为，作为广告的核心内容，广告语言是一种旨在诱导人们购买商品或服务、选举特定的政治候选人或对某个公司实体产生好感的语言。[②]

在现代经济社会中，市场竞争异常激烈，广告真可谓无孔不入，实际上已经成为人们生活中不可或缺的组成部分。法国广告评论家罗伯特·格兰德（Robert Grand）说过："我们呼吸的空气是由氧气、氮气和广告组成的。"[③]这一句话虽然有些夸张，却是现代商业广告的真实写照。在当今社会中，随着生产力的提高，各种产品应有尽有，商品供大于求，商家为了吸引人们消费，往往会不惜代价，挖空心思，制作精美的广告。厂家通过广告大力宣传自己的商品，一是把商品的优点向社会广为传播，为消费者提供信息，二是通过广告的诱惑力，吸引消费者根据广告提供的信息及时找到自己需要购买的商品。现代社会广告铺天盖地，我们生活的周围到处都是广告，可以毫不夸张地说，我们生活在广告的海洋中。张家平认为，商品生产者通过广告宣传商品，通过广告吸引消费者，引导消费。广告的根本目的是说服消费者购买商品和劳务[④]，因此，我们可以得到这样的结论：

---

① 郑慧敏. 广告英语中的委婉语探析. 河南师范大学学报（哲学社会科学版），2011，38（1）: 187.

② GEIS M L. The Language of Television Advertising. New York: Academic Press, 1982.

③ 参见汪滔. 克服重重文化障碍：再谈涉外广告翻译. 四川外语学院学报，2001（6）: 86–88.

④ 张家平. 广告心理学. 上海：上海教育出版社，2007.

广告的成功与否与广告语言的运用密切相关。前些年海飞丝和舒肤佳的广告铺天盖地，给人留下深刻印象，现在，一说到去除头皮屑，人们往往就会想到海飞丝，一说到消灭皮肤细菌，往往就会想到舒肤佳。由此可见，成功的广告对消费者产生的影响力之大。从这两种商品的广告对广大消费者的影响就可以看出广告对人们购买力的影响程度。现代工商业的发展，促使广告业迅猛增长，广告委婉语应运而生，而在广告中最能吸引消费者眼球的就是委婉语的广泛使用。我们主要从广告语言中修辞的运用、广告的社会功能、广告构成的语义手段等方面，对广告委婉语的特点进行分析，试图进一步认识广告委婉语的魅力所在。

一、广告委婉语中修辞的运用

广告大师戴维·奥格尔维（David Ogilvy）曾经说过：做产品不做广告，犹如在黑夜里眨眼睛。[①] 在商品经济高度发达的今天，为了更好地与消费者进行情感沟通，增强说服力，商家对商品广告的制作煞费苦心，在广告语言的修辞使用上狠下功夫。广告常常采用比喻、双关、反语、夸张、留白、拟人等修辞格，来迂回曲折地夸耀商品的使用效果。这些广告语言构思巧妙，其目的是吸消费者的眼球，从而激起人们的购买欲望。

（一）比喻

为了宣传自己的商品，商家力求广告语言丰富多彩，如恰当地运用比喻手法，能够给人们留下深刻的印象，可以激起消费者丰富的想象力，唤起人们美好的联想。例如，This is the key to the world's most advanced locking system（Swiss Bank 广告）。这里的 key 指的是 Swiss Bank，广告中把瑞士银行比喻为钥匙，表明这家银行在世界同行中的重要性。美国大都会人寿保险公司曾经发过一则广告，与画面密切相配的广告语是：每当晚霞消失的时候。这则广告使用"晚霞消失的时候"做广告词的真实目的是提醒人们：天会有黄昏，人会有年老时，当人年轻之时，就应该想一想自己如何养老了。广告用"晚霞消失的时候"这种自然现象来比喻人生的晚年，委婉地提醒人们不要忘记自己会变老，而不是直接劝说人们在年轻的时候就要为自己购买养老保险。这样做的巧妙之处，是更容易引发受众醒悟，诱发人们的参保意识，进而购买养老保险。

---

① 刘萍. 委婉广告语中的辞格妙用. 阅读与写作，2010（6）：35.

中央电视台曾经播放过这样一则下岗再就业的公益广告："纤小，并不意味着怯弱；离开，并不意味着放弃；新的土壤，新的机遇，新的开始……"广告用蒲公英的种子在新土地上生长来比喻下岗人员勇敢面对失去工作的现实，努力去寻找适合自己的工作，开辟自己的新天地。这则含蓄的公益广告语，试图通过蒲公英的种子在新的土地上生根、发芽、成长的例子，来引起下岗职工的心理共鸣，激发下岗职工再就业的愿望。

日本饮料"渴而必思"在 20 世纪 20 年代进入市场，商家在商品广告制作上花费心机，别出心裁地把酸奶说成是具有"像初恋般的滋味"。酸奶与初恋本来是风马牛不相及的事情，但这则广告恰到好处地把酸奶甜中带酸的口感，比喻为初恋般的滋味，那么初恋情人的心理感受究竟是什么呢？广告语的高明之处，就在于把酸奶甜中带酸和初恋的感受巧妙地进行对比：甜中带酸，以此将二者有机地结合起来，给人们提供无限遐想的空间，从而留下深刻的印象。

广告委婉语因其意义的隐含、语气的委婉和语义的跳跃，体现了含蓄之美，迎合了受众的传统审美心理，"能够给受众提供想象的空间、审美的空间、获得巨大美感愉悦的空间，符合人类整体的审美要求"[①]。那些使用比喻手法制作的广告信息含量更大，往往能够给消费者留下遐想的广阔空间，吸引消费者的注意，进而引起他们的共鸣，更可以让受众在曲径通幽中寻求广告语的深层含义，所以，它能够取得那些直白式广告无法比拟的效果。

（二）双关

双关是在一定的语言环境中，巧妙地利用一词多义或同音等现象，有意地使语句表达出双层的含义。双关是一种非常有效的表达委婉的方法，在广告中恰当运用双关，可以使语言变得更加含蓄委婉、诙谐有趣，收到言在此意在彼的效果。例如：Cock refreshes you like no other can（Coca Cola 饮料广告）。这里的 can 既可以理解为易拉罐，也可以理解为情态动词。如果我们把 can 理解为易拉罐，这句话可以理解为 Cock refreshes you like no other refreshes you。如果我们把 can 理解为情态动词，那么这句广告语就可以理解为 Cock refreshes you like no other drinks can refresh you。由此可见，双关语的恰当应用能够使广告引人深思、富有魅力。

广西名茶六堡茶，在茶叶的外包装盒上印有这样的广告词：请记住，我们是

---

① 贺利婧，林铁莉. 广告英语中委婉语的含蓄美. 重庆工商大学学报·西部论坛，2006（S1）：141.

"五保户"！保证原产地，保证小产区，保证生态茶，保证古制法，保证干仓藏。这样的广告语，巧妙利用"五保户"这一社会发展过程中人们熟悉的语言，吸引消费者的注意，吸引他们更进一步详细了解六堡茶的五大优势，进而喜欢六堡茶，购买六堡茶。

"幸福离你不远，就在左右"是左右牌沙发的广告语，广告画面上一位女士坐在沙发上，姿势优美，面带微笑，显示出一种满满的幸福感。这里的"左右"是一语双关，既是空间概念，指周围不远的地方，同时也是指这种品牌的沙发。很明显，厂家是利用一语双关，委婉地说你只要购买左右牌沙发，马上就会获得幸福感。

中国人寿保险公司有一幅宣传广告，画面是著名球星姚明手里拿着一个篮球，用力一投，篮球飞向一个高大的建筑，在建筑上有中国人寿保险的标志，除了画面上的动作，还有一句画外音："要投就投中国人寿"。这句话里的"投"是一语双关，因为姚明是著名球星，这句话可以理解为投球上篮，也可以理解为投保，购买中国人寿的保险。

（三）反语

为了在竞争激烈的商战中能独树一帜、高人一筹，瑞士某钟表公司别出心裁地制作了这样一则广告："本公司在世界各地的维修人员都闲得无聊"。瑞士这家钟表公司为了显示自己公司的产品品质优良，没有像一般广告那样夸耀自己公司的产品质量如何如何好，如何如何经久耐用，而是反其道而行之，采用反话正说的方式，说本公司维修人员"闲得无聊"，就从另一方面证明自己公司的产品质量好，不需要修理。广告强调"世界各地"是向消费者证明自己公司的产品质量好是世界公认的。这则广告采用反话正说的形式向消费者宣传自己的产品，这种思维方式确实令人耳目一新，是反语运用的一个成功案例。

"One of the First Things about Owning It Is Selling It."，这是大众汽车制造商在宣传某款大众汽车时制作的一则广告。在这则广告词里，Owning 和 Selling 是制造商巧妙利用反语的一个成功例子，那么 Owning 的好处怎么会是 Selling 呢？实际上制造商做广告的真实意图是婉转地告诉消费者，这款大众汽车不仅外形美观，而且性能良好，消费者可以放心购买，即使在驾驶一段时间之后，再转手卖掉也不会赔钱。

（四）夸张

在某些广告宣传中，广告商喜欢使用一些很长的词汇、富有抽象概念的词汇或有着丰富科学内涵的词汇，这样做的目的，是希望消费者感到这些广告宣传的产品比同类的其他产品质量更高、效果更好。英语中由于拉丁后缀 –X 与科学有某些联系，所以有些商家喜欢把自己商品的商标使用后缀 –X，这样一来好像能够与科学拉上关系，就显得商品上档次。在一些英语国家的广告中，人们常使用拉丁后缀 –X 做商标，显得商品高端。在人们的心目中，好像一旦与 –X 有关，这些商品就有科技含量，如卫生纸的商标带上 –X 就保证了洁净度，卫生巾的商标带上 –X 就增加了可靠性。好像挂上了这层关系，这些商品就能保证质量的可靠性，显出商品的高品位、科学化，使消费者在感情上容易接受，避免产生不愉快的联想，给人一种高端上档次的感觉。

我们认为，广告委婉语的夸张手法，主要体现在商品名称中。例如，美国有一种饮料"Slim-fast"，其名字听起来好像是使人快速苗条的良药，其实是一种 diet drink；"Herbal Essence"听起来好像是贵重的草本香料制品，实际上是一种洗发水而已；"舒肤佳"广告听起来好像是护肤良药，如果使用舒肤佳，可以保证 24 小时与细菌隔离，实际与其他肥皂没有太大的区别。

"炉火之上岂能安坐？"这是一则痔疮药广告。人一旦患上痔疮，就会感到非常痛苦，因为这种病灶所在的位置往往难于启齿，不便在公众场合谈论，当痔疮发作时，患者会感觉如坐针毡。广告词委婉地把痔疮发作夸张地比喻为置身于"炉火之上"。这则广告用夸张的语言，婉转含蓄地把痔疮发病后患者寝食难安的痛苦经历说成是坐在炉火之上，形象生动，容易引起患者的共鸣。

"今年二十，明年十八。"这是曾经一度风靡全国化妆品市场的一则化妆品广告。单从字面意义上来看，这则广告词是不符合逻辑、极具夸张的。然而，当我们透过其极具夸张的字面意义，结合广告所宣传的化妆品，仔细深入思考一下，就会得到这样的印象：这种化妆品一定具有让使用者保持青春容颜的特殊功效。

（五）留白

所谓留白，是指广告商在制作广告时，有意识地把一些本来该说的内容省去，让读者自己去感悟。留白是中国书画艺术创作中的一种手法，极具美学特征，画家在作画时有意在画面上留一些空白，用来渲染美的意境，使整个作品更加协调精美。中国画是写意，画得太满就缺乏想象的空间，留一些空白可以让人们在欣赏画作时，自己去品味、商家在去想象。广告也是一样，表面看来好像是残缺不全，其实不是真正的不全，而是商家在制作广告时有意隐蔽了某些内容，让人们去思考、去感悟。留白修辞格的运用，初看起来好像是欲言又止，其实是广告制作者有意隐含了更为丰富的信息内容，增加了广告的语言表达力和艺术感染力，它启发受众去联想、去发挥自己的想象力，以补足缺失的部分。这种含而不露的表述方式能营造出一种美的意境，给受众留下联想与想象的广阔空间。受众通过积极的思考能补足公益广告语所留下的空白，解读出公益广告语所要传达的终端意义。[①]含蓄的广告语总是采用留白的方法，将主题隐藏在字里行间，受众只有发挥自己的想象力，去思考、去感悟，并且感悟得越深刻，就越能够理解言语背后隐藏的深层信息，才能够补足广告语所留下的空白。

在早期的公益广告语中，往往采用"严禁""罚款""不准"等口气严厉的词语，直接告诉人们应该怎样做、不能怎样做。这些语气生硬、态度冷漠的广告语，不能给人以美感。这类广告语虽然表述准确，但因为缺乏人情味，没有考虑到人们的心理感受，容易引起逆反心理，所以沟通效果很差，也难以达到理想的说服目的。

这些年随着高层建筑的增多，曾不断发生高空抛物造成人员伤亡的事件，给路上行人的生命安全造成严重的威胁。有一则这样的社会公益广告："高空抛物，砸在地上一个坑，砸在头上……"这则公益广告语并没有直接说出高空抛物"砸在头上"会产生什么样的严重后果，仅从砸在地上会砸出一个坑就可想而知。这种欲言又止的言语形式，如同国画画家在作画时有意在画面上留白一样，画面留白是让欣赏画的人发挥自己的想象力。这则公益广告语提醒人们注意不能高空抛物，就是采用留白的手段。这种传统的审美心理深深影响着受众，他们更乐意去审视那些含蓄的公益广告语，在思考与咀嚼的过程中不断加深对广告语的理解，并最终认同公益广告语所宣传的理念。[②]这则广告采用的留白手法，既巧妙地劝告广大受众遵守社会公德，又避免直接说出高空抛物砸在行人头上会导致头破血流，甚至会危及生命的后果。运用含蓄的留白形式引导人们去思考，让人们在曲径通幽中体会广告语的深层意思。这则公益广告采用含蓄委婉的表述方式，体现出了一种含蓄之美，取得了良好的说服效果。

（六）拟人

《家庭中医药》杂志曾经刊登过这样的广告：健康在这里等候，生命在这里延伸！"等候"一词的使用，是广告运用拟人的修辞格，写出了《家庭中医药》杂志对人们健康的贴心关怀，只要你经常阅读《家庭中医药》杂志，按照杂志

---

① 孔开朝. 公益广告语的含蓄美及其心理接收机制. 牡丹江大学学报，2011, 20（2）:113.
② 同① 115.

提出的方式去生活，就会有健康的身体。"延伸"一词又化抽象的"生命"为形象，写出了《家庭中医药》杂志介绍的经验对人有延年益寿的功效。

现在的校园教室的墙壁粉刷得雪白，如果有人在墙壁上留下一些字迹或脚印，就会破坏校园的环境美。为了保护校园的优美环境，写上"不要在墙壁上乱写乱画""不准踩踏墙壁"的广告，就达不到预期效果。如果把广告语以第一人称的语气，写成"我的形象全在你的举手投足之间——墙壁寄语"，就很能以其诚恳的态度、自然贴切的语气打动受众。

二、广告委婉语的社会功能

为了吸引广大消费者，广告制造商总是有意夸大商品的功能。有些广告语听起来悦耳动听，说起商品质量来总是信誓旦旦，但一旦涉及关键问题却含糊隐晦。有时候这种夸大其词的广告具有很强的欺骗性，需要消费者自己去把握，稍不注意就容易上当受骗。现在社会上有些广告具有很强的功利性，厂家制作广告时常常有意运用具有模糊语义的词语，其目的是利用词语的模糊含义夸大商品的功能，使消费者消除疑虑，相信商品质量的可靠性，从而克服心理障碍，积极购买这些商品。商业广告上使用的委婉语具有美化功能，超越了词语本身，能提高商品竞争力，带来商业利润。为了达到美化的目的，奶饮料在广告中成了护肤食品，汽车成了"速度与式样的交响乐"。为了骗取消费者的信任，吹嘘疗效，枕套里装了几种粉碎后的中草药就变成了"神枕"，围绕在腰间的带子装了这些就成了具有神功的元气袋。有一些医药产品的广告具有一定的欺骗性，消费者很难通过生涩的技术术语去了解某一药品或者保健品的作用和功能。商家为了能够大量销售医药、保健品等产品，常常通过广告的形式来扩大知名度。

在英语国家的广告行业中，委婉语的使用已经成为广告语言的典型特征。例如，为了吸引消费者，商家有意把 second hand cars 说成了 pre-owned cars，experienced cars，或者 pre-driven classics（试开过的精品车）。出于对人们隐私的保护，故意避重就轻把 pawn shop（当铺）说成是金融机构 loan office（贷款公司），本来狭小的 small room 被说成是 intimate room（私人房间），等等。

（一）避讳功能

委婉语的避讳作用，起源于远古时代。由于对自然现象不理解和对野兽的存在惧怕，在不得不提到这些事物时，人们就使用其他词语来代替。在科学发达的今天，有些流传下来的禁忌观念在人们的思想中还是难以消除，比如，西方人对"13"这个数字仍然是避讳莫深的。这里，我们不应简单地说所有委婉语的禁忌与避讳都是出于消极心理，是迷信的表现，我们应该认识到趋利避害是人类的一种本能，是出于自我保护心理。我们可以这样考虑，如果商家经营的某种商品，在当地涉及人们避讳的内容，在制作广告时又没有注意到这些禁忌，就有可能会引起广大消费者心里的不愉快，说严重一些，就是触犯了当地人的禁忌，就会影响到这种商品的销售。如果商家注意到这种情况，就会在制作广告时有意识地选择词语，委婉含蓄地表达，从而避免去触忌犯讳，以取得理想的广告效果。

在马来西亚，有个城市的交通部门，曾设计了一则非常幽默风趣的广告："If you drive with the speed of no more than 30 km, you can enjoy the city's beautiful scenery; over 60 km, you will be a guest of the court; over 80 km, the city's best equipped hospital will await you; over 100 km, the God will see you."。从广告的内容可以看出，汽车时速在每小时 30 公里以内属于正常行驶，还可以欣赏城市的美景，汽车时速超过 60 公里，就是违犯了该市的交通安全法规，就可能要受到法律的惩罚。交通安全广告没有明确说出超速会受到何种惩罚，而是委婉地表达为 "be a guest of the court"。我们知道顾客是商店、饭店等消费场所对消费者的称谓，顾名思义是把消费者当客人对待。法庭是审判案件的场所，绝不是请客吃饭的地方，到法庭去做客绝没有好事。如果车速达到每小时 80 公里，遇到紧急情况来不及刹车，就很可能会发生车祸，这就是超速的严重后果。这则交通安全广告没有直接说明超速会发生车祸的严重后果，而委婉地说成是 "the city's best equipped hospital will await you"。医院设备再好也不是人们愿意去的地方，这就是委婉所在。车速超过 100 公里，容易出现车毁人亡的事故，交通安全广告不直接说 "你肯定会死"，而委婉地说 "the God will see you"。这幅交通安全广告避讳直接说出超速的危险，而采用风趣幽默的风格，对那些喜欢超速驾驶的人来说，会起到很好的警示作用。

相同的交通广告还有："请系好安全带，阁下无法复印。"这则广告没有直接说出汽车高速行驶，不系安全带，一旦出现车祸会危及生命的严重后果，而是把人的生命无法挽回委婉地说成是 "无法复印"。这则广告语含蓄形象，对驾驶员的震撼力是非常强的。它旨在警示驾车人生命高于一切，行车时千万要谨慎。它能唤起驾车人的情感，极富人情味，这比 "严禁驾车不系安全带" 这句冷冰冰的警示语的效果不知要好多少倍。

有这样一则强调安全的公益广告，安全启示：事故就是 "两改一归"。"两改一归"就是老婆改嫁，儿子改姓，财产归别人。事故不留情，警钟要长鸣。这则广告把安全问题总结为："两改一归"，初听起来很简单，仔细一看意味深长。因为事故的后果是非常严重的：老婆改嫁，儿子改姓，财产归别人。短短两句话的广告词，没有出现死亡之类的词语，但是，其作用比长篇大论的强调安全重要性的效果好得多。

委婉语不仅反映社会生活，也承载着使用这种语言的民族的价值取向、道德观念、宗教信仰、风俗习惯。在生产力不发达的古代，人们对一些事物及自然现象无法解释，出于对这些自然现象的敬畏，人们在公众场合避讳提及它们，结果就产生了禁忌。在那个时代，人们认为言语就代表所指的事物，这种等同的联想直接或间接地影响到人们的风俗习惯、社会心理。如果不注意避讳，就可能使消费者产生怀疑甚至厌恶。实际上避讳与一个语言社区的发展历史、宗教信仰、价值观念、风俗习俗有密切联系。在制作广告时要格外注意这些因素，否则就可能使消费者产生反感、怀疑、厌恶情绪，因此，在使用容易让人产生误解的词语时要小心谨慎。对那些容易使消费者产生消极联想的词语都应该淡化、回避。

委婉语的恰当使用能够使消费者在心理上感到满足，消除怀疑。广告心理学认为：了解了消费者的动机，进行动机分析，并以此为据，对消费者进行暗示，控制消费者的潜意识，消费者就会很容易按着广告的意图，出现购买行动。[①] 广告要想取得成功，就必须从心理上打动消费者，吸引消费者的注意力，这就要求制作广告时一定要有意识地回避那些可能引起人们不愉快联想的词语，充分考虑广告可能产生的各种联想，避讳商品广告可能涉及的禁忌。

（二）激励功能

委婉语对人们心理的激励作用，也是相当大的。因为，这些广告委婉语源于生活，是人类创造语言、驾驭语言能力的体现。

"看成败，人生豪迈，不过是从头再来。"这是中央电视台的一则公益广告。广告词提醒人们要把人生事业上遇到的失败看淡，该广告能够起到一种激励作用。在竞争日益激烈的现代社会中生活，每个人都想在事业上取得成功，但是，现实中只有一部分人取得了成功，而一些人却失败了。广告词站在人生的高度看待事业上的成败，一句"不过是从头再来"，豪迈之情溢于言表，既表明了面对

---

① 袁晓松. 心理暗示在广告中的作用及其应用. 阴山学刊，2008，21（6）：85–89.

事业成败时的坦然，又突出了坚强、乐观的进取精神。这则广告旨在启发或提醒那些在人生征途上遭遇挫折的人直面人生，越挫越勇，不要害怕失败，从哪里跌倒就从哪里爬起来，不过是从头再来吧。语言极具激励性，让经历失败的人调整心态，鼓足勇气去开始新的生活。[1]

2016 年宝马汽车公司成立 100 周年的时候，奔驰汽车公司发布了一则祝福广告："感谢 100 年来的竞争，没有你的前 30 年，真的太孤独。"奔驰发布的广告表面上是祝贺宝马公司成立 100 周年，但真实意图是说明，奔驰比宝马早了 30 年，是全球公认的汽车发明者。对于奔驰的祝福广告，宝马也毫不示弱，立刻进行了反击："君生我未生，我生君已老。"宝马则明确表示自己是风华正茂，而奔驰已经老了，过时了。在这互相挤对的竞争中，奔驰和宝马分别赢得了一批粉丝，从而实现了双赢的局面。

（三）掩饰功能

由于广告委婉语具有模糊色彩，一些广告商往往夸大其词，把一些不好的内容隐藏起来，使用委婉语来吸引消费者这使得广告委婉语具有较大的欺骗性。商人是有趋利性的，因此，夸大产品质量的广告随处可见。航空公司为了吸引游客，把一等舱称为 deluxe，这样一来，second-class 就变成了 first-class，三等舱就成了 economical-class（经济舱）。

三、广告委婉语的语义功能

随着社会的发展，人们的消费行为正逐步理性化，而商品同质化现象比较普遍，各商家为促销商品或开拓市场，纷纷使出浑身解数，不惜花费重金在广告语言特色上下功夫，试图为自己的商品树立起美好的品牌形象，从而唤起消费者的购买欲望。

（一）语义扬升

语义扬升是广告语言的委婉形式，我们这里主要讨论名词、动词、形容词的语义扬升。

在一些招聘广告里，招聘者为了吸引广大从业者去应聘，避免提及传统意

---

[1] 袁晓松. 心理暗示在广告中的作用及其应用. 阴山学刊，2008，21（6）：85-89.

义上的"低微职业",而使用委婉语替代。这是利用语义扬升的手段,增强从事"低微职业"从业者的自信心。在英语国家,人们对传统意义上的"低微职业",尽量避免使用传统职业称谓,而常常使用新的职业委婉语。例如,用显示更高文化层次、具有专业技能的 domestic help(家政助理)代替传统低俗的 maid(女佣人),用凸显专业性称谓的 dry cleaning engineer(干洗工程师)代替从事简单重复劳动的 dry cleaner(干洗工人)。

英语里一提到 buy,人们就会联想到花钱,心里就会有一种不愉快的感觉。所以,在广告中 buy 经常被 try,ask for,send for 等词语替代。这种委婉语不仅淡化了把钱花出去的感觉,也体现了商家对消费者购买权的尊重和自己所推销商品的自信。美国联合包裹运送服务公司快递公司的一则广告用语是:"珍惜所托,一如亲递。"快递公司当然要体现出递送邮件的速度,但是,在美国联合包裹运送服务公司快递公司的广告语中并没有突出"快"字,而是靠巧妙的打亲情牌来吸引受众,竭力塑造美国联合包裹运送服务公司快递公司亲和的形象,利用工作人员微笑着问候人们"早上好"的画面,强调美国联合包裹运送服务公司与大家亲如一家的感染力。广告词"珍惜所托",想要表明的不是一般的顾客付钱,公司提供快递的服务模式,而是强调美国联合包裹运送服务公司把递送邮件看成是客户把邮件托付给自己,而公司则"珍惜所托"。"一如亲递"则表明美国联合包裹运送服务公司快递公司让客户放心,公司递送邮件跟客户亲自送达一样。一个"托"字,一个"亲"字,体现的是人文的关怀和情感的传递,其语义扬升手段,远比"快"字更能显示出美国联合包裹运送服务公司快递公司亲和的形象。

摩托罗拉公司有一则这样的广告,只有四个字:"飞越无限。"在模拟时代,摩托罗拉公司曾经处于电信行业的龙头地位,然而,在数字时代由于公司战略决策的失误,摩托罗拉在电信行业的龙头地位被诺基亚所取代。摩托罗拉人并没有放弃自己的梦想,他们一直憋着一股劲,将来要快速发展,超越诺基亚。在无限互联时代,摩托罗拉经过卧薪尝胆,试图东山再起。摩托罗拉公司这则广告的广告词简单明了,言简意赅,广告词中使用的"飞越"一词,在提升摩托罗拉公司宏伟发展计划的同时,很好地诠释了企业的核心价值,也成为其品牌价值的组成部分。

(二)语义模糊

伍铁平教授在《模糊语言学》一书中论述了委婉语与语言模糊性的关系,

强调指出模糊性在委婉语中的基础地位。模糊策略在许多广告语言中大有用武之地，比如，有些广告如果使用精确的词语表达，就会显得俗气，甚至令人尴尬，还可能会使消费者对某种商品产生怀疑，影响人们购买商品。如果恰当地运用模糊策略就可以使语言委婉含蓄，使那些原本俗气的话语变得高雅，使可能令人尴尬的话语得以避免。一些商业广告通过运用暗示、联想等手段，用模糊的言语形象地描述商品的特征，可以使言语表达更委婉、含蓄、有礼貌这些委婉语尽量夸大商品的优点，掩饰甚至干脆回避商品的不足之处。通过运用委婉语的特性——语义模糊，可以避免受众的怀疑、拒绝甚至厌恶，减少对自身的不利宣传。[①]

在英美国家的广告宣传中，厂家会千方百计地美化自己的产品，尽量扬长避短，努力提高产品的知名度。在宣传体积较小的商品的时候，往往会避用"small"一词，一般会用"full-size"来替代，强调实用价值，其目的是引导顾客从经济合算方面考虑。对于非天然物品，如人造纺织品、人造革等，广告通常用"man-made"来代替"imitation"。现在人们都十分注意身体健康，在购买农产品时最害怕化肥、农药的残留，对加工食品则惧怕化学添加剂。前些年美国人最先提出绿色食品的概念，随着社会的发展、科技的进步，人们对食品安全有了新的认识，又提出了有机食品的概念。当代西方社会，人们对食品最忌讳的要数"artificial"，而最受人们欢迎的食品则是"natural"。

20 世纪 60 年代，大众甲壳虫汽车刚刚进入美国市场时，实用广告大师伯恩巴克精心设计了一则广告："想想还是小的好（think small）"。那一时期，美国人对生活用品追求高端、大气、上档次，什么都是大的好，住房追求有大空间，汽车要有大排气量。当时的汽车市场正是大型车的天下。伯恩巴克不愧为广告大师，他设计的汽车广告别出心裁地提出"think small"的主张，正是大师的这则广告再次拯救了大众的甲壳虫这款车。伯恩巴克大师的广告话语不多，"think small"的主张让美国人重新审视自己的传统观念，改变追求大空间、大排气量的习惯，充分认识到这款车的各种优点，从经济实惠的角度去考虑小型汽车。由于认识上的转变，美国人开始喜欢小型汽车，甲壳虫从此在美国汽车市场站稳了脚跟。

再如，下面的一则保温茶壶的广告：Sensational New THERMAL TEAPOT Family Size Limited Quantity L1.69

在这则广告里，Limited Quantity（数量有限）的意思是 small quantity。在现代社会，人们干什么都喜欢高端、大气、上档次，公司要求规模宏大，实力雄厚，

---

① 钱春梅，傅友相. 广告委婉语浅析. 贺州学院学报，2007（3）：58.

写字楼要求高大雄伟，办公室要求宽敞明亮，家庭住宅要求大空间。small 这个词给人一种小家子气的感觉，显然不符合人们追求高端、大气、上档次的心理，因此，商家在制作广告时会尽量避免使用 small，而用 Family Size 一词取而代之，同时 Limited Quantity 也是数量有限的意思，这种表达方法，目的是使这种商品显得更宝贵、更有实用价值，而且数量不多，鼓励顾客不要错过机会。

台湾地区山叶钢琴曾经刊登过有名的广告："学琴的孩子不会变坏。"广告没有详细地讲述山叶钢琴的优点，而是强调孩子只要学钢琴就不会变坏。广告从关心孩子的身心健康出发，从孩子健康成长的视角进行宣传，来吸引广大父母的注意力。广告用学琴的孩子不会变坏这种模糊的概念，抓住父母渴望孩子成才的心态，采用攻心策略，使孩子父母跟随广告的思路产生美好的联想。学钢琴的孩子为什么不会变坏，广告中并没有提到，但是，许多孩子的家长开始认同山叶钢琴"学琴的孩子不会变坏"这种模糊的概念，开始购买山叶钢琴。

人头马 XO 刊登过这样的广告："人头马一开，好事自然来。"人头马 XO 是世界名酒，价格昂贵。这则人头马广告的目的就是给人们这样一种感觉：只要喝这种酒就会有好事跟着到来。当然这只是一种美好的愿望。

台湾有一家房产公司为出售的房子设计了这样的广告词："妈妈是孩子的第一个家。"按照常规来讲，房产公司做广告推销自己的房子，应该大力宣传房子区位好、设计样式新颖、价格合理、物业服务质量好等方面的信息。而奇怪的是这则广告闭口不提房子的这些优势，而是强调"妈妈是孩子的第一个家"，这怎么看起来都与房产公司要卖房子的目的风马牛不相及。房产公司为什么花钱做这样的广告呢？如果我们顺着广告的思路仔细推敲一下，就可以看出该房产公司是将房子定位于青年公寓。广告的意思是：孩子已经大了，家长不能再让孩子和妈妈住在"第一个家"，该为孩子营造属于他们的第二个家了。在广告宣传中，有意识地运用人的心理活动，充分利用事物间的联系形成的各种联想，可以加强刺激深度和广度。[①]

广告商在制作广告时，常大量使用充满积极意义的词语，让消费者感到自己少花钱，还显得有面子。在英语国家，商家有意把廉价商品说成是 economically，其目的是让消费者容易接受，因为从经济实惠的角度出发，消费者感觉自己购买的东西是 at popular prices，而不是花钱购买"cheap goods"例如，飞机的低价舱位被称为 economical，而不是 cheap，就是从旅客的角度来考虑，让那些乘坐低价舱位的旅客觉得这种舱位经济实惠。

---

① 孙有为.广告学.北京：世界知识出版社，1991.

茅台酒是酱香型的代表，酒香浓郁，口感醇厚，回味悠长，尤其是存放几年后，口感更是绵长醇厚，是国内白酒当之无愧的领头羊。2014年7月9日，贵州茅台酒荣获巴拿马万国博览会金奖100周年系列活动启动仪式暨新闻发布会在上海中华艺术宫召开。对于举办本次活动的初衷，茅台集团方面希望通过此次纪念活动，振兴渠道信心、吸引眼球，进一步推动茅台这一中国名片走向世界。多年来，贵州茅台酒把巴拿马获奖的故事讲得绘声绘色。1915年那次世博会上，茅台酒在展会初期备受冷落，中国监督陈琪感觉茅台酒不被重视，灵机一动搬起一坛酒摔破。顿时瓦罐碎片散落一地，酒花四溅，展厅内酒香四溢，连美国总统威尔逊等要人也都纷纷光临中国展馆，对中国茅台酒散发出来的扑鼻醇香连连称赞，于是，茅台酒毫无争议地荣获此次巴拿马万国博览会金奖。其实参加博览会的5个中国白酒品牌都是金奖，然而，茅台酒却利用这个金奖大做广告宣传。现在仁怀茅台镇巴拿马1915广场，以当年获奖时打碎的茅台酒瓶为原型的主题雕塑"茅台酒罐"，也是成功的广告典型例子。同样，董酒有一句广告语："不喝董酒不懂酒"。这则广告让我们想到鲁迅先生《阿Q正传》里的主人公阿Q，董酒的这则广告很有点阿Q精神，有点像不认识阿Q的人，都不是正常人一样，如果你不喝董酒，你就不知道什么是酒。这话说得太绝对，因此，这则广告就难以达到厂家想要的宣传效果。

委婉语不但能够使思想交流更加顺畅，而且可以被用作烟幕挡住受众，不让他们看到现实的真实面目，所以许多商家在商业广告中广泛使用委婉语。商家为了在激烈的商战中提高自己产品的知名度，不惜花费大气力，投入巨额费用，精心制作广告，其目的就是有效地操纵消费者的心理，最大限度地影响消费者的价值观念，以优美的语言、别致新颖的形式、引人入胜的手段，吸引消费者，唤起他们的购买兴趣。

第九章

汉英死亡委婉语的差异分析

　　许国璋教授在其著作《许国璋论语言》中给语言下的定义是："语言是人类特有的一种符号系统，当它作用于人与人的关系的时候，它是表达相互反应的中介；当它作用于人和客观世界的关系的时候，它是认知事物的工具；当它作用于文化的时候，它是文化信息的载体与容器。"[①]从许国璋教授对语言下的定义，我们可以看出语言和文化之间的关系是语言学、人类学、社会学和文化学研究的核心问题之一，从语言对比的视角对汉英死亡委婉语的差异进行分析，有助于进一步拓展汉英语言文化对比研究视野，对于我们进一步深入了解英语文化以及外语教学有重要的参考价值。

　　在通常情况下，人们忌讳谈死，认为人的最大的不幸莫过于死，因此，人们在语言交际中总是回避"死"字，尽量用相关词语来代替。各种语言中，有关死的委婉语很多，汉语中也大量存在。[②]在东西方文化中，死亡被不少人认为是一件恐怖的事情，人们普遍视死亡为最忌讳的词语，因而就创造了许多死亡委婉语，试图掩饰或安慰死亡带来的悲伤，而语言作为文化的载体，在使用死亡委婉语方面也深刻地反映了社会人文意识。

一、等级差异

　　由于在不同的社会环境中生活，受到不同价值观念、礼教规范、感情好恶、交际需要的深刻影响，人们对于死亡现象的认识，也不可避免地反映出不同的语

① 许国璋.许国璋论语言.北京：外语教学与研究出版社，1999:1.
② 张拱贵.汉语委婉语词典.北京：北京语言文化大学出版社，1996:1.

113

言描述特点。对中国人思想影响最深的是儒家,自汉代确立儒家的主导地位以后,封建皇权、儒家思想的等级观念影响极大,形成了等级制度森严、皇权至高无上的官本位社会。受儒家思想的影响,"尊卑有序"的准则在人们的头脑中深深扎根,汉语的死亡委婉语中就显示出了强烈的等级差别。这种现象,我们可以在许多书上找到印证。据《礼记·曲礼》记载:天子死曰崩,诸侯死曰薨,大夫死曰卒,士死曰不禄,庶人曰死。古代中国的皇帝是天之子,帝王之死就像天崩地裂一样,是国之大难、国之大忌。人们为了显示对皇帝的崇敬,就运用典故来委婉表达皇帝的死亡。据《史记·封禅书》记载,黄帝铸鼎于荆山之下,铸成之时,有龙下迎,黄帝乘龙上天,有弓遗落。后来人们就用"铸鼎、遗弓"婉指帝王之死。表示帝王之死的委婉语还有晏驾,如《战国策·秦五》"秦王老矣,一日晏驾,虽有子异人,不足以结秦"。

表示帝王之死的委婉语还有:驾崩、弃朝、弃代、弃天下、弃群臣、宾空、宾天、大讳、晏归、归驾大忧、登假、升驭、大行、长行、宫车晚出、宫车上仙、宫车远驭等。驾崩婉指帝王之死,如二月河小说《康熙大帝·乱起萧墙》第五十四回描写康熙死亡的情景:半晌,扶脉的医生松开了康熙的手,呆滞的目光盯着张廷玉,带着哭腔说道:"万岁爷:……驾崩了!"[1]长行,婉指帝王之死。二月河在小说《康熙大帝·夺宫初政》中有孝庄太后对索尼说的一句话:"你是先朝老臣,要节哀顺变,皇帝坚意长行,这也是没法子的事。"[2]仅千秋一类的委婉语就有:千秋、千秋万古、千秋万世、千秋万岁。

王侯的死亡:薨,本义指房屋坍塌时发出令人震惊的声音,古代婉指诸侯或者二品以上官员的死。表示王侯之死的委婉语还有薨背、薨逝、薨谢、薨陨等。如:《三国志·魏志·张既传》:"故凉州刺史张既,能容民畜众,使群羌归土,可谓国之良臣,不幸薨陨,朕甚愍之。""钟室之祸"源自《史记·淮阴侯列传》中的记载,韩信在楚汉之争中屡建奇功,为东汉王朝的建立立下了汗马功劳,刘邦称帝后,韩信被封为淮阴侯。吕后忌妒韩信,把他诱骗到长乐宫,斩于长乐宫悬钟之室。后来人们就以"钟室之祸"婉指王侯被帝王杀死。

汉语中不同等级的人死亡,都有不同的委婉语,如大夫之死称作"卒",士之死称作"不禄","不禄"是一种委婉说法,也称"弃禄",意思是不再享用皇上的俸禄。唐朝初年,孔颖达对五经的注疏,《檀弓》:"小人曰死。"孔颖达疏:"庶人曰死者,死者,澌也。澌是消尽无余之目,庶人极贱,生无令誉,死绝余

---

① 二月河.康熙大帝·乱起萧墙.武汉:长江文艺出版社,2004:491.

② 同①20.

芳，精气一去，身名俱尽，故曰死。"①父母离世被婉称为"辞堂"或"天罚"。未成年孩子的死，被婉称为"夭折"或"短命"，那些年轻女子的死则被婉称为"香消玉殒"，有才华的年轻男子之死被婉称为"英年早逝"。

纵观中国历史，可以看出受儒家等级思想的影响，不同等级的人死亡以后，其死亡委婉语也有等级之分。帝王之死婉称弃朝，意思是丢弃朝廷而去，类似还有弃群臣、弃天下。平民百姓的死亡只能叫弃世、弃平居、弃馆舍、弃堂帐等。随着清王朝被推翻，封建等级制度也不复存在，这些死亡委婉语的阶级暗示随之淡化，已经不再为人所用。

在中世纪后期的大瘟疫、大饥荒年代，人们所熟悉的死神是个面目狰狞可怕、手执镰刀的刘人者。到了文艺复兴时代，死亡被人情化了，人们在坟墓上塑起死者的雕像，他仿佛是在微睡之中，死亡被称作长眠。②英语中不同等级的人的死亡委婉语比较少见。英语中 the great leveler 本义是伟大的平等主义者，婉指死亡。它源自中世纪一条古老的格言："Popes、kings、beggars、and alike must die."（教皇也罢，国王也罢，乞丐、小偷也罢，人皆有一死）。在死神面前，无论高贵者还是卑贱者一律平等。

二、价值观差异

著名语言学家罗常培认为："语言学的研究不能抱残守缺地局限在语言本身的资料以内，必须扩大研究范围，让语言现象跟其他社会现象和意识联系起来，才能格外发挥语言的功能，阐扬语言学的原理。"③受本民族的文化和思想观念的影响，不同国家的人看待同一事物会有不同的价值观，因此，关于死亡价值观的表达也不尽相同。一个民族的伦理文化和道德评判的价值标准，能够形成其对死亡意义的独特判断。④汉英两种语言所代表的文化对死亡的意义判定不同，但本质上都尊重个体，甚至是尊重为了信仰而做出牺牲的精神。人们还以死的不同说法，表现不同阶层、身份和年龄的人的死，表现死的不同原因、方式，以及表达不同的感情色彩，这就使死的委婉语的数量更加庞大。⑤自古以来，我国文化强调个人对社会的奉献，个人利益服从集体利益，那些为国家做出贡献的人理应受到

---

① 郑玄，孔颖达. 十三经注疏·礼记正义. 北京：中华书局，1981.
② 刘纯豹. 英语委婉语词典. 南京：江苏教育出版社，1993：167.
③ 罗常培. 语言与文化·序言. 北京：北京出版社，2004：5.
④ ENRIGHT D J. Fair of Speech: The Uses of Euphemism. New York: Oxford University Press, 1985: 3.
⑤ 张拱贵. 汉语委婉语词典. 北京：北京语言文化大学出版社，1996：1.

尊重和社会的认可。春秋战国时期，对生死观念的讨论层出迭现，如孔子的"杀身成仁"、孟子的"舍生取义"和老子的"死而不亡者寿"，皆赞颂了对社会有贡献的死亡。以道德价值高于生命价值为核心的儒家文化对汉文化的生死观产生了巨大影响①，如汉语中用为国捐躯、以身殉国、英勇就义、马革裹尸等，表达对为人民的解放事业、为国家而死的英雄的赞美和崇敬。成仁是为正义而献身的委婉语。文天祥被俘，临刑前写的《自赞》中说"孔曰成仁，孟云取义，惟其义尽，所以仁至"。

同样，英语里也有一些表示为国家或事业而捐躯的委婉语词，如：to fall, to lay down/give one's life（献身，捐躯），to lay down with one's shovel and hoe/to lay down one's knife（为国家或事业捐躯）；to do one's bit，原意为"尽本分"，婉指为国牺牲；to fire one's last shot 射出最后一颗子弹，婉指牺牲；to kiss the dust, to bite the dust/the ground（阵亡）；to make a sacrifice（牺牲）；等等，但与汉语委婉语相比，这些委婉语在内涵意义以及感情意义的表达方面就不如汉语委婉语丰富。

不同国家和民族除了其带有共性的道德准则以及评判善恶价值尺度的道德标准，还有各具特色和个性的伦理文化和道德评判的价值标准。死亡观念、死亡态度是人类道德、价值观念、伦理准则形成的前提和基础，因此，人们所持的价值观不同，对各种"死亡"的认知和表达也就有别。②

自古以来，汉语死亡委婉语蕴含着丰富的文化内涵，委婉语随着社会的不断发展而不断变化，反映出汉文化所特有的社会价值观。司马迁在《史记·报任安书》中提道"人固有一死，或重于泰山，或轻于鸿毛"，这就是死亡价值观的典型表述。现代汉语中把那些为国家、为民族、为人民的利益而献出生命的人称为为国捐躯、以身殉职、英勇就义、光荣牺牲等，表达对他们的崇敬和哀悼。这些表达反映了中国传统文化非常推崇那些为正义而牺牲、为共产主义信仰而赴汤蹈火、为国家而献出生命的英雄们大义凛然、视死如归的英雄气概。

英语中关于这方面的死亡委婉语就没有充分反映出这层意思，完全没有汉语中对为国家、为民族、为人民的利益而献出生命的人的死亡价值的表达，如：to fire one's last shot, to be present at the last poll call, to be written off, to fall，等等。这样的表达失去了对为国家献身的英雄的崇敬和哀悼。

汉英民族的人们在对人善与恶的评判方面存在着一些共同点，但是在价值观

---

① 郑晓江. 中国死亡文化大观. 南昌：百花洲文艺出版社，2010：67.
② 黎昌抱，吴锋针. 英汉"死亡"委婉语对比研究. 西安外国语学院学报，2005（1）：16–19.

以及伦理方面还存在着一定的差异。

以汉语死亡委婉语"殉节"为例，"殉"在《现代汉语词典》（第7版）中的解释是"为维护某种事物或追求某种理想而牺牲生命"，而"节"表示节操品德，尤其特指古代女子应该遵守的封建礼教。"殉节"表达了人们对那些为了捍卫志节而死，或者为了抗拒凌辱而死的人的赞扬和欣赏。如二月河小说《康熙大帝·惊云密雨》第三十四回紫云说："我和娘逃到苏州，后又逃到扬州。……史大人殉节后，扬州屠城，三十多万哪！街上的血流成河，把店牌都漂起来……"①这种道德观念在英语关于死亡的表达中没有同等的委婉语。

由于汉英民族具有不同的民间风俗、文化背景、政治制度、价值观念、经济社会、生存环境和历史状况，以及受不同价值观念和社会心理等因素的影响，汉英委婉语的表现形式和文化内涵表现出差异。由于民族历史、社会制度、宗教信仰、价值观念、生活方式以及地理环境的差异所形成的文化差异是很大的，这在英汉语言这两面镜子上均有所折射和反映。②汉语对于那些恶棍、社会渣滓之死，就用带有贬义色彩的委婉词语，如称被枪毙的犯人为吃枪子、下地狱、见阎王等。对于非正常死亡的则说成是横死、丧生、丧命、完蛋、一命呜呼等。

英语里此类委婉语词有：to drop/slip off the hooks（翘辫子，咽气）；to kick off, to kick the bucket（蹬腿）；to send somebody to eternity（上西天）。His heirs were greedily waiting for him to kick the bucket（他的继承人正眼巴巴地盼着他死呢）。③

三、生存环境不同

汉语是我国农耕文化的产物，中华文化的孕育之地是广袤的平原、连绵起伏的高山，恢宏辽阔的草原和大江大河。历史上由于这些高山以及周边的大海的隔绝，中华文化局限在农耕方面，我国形成了一个以农耕为主的农业社会，华夏祖先就生活在黄土高原，我们的文化也发源于黄河流域。农民常年面朝黄土背朝天，人们的生产及经济活动主要依附土地。根据阴阳五行说理论，土居中央，火与土相互促进形成五色。由于中国文化起源于黄河流域，土地和人们的日常生活息息相关，人们常年在土地上劳作，整个生活都是围绕着土地进行的，因此，我们可以说中国文化是"土性"的。劳动人民使用一些和土地以及在土地上生长

① 二月河.康熙大帝·惊云密雨.武汉：长江文艺出版社，2004：39.
② 刘明阁.跨文化交际中汉英语言文化比较研究.开封：河南大学出版社，2009：20.
③ 刘纯豹.英语委婉语词典.南京：江苏教育出版社，1993：200.

的植物相关的词语，来委婉地表达人的死亡。这样就使汉语中出现了许多与土地相关的死亡委婉语词语，如皇天后土。归土，本义是回归土中，婉指死亡。鲁迅在《致曹靖华》中写道："而今竟已归土，哀哉。"①进土，婉指死亡，因为在我国过去人死后，一般都要土葬。如张洁在小说《爱，是不能忘记的》中写道："他摸着我的头顶说：'不等你长大，我可该进土啦。'"

古代中国，劳动人民靠种地养活一家人，因此，土地在人们的心目中占据着十分重要的位置，人们靠土地生存，死后也希望能够"入土为安"，土葬就成为汉民族最主要的殡葬形式。入土，婉指人死后安葬。如姚雪垠小说《长夜》中有这样的描写："将来土匪一收编，大小弄个官儿到手，让苦了一辈子的老母亲临到入土前享几天清福。"钻土，婉指死亡。土中人婉指死人，尤其指埋在坟墓中的人。宋濂《跋张孟兼文稿序后》写道："伯温作土中人将二载，俯仰今古，不能不慨然兴怀。"人们认为人死后，灵魂是不灭的，在另一个世界上，灵魂仍然可以像生活在人世间一样活动，因此就把坟墓比喻成房子，如土中宅、幽宅、幽居、永宅。黄泉，本义是指地下的泉水，婉指人死后埋葬的地方。二月河小说《康熙大帝·乱起萧墙》第三十五回中，"紫姑临终前说：'没有人指使。'紫姑咽了一口唾沫，惨笑道：'我和你前生有缘，想共赴黄泉……'"②古代中国是小农经济、农耕文明的国家。我们可以在戏剧中看到这种文明状态下形成的思维模式，如在黄梅戏《董永与七仙女》中，七仙女就把婚后的生活描绘成男子耕田，女子织布，一起挑水来浇园。

英国是个岛国，周围是大海，岛上也没有太多适合耕种的土地，英国人要想生活，必须与水打交道，所以英国以航海发达而闻名。英国人出海打鱼、建造船只、进行海外贸易，生活是围绕着水开展，我们可以说英国文化是"水性"的。英语中产生了许多生动、形象的航海术语，这些术语以及水手们的行话深受老百姓的喜爱，融入了人们的生活用语，成为全民语汇的一部分，所以就产生了许多与航海和船只有关的死亡委婉语，如 to slip off, to slip one's cable, be coiled up, the last voyage，等等。涉及航海的死亡委婉语还有：to cross the bar, under sailing orders（接到启航命令），to shut one's light off, safe anchorage at last（终于安全抛锚了），to be a cottonwood blossom，等等。to gone to Davy Jones' locker（到龙宫去），to coil up one's ropes（卷起缆绳），to cut adrift（砍断缆绳任船漂流），have gone under（沉入海底），to hit the rocks（触礁），to launch into eternity（启

---

① 鲁迅. 鲁迅书简：致曹靖华. 上海：上海人民出版社，1976.
② 二月河. 康熙大帝·乱起萧墙. 武汉：长江文艺出版社，2004：313.

航驶往永恒，一命归天）等。to slip one's ropes（解缆）是源于航海术语的委婉语，18 世纪开始使用，本义是解开缆绳，婉指死亡。如 "He was dreadfully frightened at the prospect of slipping his ropes in a foreign land"，他想到未来客死异乡的情景，非常害怕。to go to Davy Jones' Locker 是一则源于水手行话的委婉语，带有诙谐意味。Davy Jones 是水手对海神（海妖）的戏称，Davy Jones' Locker 本义为 "海神的库房"，是 "海底、水手之墓" 的别称，to go to Davy Jones' Locker 本义是到龙宫去，用来婉指溺死海中、葬身海底、水手的死亡。如 "What port are you to sail to?" "For the port of Davy Jones' Locker, my son, replied the captain."（R. Stevenson, *The wrecker*, ch. XXV）[①]

四、丧葬仪礼差异

汉文化和英语文化有着不同的丧葬礼仪，从而衍生出不同的有关丧葬礼仪的死亡委婉语。受民族、宗教、地域差异等影响，中国丧葬礼仪复杂多样。人死后，其亲属将死者躯体置入棺材，再将棺材置于堂屋，召集亲朋故旧前来吊唁，然后将棺木埋入坟地中。在给棺材盖钉上铁钉的时候，死者的亲属会痛哭，就是人们说的哭丧，人们认为这是看到死者的最后一面，从此他们再也见不到死者了。在此过程中产生了 "就木、盖棺、阖棺、灰钉" 等婉指死亡的委婉语。在告别仪式中，通过诵读悼词，表达对死者的哀悼、缅怀与敬意。此环节中常常使用 "寿终正寝" "入土为安" "安息" "永别" "逝世" "故去" 等具有正面评价性质的词汇来婉指死亡。在我国许多地方人死后，其亲属要头裹白布，鞋子上要缝上白布，表示对死者的哀悼，所以，人们就把人的死亡婉称 "白事"。现在城市不少已经改为戴黑纱，农村还保留着这种形式。

在英美等英语国家，埋葬前有入殓和集会等环节。这些环节中的专门用语极大丰富了英语的死亡委婉语。例如，to return to dust 意为 "归之尘土"，to depart from this life 表示 "离开了、与世长辞"，to be at peace 意为 "获得平静"，to rest in peace 意为 "安睡于平静之中"，这些词都用来委婉表达死亡之意，表示死者离开了人世。

在西方的葬礼上，死者的亲朋好友一般都会带上鲜花。与中国的 "哭丧" 不同，在西方，参加葬礼的人，都会在灵柩旁沉思静祷，他们认为这样就不会打扰死者灵魂的安息，在棺材下葬时撒下花瓣，等到仪式结束后，放下花束后离

---

① 刘纯豹.英语委婉语词典.南京：江苏教育出版社，1993：187.

开 necropolis（死者之城，墓地）。to be under daisies 本义是卧在雏菊之下，婉指已经安葬。雏菊是英美人在墓地参加葬礼和扫墓时拿的鲜花，围绕 daisies 产生了许多死亡的委婉语，如 to turn up one's toes to daisies 原意是脚趾朝上向着雏菊，婉指死亡、入土。"One morning the children found that their pet dog had turned up one's toes to daisies, so they had a funeral for him."（一天早晨，孩子们发现他们的爱犬死了，于是他们为他举行了葬礼）。相关雏菊的委婉语还有 to count daisies, to hide one's name under some daisies, to kick up daisies, to push up the daisies, daisy-pusher，等等。[①]

西方国家的葬礼大多以黑色为主色，在英美等国的丧葬仪式中，送葬人一般会身穿黑色的衣服，佩戴黑纱，男子会打上黑色的领带，这些是为了表示对逝者的哀悼，"black out"就是用黑色婉称死亡。

总的来看，汉语和英语中皆遵循死者为大的原则，在由丧葬礼仪衍生出的死亡委婉语中表达对死者的哀悼、缅怀与敬意。

不同的历史传统、价值观念、风俗习惯、思维方式和社会环境等因素，决定了不同民族在认知心理上的差异，这些差异往往体现在语言中，尤其是死亡委婉语中，后者深深刻上了民族的烙印。汉英两种语言对死亡委婉语的使用以及产生的联想，形成了一定的距离或差距，其社会意义、情感意义、内涵意义已超出概念意义。

五、汉语中女性及不同年龄人死亡的委婉语

中国古代认为女性如香草般优雅、美丽，常常用香草比喻女性。香草卓尔不群、超凡脱俗的内在美和美轮美奂的外形之美成为女子良好品性的文化符号。中国古代社会，女性家庭地位不高，照顾老人和孩子，做家务成为她们的日常工作。所以，人们把女性比喻成"蕙""兰"等香草的名字。青年女子的死亡被称为香消玉殒、红消香断、蕙损兰摧、兰摧玉折、玉碎香埋、玉碎珠残、瘗玉埋香、玉碎珠沉、玉殒香消、殉节等。这些委婉语都是以美玉的损坏和鲜花的凋零喻指年轻貌美女性的死亡，这些表达确实让人扼腕叹息。张恨水《写作生涯回忆》写道"我把关寿峰父女，写成在关外作义勇军而殉难，写到沈凤喜疯癫得玉殒香消，而以樊家树、何丽娜一个野祭来结束全篇。""香消玉碎"，原意是像玉一样陨落，像花一样凋谢、消亡。源自《封神演义》第三十回："香消玉碎佳人绝，

① 刘纯豹. 英语委婉语词典. 南京：江苏教育出版社，1993：194.

粉骨残躯血染衣。"意思是美人死于非命，有些骨头也粉碎了，躯体也残破了，衣裳也被鲜血染红。后来香消玉碎就被用来委婉地称女性的死亡。玉碎珠沉婉指美女之死，邱心如在《笔生花》第十二回中写道："防祸及，恐株连，反误佳人命又捐。休惹其，玉碎珠沉徒怆惜，也只好，消停缓议这姻缘。"

对于不同年龄人的死一般使用隐喻，如凋谢、陨落、尽享天年、含笑九泉等，而未成年人的死则被称为夭札、夭枉、夭死、夭折、夭逝、夭昏、殇天年、早逝。"没成人"，婉指幼年死亡。唐朝初年，孔颖达对五经的注疏："子生三月，父名之；未名之曰昏，谓未三月而死也"。"夭札"，婉指遭疫病而早死。《左传·昭公四年》："疠疾不降，民不夭札。""夭枉"，婉指短命早死，如《新唐书·西域上》："老而死，子孙不哭；少死，则曰夭枉，乃悲。""夭死"，婉指早死。《国语·鲁语下》："今吾子夭死，吾恶其以好内闻也。""夭折"婉指未成年人的死亡，《十月》1992年第三期刊登了一篇文章，描述道："大儿子长征时就遗失了，如今生死不明；二儿子仍旧出生在炮火连天的年代，由于营养不良早早夭折了……"除了以上提到的死亡委婉语，还有一系列与"夭"有关的婉指早死的死亡委婉语，如夭殂、夭殃、夭促、夭疫、夭丧、夭摧、夭绝、夭遇等。

对于年轻有才的男子的死亡则用英年早逝、地下修文、玉楼赴召、中殇等表示。"玉楼赴召"婉指青年文人的死亡，徐铸成在《旧闻杂忆·人间魔窟》中写道："其中，有一位是颇有才华的编辑，听说开始是吸烟，后来是吸毒，最后沉沉欲睡，不到四十岁就'玉楼赴召'了！"

与汉语相比，英语里表达早逝或夭折的委婉语数量有限，而且表达形式没有汉语那么丰富，也没有汉语中的年龄和性别划分得那么具体。如：to come to an untimely end（夭折、短命），to be cut off（因疾病等夺去……的生命或使……夭折），等等。

老年人之死在汉语中的婉称可谓丰富，常见的有百年、辞堂、大故、凋落、风树、凋零、仙逝、弃养等。"百年"源自《三国志·武帝纪》记载："为存者立庙，使祀其先人，魂而有灵，吾百年之后何恨哉！""辞堂"婉指母亲或祖母死亡。文徵明《祭王钦佩文》："岂其朝命甫下，而太夫人顾已辞堂。""大故"本义是重大事故，婉指父母尊亲的死。《红楼梦》第三十四回："假若我一时竟别有大故，他们还不知何等悲感呢！""凋落"本义是草木凋残零落，婉指人年老而死。源自陆机《叹逝赋》"昔每闻长老追计平生同时亲故，或凋落已尽，或仅有存者。""风树"婉指父母死亡，不得奉养。白居易《赠友五首》中写道："庶使孝子心，皆无风树悲。"

英语中常见的关于老年的死亡委婉语有：to close/end one's days（终其天年），to shut one's light off（逝世），to pay one's last debt（寿终），to run one's race（了其一生、寿命终了），等等。如 "At 82, he slipped away peacefully on a bright morning.", 一个晴朗的早晨，他平静地去世了，时年82岁 "The old man paid his debt of nature four years ago.", 那位老人四年前就去世了[1]。

六、英语中源自各行各业的委婉语

英国语言学家史密斯认为："英语中的比喻和习语大部分是产生于人民大众，都是来自一般民众的职业和爱好。"（Logan Pearsall Smith, *Words and Idioms*）英语中有许多源自各行各业的死亡委婉语，通过这些委婉语我们可以详细了解到，一些已经进入人们日常生活的不同行业的专业术语已经成为死亡委婉语。

源于通信的死亡委婉语：

to be cut off 本义是被切断，源自通信术语，引申为被夺去生命，婉指死亡，如 "He was cut off in the flower of his life."。hang up 源自通信术语，本义表示挂断电话，后用来婉指死亡。Mayday 本来是轮船或者飞机发出的国际无线电求救信号，no Mayday 本义是无须发出求救信号，现在已经成为医生的行话，婉指病人已经病入膏肓，听其自然，无须尽力抢救。

源于财务的死亡委婉语：

在财务中指销账和结账的财务术语，用来婉指死亡。如 to go to one's long account 本义是去清账，婉指死亡。如 "'we have come too late,' he said sternly, 'whether to save or punish. Hyde is gone to his account and it only remains for us to find the body of your master.'" (R. Stevenson, "*The Strange Case of Dr. Jekyll and Mr. Hyde*", The Last Night)，"无论是拯救他还是惩罚他，我们都来迟了，"他严厉地说到，"海德已经死了。我们现在剩下来要做的，只是找你主人的尸体了。"[2] pay one's debt to society 本义是向社会偿还债务，婉指被处死。hand in one's account 本义是交出账本，把账本交出去就算完事了，婉指死亡。settle one's account 本义是结账，婉指死亡。

源于戏剧、电影的死亡委婉语：

curtains 本义是闭幕，是源于戏剧的委婉语，婉指死亡。还有 curtain call, drop the curtain, final curtain, 等等，这些原意都是谢幕、闭幕的说法，婉指死亡。

---

[1][2] 刘纯豹. 英语委婉语词典. 南京：江苏教育出版社，1993:189.

to fade out 本义是逐渐隐去，是源于电影的委婉语，指电影画面的亮度逐渐减弱，最后消失，婉指死亡。switch out the lights，是源于电影院、戏院的委婉语，本义表示观众退场后关掉灯光，婉指死亡。to make one's exit 本义为看完戏剧或电影后退场，引申为退出生命舞台，婉指死亡。如 "Poor Bill Bones! He was drunk last night as usual and made his exit by falling under a lorry."，可怜的比尔·博尼斯！他昨晚像往常一样又喝醉了，结果倒在一辆卡车下面被压死了。[1] make one's final exit 源于戏剧术语，指最后一次退场，婉指名伶之死。

源于竞赛的死亡委婉语：

英美人大多喜欢体育运动，尤其是各种竞赛，如棒球、拳击、橄榄球、足球等。这些竞赛术语进入人们的日常生活，有些已经成为死亡委婉语。例如，to be knocked out 是一个源于拳击比赛的死亡委婉语，原意是比赛时选手被击倒，裁判用数数来判输。在拳击比赛中，如果选手被对方击倒，按拳击裁判规则，10秒内必须站起来继续比赛，否则会被判输，用来婉指死亡。to kick off 是源于足球比赛的死亡委婉语，本义是开球，婉指死亡。to be thrown for a loss 是源于橄榄球比赛的死亡委婉语，原意是指在橄榄球比赛中，球员被对方擒住摔倒在地不能动，婉指死亡。to run one's race（跑完了自己的赛程）是源自赛跑的委婉语，婉指死亡。相同的表达还有 to drop the cue（扔下球杆），to final kick off（最后一次开球）。the end of the ball game 是源于球赛的死亡委婉语，本义是指球赛结束，婉指死亡。如 "When you are out there 200, 000 miles from earth, if something goes wrong, you know that's the end of the ball game."（*New York Times*, Aug, 14, 1971），当你到了离地球20万公里的太空中，一旦出了差错，那就意味着你要完蛋了。[2] to cross the bar 本义是跨过横栏，婉指死亡。这是源于赛马的委婉语，如 "He lingered until the tide turned, and crossed the bar at sunset."（Samuel E. Morison, *The Oxford History of the American People*, 1965），他一直弥留到潮水落去，在太阳落山时才咽气。类似的赛马的委婉语还有 to go to the races（去看赛马）、to jump the last hurdle（跳过最后一道障碍）。

源于赌博的死亡委婉语：

赌博危害社会秩序，影响人们的正常生产、工作，也影响正常生活，往往是滋生其他犯罪的温床，对社会造成很大的危害，其表现为聚众赌博或者以赌博为业的行为。赌博在美国的一些州是合法的，是一项娱乐活动，十分受欢迎，因此

---

① 刘纯豹. 英语委婉语词典. 南京：江苏教育出版社，1993：191.
② 同① 192.

出现了一些关于赌博的死亡委婉语。to peg out 是源自赌博的委婉语，本义是赢得满分，婉指死亡。如 "Not a blessed thing, still, I've got to find something, or peg out."（J. Galsworthy, *The Silver Spoon*, Part I, ch.Ⅴ）一点也不知道，可是我得去找点什么，不然就没命了。① to cash in one's chips 是源自扑克牌赌博的委婉语，意思是把筹码换成钱，婉指死亡。如 "When the outlaw cashed in his chips, he was buried with his boots on."，那个匪徒死后，连靴子都没有脱就给埋掉了。相同的赌博死亡委婉语还有 to throw up the cards（丢牌）、to throw sixes（掷了六点）。

从以上有关死亡委婉语的使用可以看出，死亡委婉语在英语中俯拾皆是。纵观整个英美历史，几乎每一种新的信仰，每一种新的技术，每一样新的娱乐方式，都可以借来婉指死亡。②

在英语里，"死"的委婉语中有一些是谐谑性的，例如：call it quits, check out, push up one's daisies, bay the farm, bought it, kick the bucket, pop off, peg out, cark it。

陈原先生在《社会语言学》一书中指出："语言往往被与某些自然现象联系起来，或同某些自然力给人类带来的祸福联系起来。这样语言就被赋予了某种它本身没有的超人的感觉和力量。社会成员认为语言本身能给人类带来幸福或灾难；坚持语言是祸福的根源，谁要得罪这个根源，谁就要得到惩罚；反之，讨好它则会得到庇护和保佑。"③

由于汉英认知机制的差异，汉英民族不同文化心理模式的影响，汉英死亡委婉语形成了各自独特的表达方式。通过以上讨论，我们了解到英语死亡委婉语是英语民族的认知模式培养出来的，而汉语死亡委婉语受汉语民族的影响根深蒂固。我们应该认识到，人们在运用这些死亡委婉语时，是借用这些委婉语来表达对死者亲属的安慰，表达对死亡的乐观态度。多数对英语死亡委婉语的研究只是从死亡委婉语的本身含义入手，缺少对委婉词汇产生的原因或不同文化背景的文化观念的深入探讨，缺少对不同文化观念间的相互作用与影响的总结。

语言在历史的发展中是不断变化的，随着时代的不断发展，新事物不断涌现，一些旧的词语就会消失，同时新的词语就会出现。但源于汉英各自文化中的一些习语、典故、派生词被广大人民所接受，一直活跃在语言中，成为基本词汇，尤其是在文学作品中，那些具有浓郁特定语体色彩的词语具有极大的稳固性。由

---

① 刘纯豹. 英语委婉语词典. 南京：江苏教育出版社，1993：193.

② 同① 167.

③ 陈原. 社会语言学. 上海：学林出版社，1983：337.

于这些词语在表达上富于联想，被人们在日常生活中反复使用，已经成为人们的日常用语。 在跨文化交际中，人们往往会从自己本族文化的角度去考虑英语民族的文化，因此，会引起不同文化之间对一些问题的认识存在差异。要想真正掌握一门外国语言，就必须认真学习包括不同文化在内的社会各方面的知识，了解该国深厚的文化底蕴。

第十章

汉英办公室委婉语的跨文化差异

　　委婉语是在人们的交际实践中出现的一种语言现象，是人们在语言使用过程中用来协调人际关系的一个重要手段。在交际中人们注意采取迂回曲折的表达方法来交流信息，传递感情，避免使用会引起对方不愉快，或者容易损害双方关系的语言，委婉语就是这样产生的。委婉语是折射文化的一面镜子，不仅能够反映出一个社会的文明程度，还具有鲜明的民族文化特色。委婉语的形成往往受到社会各方面因素的影响，比如受到人们的价值取向、生活方式、宗教信仰、社会心理、风俗习惯的影响等。委婉语是人们在社会交往中为了避讳禁忌、减少矛盾、协调人事关系以达到理想的交际效果而采用的一种语言表达技巧。实际上委婉语的运用日趋广泛，已经渗透到社会生活的各个领域，包括办公室的人际交流。委婉语的使用在一定程度上反映出了人们的心态、情感和生活方式，并且在一定程度上影响和改变着人们的生活。委婉语"是在特定的言语交际环境的制约和作用下，为适应社会文化传统规范、风俗习惯、具体场合气氛、交际主体（说写者和听读者）的心理，表达者不直言其事或者直说本意，而选用具有与直接语所指或含义相同的语言手段或言语手段来替换或转换表达的一种语言现象。"①

　　正如美国学者 Hugh Rawson 所感慨的那样，"委婉语渗透到我们的语言深处，没有哪一个人——包括那些自诩言谈最为直截了当的人——没有一天不使用委婉语的"②。委婉语是反映人类文明进步的一个缩影，办公室委婉语也是一样，办公室委婉语的使用体现了以下几个原则。

---

① 李军华. 关于委婉语的定义. 湘潭大学学报（哲学社会科学版），2004（4）：164.

② RAWSON H A. A Dictionary of Euphemisms and Other Doubletalk. New York: Crown Publishers, 1981.

一、体现礼貌原则

礼貌是人类文明的重要标志，因此，人们在日常的交际活动中都十分重视礼貌。语言活动也时时处处受到礼貌原则的制约和影响，礼貌原则也是规范人类社会活动的重要原则，它能够把不礼貌的程度降到最低，使交谈得以顺利进行。使用委婉语的一个根本目的是使对方感到你比较和善，所以人们在交际过程中使用委婉语正是遵守礼貌原则的体现。委婉语用曲折含蓄的话语代替原来的言语，在很大程度上就是出于礼貌的要求。现代人既崇拜坦诚直率、胆大无畏，冷眼看世界，同时又表现得文质彬彬、有礼有节、小心翼翼。但凡涉及种族、宗教信仰、智力问题、性别差异、人体器官、生理现象等，人们都忌讳莫深、遮遮掩掩，试图通过这种表达方式在听话者的心理上形成模糊概念，从而达到委婉的效果。于是，我们对来访的女客人，会礼貌地询问其是否想去"擦粉补妆"，与"资深公民"交流时，我们会痛惜地感叹"某某人已经告别人世"。在学校，在老师与学习成绩差的学生家长谈到学习成绩的时候，老师会满怀焦虑地解释，学生"在受教育方面处于劣势""在沟通方面有障碍"，如此种种，不一而足。在澳大利亚，在学术会议或者研讨会正式开始之前，会议主持方都有一项工作是 welcome and house keeping。你千万不要认为会议的一项安排是 house keeping，这里的 house keeping 是介绍会议期间的一些注意事项，如遇到紧急情况时，安全出口在哪里，关于茶歇的时间安排，以及厕所在哪里之类的小事。house keeping 的引申意思是内务处理，在会议正式开始之前介绍去厕所之类的注意事项属于委婉的说法。

在汉语中，谦辞和敬辞也是出于礼貌而使用的委婉语。说话人通常用谦辞称呼自己，如称自己为"鄙人"，自己的家叫"寒舍"，求人解答时用"请问"，自称礼轻叫"薄礼"，向人求情时，称自己的情面为"薄面"，在比自己小的人前谦称自己为"愚兄"，自己的意见叫"拙见"，年纪大的人在别人面前说自己的面子为"老脸"。对别人表示尊敬的称敬辞，如请人指点用"赐教"，托人办事用"拜托"，称赞别人的见解用"高见"，看望别人用"拜访"，宾客来访用"光临"，问对方年龄叫"贵庚"，问对方姓啥叫"贵姓"，称对方的家叫"府上"。这反映了汉民族含蓄、崇尚谦逊的民族心理。谦辞和敬辞深深植根于一个民族的社会土壤中，蕴含着丰富的文化内涵，承载着一个民族的民族心理、价值取向、风俗习惯等，充分反映了人们的文明程度和社会精神风貌。

在遇到不便直接表达或者不能直接表达的情况时，我们常常说话拐弯抹角，信奉沉默是金。在公众场合，我们闪烁其词、含蓄委婉，编着善意的谎言，小心谨慎地避免踏入语言的雷区。而每当回到家里，或与亲朋好友相处时，我们往往会敞开心扉，畅所欲言。然而，到了办公室，这个显得既亲切又如此陌生的奇妙场合，委婉含蓄的迂回表达便风靡开来，既惹人恼，又逗人乐，既推心置腹，又彼此心有灵犀。在办公室当你跟别人谈话时，如果对方在喋喋不休地说着一些你并不感兴趣的话题，而你则希望这样的对话尽快结束，你会选择如何结束这样无聊的谈话呢？想要结束无聊的对话，可千万不要面露厌烦的表情，而应该采取一些适当的办法，礼貌收场，委婉地结束谈话，比如说："对不起！隔壁办公室有个熟人，我需要过去打个招呼。"或者说，如果公司有自助餐饮台，你可以说："你喝点什么？我要去拿些饮料。"或者也可以告诉对方你需要去洗手间，或者当办公室还有其他人时，你可以把对方介绍给别人，再抽身离开。每个人都有自己的安全距离，太过亲密的举动会让人感到不适。如果对方靠得太近或对你做出亲密举动，你可以采取以下的应对方案：第一，如果不适合拥抱或贴面礼，你可以先伸出手与对方握手；第二，如果对方与你靠得太近，你可以将自己的包或者手中拿着的盘子、杯子挡在两人中间；第三，稍微移动位置，尽可能让第三个人站在双方的中间。

在办公室与人谈话或者社交，难免会遇到一些人会提出一些不友好的问题。有些太过隐私的问题，你不愿意回答，这也许是对方在故意挑刺，或者是对方无意间触及你的底线。怎样才能不失礼貌地缓和紧张的氛围呢？比较委婉的应对方法有以下几种：第一，利用自己的幽默来转移话题，缓和这种不和谐的气氛。对于"你结婚了吗？"这样的问题，你可以幽默地说："我女朋友迷路了，可能还需要一段时间才会来找我。"第二，你可以微笑着表示："抱歉，我暂时无法回答这个问题。"第三，对于那些让你难堪的问题，你可以机智而不失礼貌地将话题引导到对方身上，因为人们总是喜欢谈论自己喜欢的事情。这样做可以让对方在不知不觉中大谈自己感兴趣的问题，而忘记自己原来提出的问题。第四，如果对方劝酒，而你并不擅长饮酒，可以委婉地表示："对不起！我酒精过敏。"或者："我今天开车，不能喝酒，改天我请你。"第五，对方询问你的个人联系方式或者表示想加你的微信，如果你并不愿意与此人过多联系，你可以故意岔开话题，谈论其他问题。在社会交往中合理的拒绝非常必要，但是，拒绝不能伤害对方的"面子"，因此，拒绝是有艺术的，委婉的拒绝最温暖，含蓄的拒绝最轻松。我国有句俗话："忍一时，风平浪静；退一步，海阔天空。"说的就是人们在某种情况下，不能冲动，不能意气用事，如果头脑发热，缺乏周密的考虑，极容易生出不愉快的事情，影响交际效果。

在办公室等场所与人交流时，为了让听话者感到比较友好，可以采用在表示极端的副词前加一个否定词语的形式，增加缓和的余地，让听话人在心理上容易接受一些。比如：不一定、不太、不很、未免、未必、不免等等。此外，还可以使用一些表示选择的词语，"最近交通比较拥挤，他会不会路上堵车了？""关于这个问题，我们以前没有仔细讨论过，是不是再考虑考虑？""我们能不能再等一会儿？"等等，使用这些词语会使交流有回旋的余地，让听话者有更大的选择范围，显得说话人更加礼貌一点。

副词和语气词在句子中一般是表示语法意义或者是情态意义，他们的意义比较模糊。在办公室等场所，经常使用一些副词或者语气词来增加语义的模糊性，能够形成委婉缓和的气氛。常用来表示委婉的用法有："关于这个问题，我们今天暂且讨论到此吧！""我们这样下结论，未免有点操之过急。""结果大概明天能够出来，我们再等等吧！""这个问题比较复杂，恐怕还需要再讨论一次。"等等。

在西方许多公共场所，比如办公室，我们会发现诸如 "Thank you for not smoking here ." 之类的委婉告示，这较之于"严禁吸烟，违者罚款"之类的警告来说，既避免了直截了当、让人不快，也体现出了对别人的尊重，这种十分有礼貌的提醒，使得人们能够愉快地接受此处不能吸烟的规定，并心甘情愿地遵守。在商务交际中，人们为了避免语气生硬给对方造成的不愉快，就要说话和气。如果想要与用户建立长期良好的商业联系，就需要使用委婉语。一般情况下，可以在否定句前加上 "I am not sure" "I'm afraid" "we are sorry to tell you" 等，也可以在否定句中加入一些程度副词 "too" "really" "always" "particularly" 等来弱化语气。

例如，由于错误地领会了你的意思，把货物发错了地方，需要对客户说："I'm afraid we misunderstood you. We are sorry to tell you we have delivered you the wrong goods." 我们搞错了，我们错运了货物。

在办公室，那些精力充沛的工作狂们，努力用高效的工作给公司这台机器提供动力，老练的中层管理者往往起着机器运转的润滑作用，保证公司正常运行。每当公司老板厉声厉色地批评下属的工作时，对心理学颇有研究的中层管理人员深谙上司与下属的心理，他们会温文尔雅、委婉曲折地传达上司的不满，润物细无声地抚慰自己和下属们受伤的心灵。于是，上司的"警告她别再磨洋工"变成了"请你在下班前把这三份合同和六封给客户的信打出来，好吗？"。说话时面带歉意，同时大拇指朝老板办公室方向一指，并做出无可奈何的样子。同样，上司说的"他近来销售做得一塌糊涂"，变成了"你的销售工作近来差了一点，我看你要是……就好了"。

但是，有时候办公室的文员可能还没有完成该做的工作，或忘记了老板交代的要办的事情，这时候如果老板问起来，回答时候的语言就更有讲究了。常见的情况是，老板大发雷霆，把桌子拍得啪啪响，责问报告为啥到现在还没交上来，作为下级会表现得战战兢兢，说话吞吞吐吐，唯唯诺诺地解释，事情"正在调查""正在处理"，或者"一些数据还没有收齐"之类的话。总之，要让老板知道做好这件事情的复杂程度超出了老板的想象，而出于强烈的责任心，经办人员正"广泛征询意见"，或"已经成立起一个专题小组"专门做这项工作。老板见多识广，对这些语言烟幕背后的真实情况当然是一目了然，他十有八九会一眼看穿下级的花言巧语，但却会心照不宣，给属下一个台阶，让他如释重负地离开，但同时会全力以赴，寻找适当的补救措施，尽快完成任务。

办公室的工作环境要求人们举止文明，他们不免说话如嘴上抹蜜，对同事语气温柔地"请求"，绝不会指手画脚地命令，即便硬性要求也换上了一层温柔美丽、让人难以识别的包装："您介意……吗？""你真是太好了！""抱歉，给您添忙了""你真是精神可嘉啊！"当老板批评下属某件事做得不好时，他一般不会说 You messed it up。为了鼓励员工，他会委婉地说 You can do better。如果有人迟到，同办公室的人不会说 You are late，而可能会委婉地提醒 You seem to be late。如果有人做错事，同办公室的人不会说 You shouldn't do that，而可能会说 You are better than that。如果有员工没有把经理安排的工作做好，经理可能会安慰他 It's not the best way，而不是直截了当地说 It's not what I expect。办公室同事谈论某一问题，有人可能因为理解不透，提出的意见不正确，同事不会说 I think you are wrong，可能会委婉地说 That's one way to look at it。如果有员工因病请假，而刚好有人来找，他的同事不会直接说 He is sick，而会委婉地告诉来人 He has a condition。

大多数职员都极力避免与人发生直接冲突，理想的做法是将责任推到别人身上，理由是"恐怕同事们不会支持"，或是"营销人员不喜欢这个想法"，或是"部门经理可能有不同看法"等，这些都是拒绝别人的十分巧妙的理由。因为没人愚蠢到直接拒绝的地步，也没多少人能够像老板一样信心十足。

二、提升社会地位

正是因为办公室生活冗长乏味，所以才产生了大量的委婉语，以此来描述平凡的工作，并让人们感觉自己似乎比实际上更重要一些，这不足为奇。于是就出现了主管、主任、助理、部门经理和研究员之类的头衔，但实际上，"主管"可能只"管"两个人，"主任"就是"助手"的美称。美国有些大公司，迫于女权运动的压力，为了证实本单位没有歧视妇女的现象，特地创造了 administrative assistant 这个委婉职称。另外，它还给人一个印象，仿佛 assistant 还有晋升的可能，而事实恰好相反，秘书自始至终只能是秘书①，"助理"与"秘书"并无二致。"部门经理"可能只管收发包裹信件，"研究员"的工作可能是在电话簿、名录之类里面进行一些查询工作。这些美妙动听的名称并不能让我们中的任何一个人上当受骗。一个到各地到处跑的推销员，无论是叫他"旅行商"还是"销售代表"，其命运和在本单位的地位没有任何变化，只不过"区域销售代表"的头衔可能让他自我感觉该把住宿的档次提高一点罢了。公司负责日常接听客户服务热线电话，答复客户提出的问题的接线员也被称为"座席代表"。重要的是，这些冠冕堂皇的头衔能够给人一种身份的"感觉"，而不是其他任何实质性的东西。

在西方国家公司的办公室里，可以看到"年轻主管"身着职业装，手持超薄公文包，包中装满销售数据、现代管理之类的期刊和关于现代商业策略的书，他们对社会学家和管理顾问那些令人生厌的术语十分熟悉。正如肯尼斯·赫德森（Kenneth Hudson）指出的，我们正在接受这种极端的美国观念：通俗易懂的语言表明贫穷或缺乏教育，而措辞越隐晦难懂，这种工作就越发重要和受人尊重。②完美的年轻主管难免要"充满活力""自我激励""善于决策""善于沟通"并且具有"人力资源管理"的能力，能在快速成长的环境中工作。不言而喻，他在极具挑战性的情况下，能够应对危机，处理好自己的工作。

现代社会每个行业都会不可避免地运用特有的委婉语，如招聘广告中极尽美化、避重就轻，实际工作中对下属褒奖有加，却罕见提拔。雇佣方在广告中处心积虑地把挤满档案柜和电脑、打印机的办公室描述得极具吸引力。办公室大多"舒适""有声望""富有魅力"，并且公司提供"极好"但未明确的补贴，可能这种"极好"的补贴只是中午的午餐券。在当今社会，招聘广告中的新词日益增多，听起来富有新意，实则是新瓶装老酒。公司广告招聘一名 Information retrieval administrator（信息检索或者资料检索管理人），实际上是招聘一名档案员。如果一家公司招聘一名 publicity representative（宣传代表），实际上可能

---

① 刘纯豹. 英语委婉语词典. 南京：江苏教育出版社，1993.

② 参见 NEAMAN J S, SILVER C G. Kind Words: A Thesaurus of Euphemisms. Beijing: World Publishing Corporation, 1991.

是招聘一名推销员。"We were book (encyclopedia, door-to-door) salesmen! They didn't call us that, not at first, ... my title in the company was 'Publicity Representative' (Atlantic, Jane, 1974)"我们是挨家挨户上门兜售书籍或百科全书的推销员。但他们并没有这样称呼我们，至少初期没有这样称呼……我们在公司的职称是"宣传代表"。①有一则招聘广告说，本公司是由一帮年轻、热情、有干劲的"业界精英"组成的"团队"，"与这样活泼友善的销售团队共事，永远都不会单调乏味，你的敏捷思维、文秘才能将帮助他们保持先进高效"。这种幽默、委婉的潜台词却是："这群友善同事欣赏职业水准，只有性格活泼和擅长处理人际关系的人能融入其中……"受社会学家和行业术语双重影响，招聘广告撰写者竭力运用暗示性词语。如暗示某些工作更重要、薪水更高、更有趣、更难应聘。这种圆滑迂回的语言方式在一些公司中比较盛行，其实，这些地方的办公室职员之间的关系往往错综复杂。

文秘工作的平淡辛劳是肉眼可见的。"繁忙的电台新闻部招聘秘书"，这则广告看似漫不经心地透露，秘书将"处理全体职员的记录，负责大量的行政管理"。事实上，入职以后的工作可能是打印文稿、记录考勤、负责汇总信息、收发业务信件等杂务。实际上，这是电台在招聘文员，而不是招聘负责协助领导管理行政事务的秘书，"处理"一词被作为"打印"的委婉语而经常使用。有家审计公司招聘办公室职员的广告这样说："无压力、无困扰、无责任，供职于市区审计团队，其他成员大部分时间工作在外，（你可以）尽享从容氛围，轻松完成日常公务……"只有那些懂得委婉语的人，才能读明白这则招聘广告的真实意图，知道这家公司所招聘员工的工作可能面对的是乏味与孤独。招聘广告中说的"轻松完成日常公务"其实是说办公室职员的工作是处理（打印）案例，"无压力、无困扰、无责任"是委婉地说别人在外工作，收集整理、分析材料，然后你将在办公室等待完成打印工作，就算完成了一项重大的审计工作。

三、缓解压力　减少摩擦

要学会在适当的场合讲合适的话，尤其是对在办公室工作的白领来说。然而，很多人却不清楚好好说话的重要性，他们把信口开河认为是直爽，把刻薄当作随性，认为轻重不分就是耿直。其实，在职场中，会"说话"的人真的很受欢迎。不管是在生活中，还是在办公室，会说话可以使一场本来很严肃的谈话变

---

① 刘纯豹. 英语委婉语词典. 南京：江苏教育出版社，1993：29.

得自如轻松，而且能够缓解压力，减少摩擦，氛围也会变得顺遂很多。每个人都有自己的交际方式。长期在办公室工作的人，有必要找到适合自己的交际方式，如果不擅长沟通，在生活中也会遇到很多意想不到的困难。提升自己的交际能力非常重要，在工作单位如果能够获得好人缘，轻松融入朋友圈，获得友情，就会有更多的升职加薪机会。

以往在大公司，往往由人事主管这位委婉语大师来对新员工进行入职培训，有些公司的人事主管往往不具体管理人员的招聘，而只是负责发放午餐券、管理发放办公用品、安排人打扫洗手间和走廊卫生等。而如今的人事主管需要大量学习管理策略，精通烦琐复杂的工业法规和劳工关系。拒绝不合适求职者的委婉说法是"我们认为您在这里会浪费时间"，抚慰对薪资不满的员工的委婉语是"薪金每年都会调整"。在西方国家，应聘者在应聘时往往会带上原来工作过的公司的推荐信，应聘者的推荐信中可能会介绍应聘者"沉着、谨慎"，在阅读推荐信时，是不是可以把这些词语理解为前公司委婉地表达某人有些愚笨？说一个人"活泼"，是不是委婉地表达这个人话多、爱在办公室唠叨，令人生厌？说一个人"独特"，则可能想委婉地表明这个人性格内向，不愿意与人交流。说一个人"老实"也并不一定表明这个人"诚实、不虚假"，也可能是婉指此人"迟钝、不聪明"。

肯尼斯·赫德森认为，"唯独成功人士不运用行话术语"[①]，这话不假，面对仲裁法庭、遣散费和不公正解雇赔偿等此类问题，即便人事主管性子再直，也不得不留意自己的措辞。他往往会先发出警告，希望对方能明白言外之意，而主动卷铺盖走人。例如，人事主管会说："我觉得我们之间合作不怎么顺利"，或"我们不太合得来，对吧？"甚至表现出很关心对方的样子"你好像在这里不太开心"。如果对方不予配合，则会直言不讳地表示："我真觉得，以你的才华，你应当试着丰富自己的阅历"，或"我认为你到别的公司可能会干得更好"，或最令对方愉快的委婉表达是"恐怕我们不得不放你走"。

在日常交际中，避免冒昧和无礼是委婉语的一个重要作用。在交际过程中，当需要提及令人不快的事件时，我们就要选择委婉的表达方法，以避免伤害对方的感情。在办公室工作，巧妙地使用委婉语将使自己避免很多烦恼，精挑细选的委婉语能为自己和他人解围。比如，应付那些生气、烦人或纠缠不休的来电者，秘书会边道歉边解释说"老板正在会见客户，不便接听电话"，若对方级别高，

---

① 参见 NEAMAN J S, SILVER C G. Kind Words: A Thesaurus of Euphemisms. Beijing: World Publishing Corporation, 1991: 31.

秘书会说"老板正参加董事会议",或者干脆说"老板今天不在公司"。真实的情况是老板在参加一个宴会,或仍在午休,也有可能因为没有完成原来许诺的事情而无法回应。

"让他亲自给您回电话吗?"其实是委婉地说"别再打了,我们会打给您的"。"我知道他一直要打电话给您",掩盖的是他已经完全忘了这件事,或者一开始秘书就忘了通知他。如果老板不在公司,秘书会委婉地说"对不起,老板今天不舒服"或"我们老板的车被堵在路上了"。这些都是很好的解释理由,其实,真实的情况可能是老板一天都待在高尔夫球场或外出度假去了等等。

任何有办公室工作经历的人,都有自己特有的职业委婉语。酗酒者上班时间想喝酒,在办公室坐立不安,耐心等到酒吧开门的时间,又不能直接说要去酒吧,就含蓄曲折地解释道,"我得赶紧去趟银行,二十分钟就回来"。如果,办公室的同事在工作中遇到挫折,我们会去安慰一番:"别灰心,只要我们努力,一定能够克服困难,加油!"注意,这句话里的人称代词是"我们",而不是"你",站在听话人的立场,更容易让人接受。在现实生活中,这样的情景很多。当同事心灵受伤、朋友遇到挫折时,用"我们一定能够挺过去的"之类的话,无形中让听话者有一种"我们支持你"的感觉。这样说比"你一定要挺住"的效果要好得多。

公司一般会为长期为公司效力的退休员工举行告别宴会,在宴会上,董事长可能根本不认识这名员工,也不知道他的名字,却要说一堆夸奖他的话"你为公司工作了30年,我们将永远铭记你为公司发展做出的贡献……"。这位老员工感到自己在公司的工作得到了充分的肯定,会被董事长的讲话深深感动。

随着社会的发展,社会成员的文明程度和品德修养不断的提高,委婉语是语言中最富有感情色彩的元素,已经在社会交往中展现出强大的交际功能和丰富的文化内涵,成为推动社会进步的重要因素之一。良好的员工职业形象是企业对外宣传的窗口,办公室员工巧妙地使用委婉语,能够提高对外交往能力,规范职业素养,能够使他们在人际交往中展现出专业水平,提高他们的职业形象。巧妙地使用委婉语,可以使办公室员工和谐相处,减少摩擦与分歧,减少抱怨,增强团队协作意识。熟练地掌握委婉语的使用方法,在拨打电话、接听电话、转接电话时,会使交流语言更加专业,掌握委婉语还能够使员工与上级、同级、下级的沟通变得顺畅,从而提高工作效率。

语言作为人类社会最重要的交际工具,存在于人与人交往的一切环境之中。委婉语是人类语言中很普遍又很复杂的一种现象。它是人们在交际过程中为营造和谐气氛，谋求理想的交际效果，确保语言交际顺利进行的一种常见的有效的语言形式。^① 在全球化快速发展的今天，办公室中人与人的交流活动日渐频繁，如果我们想在日常交流中保持顺畅，提高工作效率，适当使用委婉语是一项绝佳策略。在交流中使用委婉语代替较为生硬、直率、粗俗的直接表达，可以减少交往过程中的摩擦。这不仅能够体现尊重对方的高尚风度，促成交流的顺利进行，而且为保持良好的人际关系奠定了基础。因此，委婉语的正确使用对于办公室日常交际活动来说有着不可估量的作用。

综上所述，我们可以看出委婉语是人们积极运用语言技巧进行表达的一种交际方式。在社会生活中，很多情况下，在各种交际场合，包括办公室，为了维护交际双方的面子，人们会避免谈及那些令人尴尬或者使人不愉快的话题，而采用婉转、含蓄的说法，促使人与人之间的关系更加融洽与和谐，从而达到理想的交际效果。

---

① 李军华.汉语委婉语研究.北京：中国社会科学出版社，2010：120.

第十一章

汉英儿童委婉语的跨文化审视

　　人们在社会交往中，总是会考虑到人类的心理因素和社会各方面因素，凡是涉及人体功能、生理现象乃至身体的某些部位的相关表述都要采用委婉的表达方式。曾毅平在《修辞与社会语用论稿》中认为："有些事情原本自然，由于种种原因，人们却羞于启齿。然而，既然是客观存在就不能不诉诸语言，于是交际言语中便生出许许多多绝妙的讳饰说法^①。"例如，人体的某些部位、大小便等，直言不讳的表达往往会被认为缺乏教养或有失体面。在任何交际活动中，交际双方都可能会因为思想观念、个人经历、处事方式不一样而产生不同意见。这些不同意见源于文化上的差异，因为人们在价值观念、行为准则、社会心理、思维方式、情感因素等方面都有不同的模式，因此，言语表达也就成为价值观念的产物。

　　一个儿童在社交场合中，如果说话直言不讳，不知道避讳不该说的话，常常会被认为缺乏家教、不懂礼貌。家长是孩子最好的老师，往往在孩子很小的时候就开始家庭教育，许多家长还注意通过自己的言行来影响孩子。由于家长的教育，孩子在很小的时候，就已经懂得了什么是礼貌的行为，什么是不礼貌的行为，哪些话该说，哪些话不该说，什么样的言行应该值得自豪，什么样的言行应该感到耻辱。年龄大一点的孩子们懂得在公众场合使用委婉含蓄的表达方式去说那些难以启齿的事情，用优雅、含蓄的词汇把这些事情表达出来，比如，人身体的某些部位、生理现象等。这样才能避免在交际场合出现令人尴尬的局面，显得有教养。

　　人际交往过程中几乎处处都有委婉语。委婉语是用一种含蓄、礼貌和婉转的说法代替直接、粗鄙或刺耳的说法，从而避免和淡化尴尬和令人不愉快的联想，提高语言的可接受性，也往往能够达到较为理想的交际效果。人在成长过程中总

---

① 曾毅平. 修辞与社会语用论稿. 北京：中国社会科学出版社，2005.

是要慢慢学会适应社会，适应生活，每一个阶段总是有语言禁忌相伴随，这些禁忌起着一定的规约、教化作用，引导着人们认清并协调人与人之间的关系以及人与自然的关系，促使其完成社会化而走向成熟。

儿童作为一个独立的个体进入社会生活中去，他们的日常生活自然与委婉语息息相关。成人世界中需要进行委婉表达的话题，在儿童生活中同样存在，如排泄、生殖器官、死亡、犯罪、惩罚等等。我们可以想象，如果一个儿童在大人正在用餐的时候突然想去小便或大便，他会如何表达呢？如果直接表达自己的需求，很可能会让正在用餐的大人们感觉极不舒服，甚至影响食欲。因此，在这种情况下，他很可能要借助委婉语来表达自己的这种生理需求。

我们知道儿童语言主要是以口头形式，而不是以书面形式存在的，因此，如果想详细了解古代儿童如何表达生理需求，是一件困难的事情。但是，要了解在现实生活中社会可接受的儿童表达身体生理需求的语言，我们不妨从文学作品中找找启示。在英语中，无论是乔叟的诗歌还是莎士比亚的戏剧，成人在对儿童说话时，都使用直白的语言，而且不会因此而感到羞愧。19 世纪 30 年代以前，在教堂里牧师在大声诵读詹姆斯钦定本《圣经》的时候，儿童也可能听到一些直接的表达方式，包括一些我们今天在礼貌语言中禁止使用的四字粗俗词语。直到 1818 年，Bowdler 博士对莎士比亚戏剧进行修改，出版了供家庭阅读的删节版。1833 年诺厄·韦伯斯特（Noah Webster）对《圣经》进行删节，才出现了供家庭使用的版本。[①]

从上面谈到的情况，我们可以看出委婉语与儿童的联系是多么紧密。但是儿童作为人类个体生命的初始阶段，其生活比起成人来说较为简单平和，需要进行委婉表达的话题也是极其有限的。同时，由于受限于自己的语言表达能力，儿童们首先习得的是关于排泄的委婉语，随后才是关于身体部位的委婉语。随着年龄的成长，他们开始学习使用一些与死亡、犯罪、惩罚、逃学等话题相关的委婉语。在这个成长阶段，儿童能够理解并接受大人使用的任何委婉语，但在这些话题上好像还没有具体的可供儿童使用的委婉语。因此，我们主要就汉英语言中关于排泄和死亡这两个与儿童密切相关的方面的委婉语进行着重的探讨。

一、排泄的儿童委婉语

一提到排泄这一自然的生理需求，许多人都会感到厌恶，毕竟它与肮脏的

---

① ENRIGHT D J. Fair of Speech: The Uses of Euphemism. New York: Oxford University Press, 1985: 82.

排泄物相联系。中国人和英国人虽然属于不同的种族，使用不同的语言，但是都具有人类共同的生理现象。人们都很忌讳那些令人不愉快的生理现象，常常采用间接、模糊的委婉方式来表达令人不悦的生理现象。一般来说，对于婴幼儿时期（一般是零至五岁）的儿童，成人和小孩自己都会采用一些可爱的儿童用语来委婉表达排泄这一生理需求。如汉语中表示小便的委婉语有"尿水水儿""嘘嘘""噜噜"等，"尿水水儿"较为直白，不够委婉，而"嘘嘘""噜噜"是象声词，使用这些词语显得儿童可爱，也显示出父母与孩子之间的亲密关系。英语中有采用儿语法（nurseryism）即借用儿童用语来当委婉语使用。儿童说话天真无邪，大人模仿儿语，有时效果既委婉又幽默。如：cis-cis（小便），sis-sis（小便），pee-pee（小便），poo-poo（大便）。也有采用押韵替代法（rhyming slang）构成儿童委婉语的，即利用一些词语与禁忌词语押韵的特点来取而代之，如 cissy、sissy 等。英语中的儿童委婉语还有 wee-wee, to grunt（大便），to do a tinkle，等等。wee-wee 是个叠音象声词，很像撒尿的声音，这种用法开始于 19 世纪，多用于儿语和儿童对话中。boom-boom 是放屁的象声词，20 世纪以来在美国儿童用语中婉指大便。汉语表示大便的有"拉臭臭""拉粑粑"等词语，这些委婉语在同龄儿童之间或儿童与父母之间使用，父母使用这些委婉语表示对孩子的爱，儿童使用这些委婉语则可能是在父母面前撒娇。英语里有 pooh-pooh, to try hard, to go to the potty，等等。基本上，全世界各种语言都可以理解这些委婉表达。

　　然而对于六至十二岁的儿童来说，上面提到的儿童用语听起来似乎有些不合适。要表达他们的这种自然生理需求，可以使用的委婉语也很多。如果一个儿童在小朋友家玩，或者在购物广场、公园、医院等公共场所，虽然周围的人都非常友好，可能随时都愿意提供帮助，但如果这时候儿童需要大小便，而身边又没有自己家人的话，他如何向小朋友的妈妈、购物广场的售货员、公园的管理人员、医院的医生、护士表达呢？例如，汉语里常用的主要有解手、小便、大便、去一号／二号、去卫生间、去洗手间、去洗洗手等等。相比汉语来说，英语里可供使用的儿童委婉语就有很多，如 I want hat, I want sit down, I need a daisy, I want chim 以及 make number one/two, the square root of one/four, go to little boys' or girls' room。还有成人常用的 to be excused, to do one's business, to go outside, to wash one's hands, to make one's arrangements, to make oneself comfortable, to spend a penny, to spend a quater，等等。在澳大利亚英语中，a breezer 是青少年常用的放屁的委婉语，a breezer 源于 breeze 的古老含义 to blow gently，这种用法从 20 世纪 70 年代开始在澳大利亚青少年中流行，后来慢慢被社会接受。

总体来说，关于儿童的排泄行为，大人用于儿童的委婉语和儿童自己使用的委婉语有很多。然而，由于儿童成长的家庭环境有所不同，其经常接触并使用的委婉语也会有所差别。儿童刚开始习得语言时，他们主要靠模仿大人的语言这一有效途径，而大人经常对他们使用的委婉语很可能影响到儿童使用委婉语的习惯。例如，在我国，对于三岁的儿童来说，要表达去小便这个需求时，有些儿童惯用"嘘嘘"，有些惯用"噜噜"，大便则用"粑粑""臭臭"，这取决于家长习惯用哪一个委婉语。有些儿童晚上会尿床，在褥子上留下痕迹，这些不规则的痕迹很像地图，为避免尴尬，有人就会用"地图"来婉称儿童尿床留下的痕迹。然而这种影响只是相对的，随着儿童的成长，他们的语言运用能力不断提高，接触到的人和事也越来越多。受到这些因素的影响，他们会接触到更多的委婉表达方法，并自主选择使用不同的委婉语来恰当地表达自己的这一需求。

随着时代的发展进步，新事物不断代替旧事物，儿童排泄的委婉语的使用也是随着社会的发展而不断发展变化的。就拿英语中的 to take a walk 和 to go outside 来说，在室外厕所盛行的时期，它们是非常普遍的委婉表达。但随着自来水和水箱的使用以及室内卫生间的盛行，这些委婉表达就没有之前那么流行了。在相同的语境下，一些新的委婉说法出现并替代原来的委婉表达，如 wash one's hands、pay a visit 等。20 世纪 90 年代末，儿童们会用"出去一会儿"和"去一号／二号"来表达上厕所这一需求。但是现在很少听到这种表达了，更多的儿童都开始使用"去 W.C."、"去洗洗手"或"去卫生间"之类的委婉语了。无论如何，这些委婉语都是为了尽量避免"厕所""lavatory""toilet"等词语，从而让人在表达排泄这一自然需求时显得更加礼貌自然。

二、死亡的儿童委婉语

由于人们信仰不同的宗教，所表达死亡时使用的委婉语也不相同，西方人大多信仰基督教，他们认为人的生命是上帝赋予的，人是有原罪的，所以人在其一生中都要遵守教义、敬畏上帝，而且只有赎清人的原罪，自己的灵魂才能在来世得到拯救，进入天堂，否则将要在地狱里永受煎熬。在历史的发展过程中，死亡的委婉语层出不穷，这主要是由于人们对于死亡这一话题的恐惧、厌恶，以及人们的宗教观、封建迷信思想和各种不同的风俗习惯所导致的结果。因此，我们可以说这不是一个单纯的语言学概念问题，而是社会文化的一个问题，委婉语的使用总是存在着更深层次的文化属性。基督教对英美人的影响比较大，英语中关于死亡的委婉语有许多来自《圣经》。例如，《圣经》中关于死亡的委婉语有"return to dust"，这是因为上帝最初是用泥土造人，人死后再回到泥土中，正好符合基督教的教义。汉语也有对应的文化属性，即入土为安。死亡的悲剧在于它的不可逆转性和终结性，因此人们往往惧怕死亡。虽然儿童通过观看电视连续剧、电影，在电视屏幕上看到过死亡的镜头，但是对幼小的儿童来说，失去最爱的亲人使得他们感到害怕和不安，因为他们觉得自己被抛弃了，不再被爱了。出于保护孩子和不让孩子遭受痛苦悲伤这两个目的，父母常常使用极其委婉的表达方式告诉孩子亲人的死亡。例如，一个孩子的爷爷去世了，他的父母可能会对他说"爷爷睡着了""爷爷休息了""爷爷走了""爷爷不在了""爷爷去一个很美的地方了""爷爷去了很远的地方""爷爷离开我们了""爷爷回老家了"等等。在同样的情况下，英美人会向孩子说 爷 爷 gone to Heaven, gone to his Maker, gone to a better world, in another world, gone asleep, passed away, be with God, returned to the dust (earth), to be at peace, be no more, safe in the arms of Jesus, 等等。父母认为，通过委婉表达给孩子一种与死者可以再次重逢的希望，希望通过委婉语的使用来减轻孩子的不安和打击，但事实并非总是如此。在英国，当一个四岁的女孩被告知"爷爷永远地睡去"时，她反而更加不安。她很害怕爷爷会生她的气，因为在他睡觉之前，她没有跟他说晚安。当被告知"奶奶去了天堂，变成了一个天使"时，一个五岁的男孩祈祷家里其他的人也死去，这样他们就能变成天使团聚了。[①]

其实，父母不应该在儿童失去亲人时对儿童隐瞒真相，应该让他们知道人死去就不能够再回来，不能剥夺他们在失去亲人时的痛苦和哀伤的权利，他们有权利为失去某个深爱的人而感到痛苦。事实上，他们似乎也更容易接受死亡这一事实，只要父母积极地帮助他们面对死亡这一事实。儿童可能想知道人在死亡时会不会痛苦，死去的人还会不会回来，他们尤其关心自己和父母将来会不会死。父母在回答这些问题时，不应该使用委婉语来绕开事实，而应该简短、诚实、直接明了地让他们明白：当一个人死了以后，他的身体不会感觉到疼痛，死去的人再也回不来了，每个人最终都会死去。只有这样诚实地告诉孩子死亡的真相，孩子在心理上才会安心，才会对亲人进行正确的缅怀，才会在某种程度上不再畏惧死亡。

---

① ENRIGHT D J. Fair of Speech: The Uses of Euphemism. New York: Oxford University Press, 1985.

三、儿童委婉语的分类

凯瑟琳·斯特尔（Catherine Storr）把儿童委婉语分为四类：第一类包括目前正由具有相同地理环境和社会背景的人们与儿童交流时所使用的委婉语；第二类是由家长或者与儿童亲近的人所创造或使用的儿童委婉语；第三类是儿童自己使用的委婉语；第四类也是数量最少的、儿童自己想出来的委婉语。[①] 在分析了汉英语言中与排泄和死亡这两方面与儿童密切相关的委婉语之后，我们会发现成人用于儿童的委婉语和儿童自己使用的汉英委婉语似乎可分为三大类。第一类包含成人和儿童都可以使用的委婉语，如汉语中的"去嘘嘘""去洗手间""失陪一下"等，英语中的 Pee，pooh，to be excused，make oneself comfortable，等等。第二类是由成人创造或采用的用于儿童的委婉语，如汉语中的"拉粑粑""拉臭臭"等，英语中的 to sit on the throne，to try hard，to grunt，to do a tinkle，等等。throne 是 potty-chair 的戏称，potty-chair 是一种中间开孔，下面放置屎盆，供小孩大便时使用的椅子。20 世纪以来美国人在训练小孩大便的时候常说："Sit on the throne"，慢慢地 sit on the throne 就成了儿童使用的大便委婉语。第三类是由儿童自己想出来的委婉语，到目前为止数量是最少的。这类委婉语的例子不易找到，但确实存在。然而，随着儿童语言运用能力和创造能力的不断提高，儿童自己创造出来的委婉语将会越来越多。

社会的不断进步和科技的快速发展，尤其是电脑技术和通信技术的突飞猛进，使得儿童获得知识和信息的途径越来越多元化，接收到的知识和信息也越来越丰富。成人认为需要进行委婉表达的话题，在儿童的生活中也许已经与以往大为不同了。另外，成人与儿童讲话时所使用的大部分委婉语不仅仅是出于保护儿童的需要，更重要的是出于面子和礼貌的心理需要。他们使用委婉语，主要目的是让自己从尴尬、痛苦、失礼的感情或情景中摆脱出来。而儿童使用的委婉语，更多的是为了满足与成人交流的需要，从而能更好地融入成人的生活和思想中去。因此，当成人与儿童谈到上述的三个话题时，大可不必使用太多的委婉语。儿童也不需要太多的委婉语，不需要拐弯抹角地表达自己的生理需求和感情。他们只需明白无误、直接简单地说出自己的需求和心声，仅此而已。

不同的语言体现了对文化的不同理解。作为语言的一种表达方法，委婉语体现了一个民族的文化内涵，具有明显的地域特征、时代特征和民族特征。汉语和英语由于各自不同的文化背景和社会习俗，必然会产生不同的委婉语。中

---

① ENRIGHT D J. Fair of Speech: The Uses of Euphemism. New York: Oxford University Press, 1985: 89.

国人受儒家思想影响2000多年，时时处处注意尊重别人，从小孩很小的时候，父母就注意教育他们在与人交往时尽量做到温良恭俭让，不能够冒犯到对方。英语也有类似的，如用 retarded（发育迟缓的），special（特别的），subnormal（低于正常的）来代替"unintelligence"（愚钝）这样生硬的、具有伤害性的表达，使这类孩子幼小的心灵受到保护。

　　以上分析可以看出，人们认为有些事情是不便直接说出的，有些词语被认为是粗俗、不雅、难登大雅之堂的，因此，在社会交往中要借助语言手段，使用替代词语委婉表达，以此来美化或淡化它们，以使听者感到悦耳、说话者显得文雅。汉英儿童委婉语的使用反映了汉英民族对外部世界的共识和共同的避讳、美化和掩饰心理。

第十二章

汉英疾病与伤残类委婉语的
跨文化对比

一、关于疾病与伤残类委婉语

我国在对汉英疾病与伤残类委婉语的对比研究中，较多的是从构成形式、文化差异等角度进行简单的对比，缺乏具体的理论指导和汉英疾病与伤残类委婉语的收集整理。因此，我们尝试从跨文化交际视角出发，将汉英疾病与伤残类委婉语进行归类对比，探讨文化背景因素对汉英疾病与伤残类委婉语的影响，并提供一些策略和方法，进而提高跨文化交际能力。

疾病与伤残类委婉语的产生主要是出于避忌心理以及顾及当事人的心理承受能力，是比较典型的委婉语。疾病与伤残是一种不可避免的社会现象，在很大程度上反映出了一个民族的文化认知模式，因此，对疾病与伤残表达方式的研究有很大的实用价值。疾病与伤残类委婉语是委婉语的典型代表，涉及人类生理活动的各个方面，能较好地反映民族文化心理特征，体现一个民族的语言文化传统。

疾病与伤残类委婉语和其他类型的委婉语一样，具有四大特征，即可接受性、间接性、时代性、民族性。委婉语是为了避开让人产生消极心理反应的事物而使用的一种言语交际的手段，所以，让信息的接收者能够接受是委婉语的目的。人们在与患者交流过程中会尽量选用那些让人感到心里比较舒服的说法去代替直接的表达，其目的在于向信息的接收者传达一种态度，从而达到最佳的交际效果。可接受性是指人们使用的替代语不会使患者感到厌烦，因此应尽量把病情说得轻些、含糊些，使说话人没有心理压力，听话人愿意听，整个交谈能够顺利进行。例如，医生把肝癌说成是肝部有个结节，把肺癌说成是肺部有个囊肿，等等，以提高患者的心理承受能力。委婉语本质上是一种间接言语行为，也就是通过表面的言语行为来间接地实施真正想要表达的言语行为。当说话人所要表达的话语意义与语言的字面意义不一致时，语言的使用便具有了间接性。间接性指疾病与伤残类委婉语表达的方式不是直接的，而是尽可能用文雅一点的说法代替，通过更好的方式婉转表达，来减轻患者的思想包袱，增强患者战胜疾病的信心。时代性是指有些疾病与伤残类委婉语在某一个阶段被普遍使用，而随着时代的发展变化，这些词语逐渐退出委婉语的历史舞台。民族性是指一个民族的疾病与伤残类委婉语具有有别于其他民族的疾病与伤残类委婉语的重要特征。例如，由于长期受民族文化的熏陶，英美等以英语为母语的民族使用的疾病与伤残类委婉语反映出这些国家的人们的社会文化心理，而汉语疾病与伤残类委婉语则反映了中华民族的社会文化心理。

二、疾病与伤残类委婉语的分类

在世界上，疾病与伤残是人们难以避免的事情，无论是在医学专业术语中，还是在人们的日常话语中，都有相当数量的疾病与伤残词汇。因为疾病与伤残会给人带来痛苦，所以人们在日常交际中往往会使用含蓄、委婉的表达，有意回避直接使用疾病与伤残词语，这样疾病与伤残类委婉语就应运而生。

疾病与伤残类委婉语大致分为身体、生理疾病类委婉语，以及心理、精神疾病类委婉语，等等。

生病是所有生命体不可避免的生理现象，汉英两种语言文化中出于对疾病的避讳产生了大量的疾病委婉语，例如，英语把 cancer 说成 the big C，long illness，把 mad 说成 mental problem，have some problems in brain，insane，nervous breakdown，把 deaf 说成 imperfect hearing，把 blind 说成 visually retarded，把 venereal disease 说成 social disease，把 tuberculosis 说成 T.B，irregularity，lung affliction，用 the old man's friend 代替 lung trouble。

汉语中，人们总是选择一些好听的说法，来淡化伤残疾病，把病情说得含糊一些或者轻一些，把生病说成"不舒服""身体欠佳""身体不适"等，把癌症说成"重症、长期病"，把霍乱说成"子午痧"。人们出于善意，对于生理有缺陷的人，总是选择委婉的说法，避免直言他们的生理缺陷带来的尴尬。为了不触及他们心灵和肉体上的伤痛，把耳聋说成"耳朵有点背"，把盲人说成"眼神不好"，把瘸子说成"腿脚不灵便"等。

三、疾病与伤残类委婉语的语用功能

疾病与伤残类委婉语替代疾病与伤残的直接表述，在一定程度上可以使疾病与伤残的说法变得文雅，使患者或伤残者易于接受。

以往研究谈及委婉语的语用功能时往往一概而论，认为它有三个功能：一是避免刺激，给人以安慰；二是消除粗俗，给人以文雅；三是摒弃陈腐，给人以新颖。[①] 我们认为疾病与伤残类委婉语与其他类型的委婉语是有区别的，应该主要从避讳功能、礼貌功能、掩饰功能、积极情感功能等方面来进行探讨。

（一）避讳功能

在患者的求医过程中，往往会涉及隐私或生理缺陷，如果医护人员能够恰当地使用委婉语，尽量避免使用那些可能让人产生不良感受的词语，会起到避讳的作用。这样的交流可减少对患者及其家属的心理刺激，减少患者的心理负担及疾病带来的恐慌。癌症和艾滋病曾在 20 世纪被视为威胁人们健康的两大疾病，给人的冲击很大，尤其是在当时的条件下没有有效的治愈手段。在美国，当人们必须说到癌症时，通常避讳直接使用 cancer 一词，而是将其称之为 a long disease，that disease，the Big C。

20 世纪 50 年代以前，肺结核是令人谈之色变的绝症，人们就以"白魔"代指肺结核。以"沉疴"婉指迁延不愈的重症、以"最后一场疾病"暗喻绝症，这些皆是通过对疾病特点的概念进行隐喻描述，由疾病特点映射疾病本身，规避了令人闻之色变的禁忌词汇，以无伤大雅的词汇予以代替，达到委婉表达的效果。[②]

疾病威胁着人们的健康，谈及疾病，人们会抱着避讳的态度。不同的疾病有不同的委婉表达方式。在 20 世纪 80 年代的美国，癌症被视为不治之症，通常人们避讳直接表达，而委婉地称之为"肿瘤""瘤子""生长物"。又如"精神病人"被称作"精神问题"等等，相对应的，"精神分裂症"被婉指为"精神健康

---

① 刘纯豹. 英语委婉语词典. 南京：江苏教育出版社，2002：导言12.
② 李庆明，刘冰琳. 概念整合理论视域下医用委婉语对缓解医患矛盾的作用. 西安交通大学学报（社会科学版），2015，35（5）：118.

问题"，精神病院对病人的监禁也美其名曰"环境疗法"。同样，对于某些疾病人们也通常采用避讳的形式。时代不同，文化不同，人们都有忌讳之处，有忌讳必然有委婉，因而人们创造了许多讳饰、含蓄的说法。

（二）礼貌功能

随着社会的发展、文明程度的提高，人们尊重残疾人的意识也在日益提高。如果当着有生理缺陷的人的面直接谈论生理缺陷问题，是极不礼貌的，并且容易引起有生理缺陷的人的不快。在医疗过程中，对于生理上有缺陷的人，医生在谈论时就要采用含蓄的表达方式，尽量使用伤残类委婉语。使用伤残类委婉语体现了语言交际的礼貌功能，能起到避免引起不愉快的作用。尤其是医护人员，在与患者或者其家属交流时，应该遵循礼貌原则，体谅患者因疾病所导致的精神、心理等方面的压力，体谅患者的心理和情绪时而出现的波动，尽量使用委婉的词语与患者进行交流。

使用委婉语最基本的目的就是避免不愉快。一般而言，为了达到良好的交际效果，我们在进行语言交际时，应该以委婉的词语代替那些让人听起来不愉快的表达。例如，在医院，医护人员在与患者交流时，恰当地使用委婉语，不但能起到礼貌的作用，还能够使患者产生愉悦的心理，有助于疾病的治疗。汉语敬辞"凤体欠安""玉体违和"的使用，避免了与疾病相关的词语，在与女性患者交流时，能够使语言表达更为委婉得体，体现出委婉语的礼貌功能。

疾病与伤残类委婉语所体现的礼貌功能避免了疾病所带来的不适和尴尬，使得患者在心理上获得尊重，在医患之间建立起和谐的氛围，为医患之间形成良好关系打下基础。从以上分析可以看出，这些疾病与伤残类委婉语不但回避了不雅词汇的使用，而且创造出了礼貌、互相尊敬的谈话氛围。

（三）掩饰功能

彭莉在《委婉语的社会语用功能》中结合委婉语在实际语言中的使用，从语用学角度分析其在语言交际中的维护面子功能及掩饰功能。[①]疾病与伤残类委婉语较多地使用于医生与患者之间的交流沟通。医生在描述疾病时，为了避免因直接描述而让患者感到畏惧、惊恐、羞耻而引起的不适和尴尬，常常使用委婉语迂回、婉转地描述疾病。表述人体的某些部位、某些疾病或伤残时，使用疾病与

---

① 彭莉. 委婉语的社会语用功能. 池州师专学报，2004（4）：76–131.

伤残类委婉语，采取迂回、婉转的方法不动声色地描述疾病，能够淡化疾病的严重性，掩饰疾病与伤残的严重程度，以免引起痛苦以及给患者带来的不幸，消除患者对疾病的畏惧和无奈，从而达到对病人的抚慰作用。

使用尊重隐私类的委婉语，可以保护患者的隐私，能够使患者得到心理上的满足。医用委婉语用"无力""无雄蕊""无阳刚之气"代指男性功能障碍，巧妙遮掩了令人羞于启齿的病痛，突出体现了医用委婉语的掩饰作用。[①]

周子伦从英语疾病的婉称角度出发，提出疾病类委婉语有"高雅美化功能、掩饰安慰功能、诙谐交际功能"[②]。汉语中将"梅毒"婉称为"毒疮、风流疮、疳疮、广疮"等，《现代汉语词典》（第7版）对"疮"的解释是"通常称皮肤上或黏膜上发生溃烂的疾病"。这样用"毒疮、风流疮、疳疮、广疮"等词语婉转地描述梅毒，在很大程度上掩饰了病情，使患者减少了尴尬难堪。

（四）积极情感功能

疾病与伤残类委婉语的积极情感作用是指这类委婉语所传达出的积极情感，能够减缓患者及其家属的恐惧心理，减轻其思想压力，起到安抚作用。疾病与伤残类委婉语的使用，会对患者的心理产生积极的影响，消除他们对医生个人乃至治疗方式的抵触情绪，建立起战胜疾病的信心，这样一来医生所表达的内容就更易为患者所接受。以前，人们习惯于将身体不健全的人称为"残废"，现在用"残障"表达。从表面上看仅仅是一字之差，但实际上用"残障"替代"残废"，不仅顾及了身体不健全的人的心理承受能力，而且更重要的是去掉侮辱性的"废"字。"残障"显示的只是行动有障碍而已，使残障人士及其家人在情感上更容易接受。在汉语疾病类委婉语这一细节方面有突出贡献的是张拱贵，他在《汉语委婉语词典》中搜集到的汉语疾病类委婉语词有一百零三个。在与患者的交际中，巧妙地使用一些礼貌的、含蓄的词语代替那些比较直白、可能引起患者不快、令人尴尬甚至引起患者厌恶的词语，可以使谈话双方处于一种融洽的氛围之中，产生积极的情感作用，减少患者的恐惧心理。

① 李庆明，刘冰琳. 概念整合理论视域下医用委婉语对缓解医患矛盾的作用. 西安交通大学学报（社会科学版），2015，35（5）：119.
② 周子伦. 疾病的委婉语及其功用. 广西中医学院学报，2002（3）：153.

四、疾病与伤残类委婉语的文化心理

疾病与伤残类委婉语涉及人类生理活动的各个方面，能较好地反映民族文化心理特征，体现文化传统。由于文化背景、社会习俗、心理习惯等方面的差异，英语中表示伤残、心理、精神疾病的委婉语要比汉语中的相关委婉语多一些。疾病与伤残类委婉语体现了人们的趋吉避凶心理、畏惧心理、无奈心理、渴望心理和回避忌讳心理。

（一）趋吉避凶心理

俗话说天有不测风云，人生病本来是一件痛苦的事情，疾病委婉语却能够把悲伤、难过的感情色彩，用相反的词语来表达。汉语中有一类独特的语言现象就是正话反说。在谈到不吉祥的事物时，由于人们"趋吉避凶"的心理，往往不直言其事，而是采用它的反义词来表述。[1] 天花是一种急性传染病，天花的典型症状是出痘子，古人忌讳直言疾病，因而使用"见喜"婉指天花，以吉利的语言趋吉避凶，希望患者驱逐病痛，早日康复。这就是用正说反话的办法，来达到趋吉避凶的目的。"勿药有喜"也是正说反话的办法，以此来达到趋吉避凶的目的。说话者怀着美好的愿望，祝听话者不必用药，身体就可以早日康复。

谈及疾病，尤其是对当时条件下无法治愈的疾病，人们使用委婉的模糊词语来迂回、婉转地描述疾病，减少直接使用疾病名称对患者引起的不快，避免给患者带来刺激和伤害，增强他们战胜疾病的信心。

（二）畏惧心理

从语用学的角度，人们倾向于用褒义词代替贬义词，也就是用积极的词语代替消极的词语，提升语义，这样一来，说话者可以避免尴尬，而听话者也可以得到心理上的满足和感官上的舒适。在和患者交流中，恰当使用委婉语可以在某种程度上消除患者对疾病的恐惧心理。

作为委婉语婉指对象中的一个类别，"疾病与伤残"委婉语在本质上是通过含蓄、委婉的表达来消除或减弱令人感到"畏惧、惊恐、羞耻、自卑、内疚"的疾病所带来的不适和尴尬。[2]

---

① 杨彬，孙银新，刘杨. 英汉表"病残"义的委婉语对比研究. 西安外国语大学学报，2018，26（2）：6.
② 周恂. "疾病与伤残"委婉语语义构建的认知阐释. 韩山师范学院学报，2014，35（5）：73.

在我国已经绝迹的疟疾，是经蚊子叮咬或输入带疟原虫者的血液而感染的传染病，主要表现为周期性规律发作，全身发冷、发热、多汗，甚至长期多次发作。疟疾在历史上曾经是可怕的疾病，因人们不懂疟疾的病因，以为是疟鬼在作怪，所以忌讳直接说出疾病的名称。另外，疟疾病人发病时，先是四肢末端发凉，全身发冷，皮肤起鸡皮疙瘩，面色苍白，全身肌肉关节酸痛，然后，全身发抖，牙齿打战。等冷感消失以后，面色转红，体温迅速上升，通常是发冷越显著，体温就越高，有的可达 40℃以上。高热后期，面部、手心出微汗，随后全身大汗淋漓。疟疾的发病过程很有规律，所以讳称"打摆子"。"怯症"是肺结核的委婉语，在青霉素发明之前，肺结核被认为是一种死亡率极高的可怕疾病。由于人们的内心恐惧不安，忌讳直言，而婉称其为"怯症"。在旧社会以及新中国成立初期，我国肺结核病的死亡率很高，那时不少人都饱受肺结核的困扰。肺结核的危害使得人们在平常的言语交际中一般不愿直接提及该疾病，而是用"怯症"来代替，这就充分体现出人们对这种病症的畏惧。霍乱是一种非常凶猛的疾病，不仅发病迅速，而且死亡率极高，有"子时发病、午时死亡"的说法，故婉称"子午痧"。"出花""见喜"都是天花的委婉语，天花是死亡率很高的烈性传染病，曾经夺去了全世界数千万人的生命，人们忌讳直接言说。这些委婉语都体现出了人类对疾病的畏惧心理。

（三）无奈心理

伯牛是孔子的弟子，为人正派，善于待人接物。在孔子的弟子中，伯牛的德行与颜渊、闵子骞并称。由于伯牛患了不可治愈的恶疾而早逝，后来人们就用"伯牛灾"来婉指身体患有不治之症。因为病人需要长期忍受病痛的折磨，无望的等待更加消磨患者的意志。重症下的患者在没有特效药的情况下，别无他法，只能在绝望中等待死亡。用来婉指不治之症的委婉语"绝症"，就明显表现出人们对死亡无可奈何的心理。

（四）渴望心理

对人类来说，健康是最重要的，疾病痊愈后的健康更值得加倍珍惜。汉语疾病类委婉语中有许多反映渴望病愈的词语。在探望患者的时候，出于礼貌的需要，探望者要顾及患者及其家属渴望病愈的心理感受，因此，多说一些诸如祝福患者尽快病愈的吉利话。像"勿药有喜"，就是祝福患者不再用药，祈求病人早日康复，还有"和胜"一词，寓意希望患者通过不断调和身体，早日战胜病魔。

这些疾病类委婉语的使用，可以很好地照顾到患者及其家属对病愈的渴望心理。

对病愈的渴望心理还可以从另一个角度考虑。如用吉利话替代疾病的"见喜"一词，将"出痘子"看成是遇见喜事，这种不直接说出疾病名称的委婉用法，体现出了人们对早日恢复健康的渴望。另外，表达对病情好转后却又重犯甚至恶化的惋惜之情的委婉语"重落"也从侧面反映了对人们病愈的渴望。①

现在有一种现象，人们喜欢用 health care 替代 medicine，实际上也是一种对病愈的渴望。有些病人不想再依赖药物，而希望通过一种保健、养生的方法，最后达到治愈的目的，从这可以看出病人对医护人员寄予的一种希望。

（五）回避忌讳心理

隐忍忌讳是中国人的文化心理特征，尤其是在对患者的病情表示问候或与残障人士交流时，人们说话不能太直接明了，在交际过程中必须注意忌讳，即使是对男女之事和一些正常的生理异常现象也不能直接说出，最好通过委婉的方式表达。"唇腭裂"是一种身体的缺陷，如果直接提及肯定会让当事人觉得尴尬，甚至产生抵抗的情绪，使用"天使印记"这一具有积极含义的词语来代替直接说出缺陷，就避免了使对方在心理上产生不舒服。

身体、生理疾病就是指身体的种种不适，有些是先天性的，有些是由于各种原因后天造成的各种身体缺陷。出于回避忌讳心理，人们对身体所出现的异常状况通常不便直接明说，因此才出现了大量的身体、生理疾病类委婉语。通过模糊表述来婉指身体、生理疾病，在表达上有意使用含混不清、意义宽泛的词语去代替那些意义明确的词语，这样做有利于回避身体、生理疾病的特征，使人们不再把注意力集中在身体、生理疾病的特征上，能够在一定程度上保留病人隐私。拉科夫（Lakoff）认为："'委婉语'是一个或多个单词或者短语，主要功能就是在言语中使事件变得模糊。"②

在汉语中，生理现象一向不便于直接言明，人们更喜欢用委婉语来表示。例如，拉肚子等生理异常现象，直接说出是令人尴尬的，因此，相关的委婉语就有很多，像"破腹""暴下""跑肚""害肚子""闹肚子""腹疾""河鱼""河鱼腹疾"等。③另外，在汉语中还有很多因伤残与生理缺陷难以启齿而使用委婉语的例子，

① 杜焕云. 汉语疾病类委婉语研究. 大连：大连理工大学，2010：16.
② LAKOFF G. Hedges: A study in meaning criteria and the logic of fuzzy concepts. Chicago Linguistic Society Papers, 1972.
③ 张拱贵. 汉语委婉语词典. 北京：北京语言文化大学出版社，1996：57.

如"不男""期艾""失红症""失聪""口过""阴消""霜露之疾"等。这些委婉语就是利用回避忌讳心理，减轻病人患病后的心理压力。

五、汉英疾病与伤残类委婉语的社会文化背景

汉语疾病与伤残类委婉语和中国的社会文化现象之间存在千丝万缕的联系。透过汉语疾病类委婉语可以进一步了解我国与疾病类委婉语相关的社会文化现象，便于在了解疾病类委婉语的同时，深入了解我国独特的社会文化现象。①

在中国的历史发展过程中，由于受传统文化的影响，等级差别非常明显，即使在投医问药过程中也存在等级差异。例如，"不豫"，意思是不悦，不快乐，封建时代婉指帝王患病。《明史·仁宗》："帝不豫，遣使召皇太子于南京。"帝王患病也有婉称"违豫"的，如，清陈康祺《燕下乡脞录》卷十三："康熙二十六年，值太皇太后违豫，上躬侍寝榻。""负兹"，古代诸侯患病的委婉语，意思是负事繁多而致病。《公羊传·桓公十六年》："属负兹舍，不即罪尔。""负子"，古代诸侯患病的委婉语，意思是有负于子民。《史记·鲁周公世家》："若尔三王是有负子之责于天"。"犬马"，古代诸侯患病的委婉语，意思是代人劳苦，行役远方而致病。汉·何休注："天子有疾称不豫，诸侯称负兹，大夫称犬马，士称负薪。""采薪之忧""采薪之疾"是自称有病的委婉语，意思是有病不能采薪。唐浩明《曾国藩·血祭》："泉石兄，请坐。弟偶得采薪之忧，何劳仁兄过访。"

以人的生理特点或变化指代疾病与伤残、以疾病的症状指代疾病、以产生疾病的原因或疾病导致的结果指代疾病、以发现者或患者的名字指代疾病、以地名或机构名称指代疾病或医疗机构，这在医学界可以称得上是"国际惯例"。此类委婉语在英语中比较常见，如 Hansen's disease 婉指 leprosy（麻风病），Pott's curvature 婉指 hunchback（驼背），Alzheimer's disease 婉指 early senility（早衰）。汉语中的"沈迪氏病"婉指血小板聚集缺乏症等，不少人身上青一块、紫一块，时间久了又自动消失了。沈迪教授发现了这种血小板聚集功能缺陷的疾病，并将其命名为"沈迪氏病"。此外，在古汉语中，还有以患者的名字来指代疾病的。例如，汉代文人司马相如患有消渴疾，后来人们用"相如渴"婉指消渴病。孔子弟子冉耕，字伯牛，因患不治的恶疾而亡，后来人们用"伯牛灾"婉指令人恐惧的不治之症。

以地名或机构名称指代疾病或医疗机构。Bronxville bomb（布朗克斯维尔的

---

① 杜焕云. 汉语疾病类委婉语研究. 大连：大连理工大学，2010：37.

不快之事）用于指 Diarrhea（腹泻）。Brownville 是纽约市的一个小区，游客在该市游玩期间患上腹泻，有时就婉称为"布朗维尔的不快之事"。[①]英语中类似用来指称腹泻的表达还有很多，如 Cairo crud（开罗病），Delhi belly（德里腹），Gippy tummy（埃及肚子），等等。汉语中同样存在用地点指代疾病或医疗机构的例子。坐落于广州市芳村区的广州市脑科医院是中国第一家精神病医院，为广州人所熟悉。在广州人的日常生活中，当碰到行为举止异常的人时，人们会说"那家伙是芳村跑出来的"。在这一表达中，地名"芳村"用于指代"精神病、精神病院"。Broadmoor 是一家精神病医院，英国英语中的 Broadmoor patient 就被当地人作为日常交际中的委婉语使用。地点不是行为主体，在用途上并不具体。将具有具体用途或功能的机构、与机构相关的人和事隐藏在地点概念之中，转移了人们的视线，分散了人们的注意力，从而可以达到委婉的效果。[②]同样的例子还有香港的"青山"、北京的"安定"等。

六、疾病与伤残类委婉语的文化负迁移原因分析

文化正迁移是指一种语言的价值观、宗教信仰、思维模式、行为方式、风俗习惯、非言语行为等文化因素对另一种语言文化中的语言及其他事物的学习产生积极的促进作用。文化负迁移是指母语与目的语之间的差异所导致的迁移。

（一）文化差异

疾病与伤残类委婉语与人们的日常生活息息相关，也是在跨文化交际中出现失误较多的一类委婉语。而造成这种失误的主要原因是对文化背景认识不够，缺乏跨文化交际意识。

学习和使用英语委婉语的时候必定会受到本族语文化的影响和干扰，如果这种影响是积极的，就有利于英语的学习和跨文化交际。如果这种影响是消极的，就会阻碍和干扰英语的学习和跨文化交际。

虽然一部分汉英疾病与伤残类委婉语存在相似之处，但绝大多数疾病与伤残类委婉语产生于不同的历史文化背景和不同的地理环境中。这些委婉语承载着各自民族文化的烙印，受到特定文化的制约，受到价值观念、历史背景、宗教信仰、风俗习惯、地理环境、认知心理等因素的影响，因此，汉英疾病与伤残类委婉语

---

① 刘纯豹. 英语委婉语词典. 南京：江苏教育出版社，1993：137.
② 周恂. "疾病与伤残"委婉语语义构建的认知阐释. 韩山师范学院学报，2014,35（5）：74.

154

在文化内涵上存在较大的差异。由于文化因素的差异，英语中表示心理、精神疾病的委婉语要比汉语中的相关委婉语丰富得多。在英语国家，人们在相互交往的过程中大都注意隐私，因此，在交谈中往往注意对交际对方使用礼貌的言语。在疾病尤其是伤残类疾病的说法上，有很多委婉的表达方式，像 mental deficiency，lost one's mind，summon squash，leprosy，constipation，psychosis，Hansen's disease，irregularity，venereal disease，pulmonary disease，idiot，syphilis，等等。

在英语学习和跨文化交际中，由于学习者自身已有的文化背景与英语的文化背景截然不同，委婉语的学习过程会受到较多的文化负迁移的影响，生理现象委婉语也不例外。学习者由于文化的障碍，在英语学习和跨文化交际中出现语误也是常有的现象。

（二）价值观念差异

汉英两个民族虽属于东西方两种截然不同的文化，价值观念在总体上有着巨大的差异，但在某些方面也存在着相似的价值取向。委婉语的形成基本上都满足了弱化专业术语表达的特征，也就是说表达要模糊化。这也说明无论是在西方文化还是汉文化中，人们对禁忌事物和令人尴尬的词语都会尽量选择委婉的表达方式，这样既避免了说话者直言所造成的尴尬，也照顾到了听话者的感受。汉英疾病与伤残类委婉语虽然表达形式不同，但都是出于礼貌和婉转的目的。"还席"，婉指请吃后呕吐。呕吐使人恶心，所以，人们就用"还席"婉称呕吐。《儿女英雄传》第二八回："老程师爷是喝得当面还席，和衣而卧。"[①] 钱锺书《围城》三：斜川看鸿渐好了些，笑说："凭栏一吐，不觉箜篌，怎么饭没吃完，已经忙着还席了！""违和"，释义是不协调，失常。身体失于调理而出现不适，是用于称病人的委婉语。例如，南朝梁沈约《齐禅林寺尼净秀行状》："又经违和极笃，忽自见大光明，遍于世界。"[②]《廖承志致蒋经国先生信》："惟长年未通音问，此诚憾事。近闻政躬违和，深为悬念。"[③] 罗贯中《三国演义》第二十九回《小霸王怒斩于吉·碧眼儿坐领江东》：主公玉体违和，未可轻动。且待平愈，出兵未迟。中国有几千年的发展历史，中国人受儒家思想的影响，普遍养成了重感情、讲仁爱的性格，在长期的发展中形成了含蓄的传统美德。在人际交往中，这种性格往往是用含蓄的方式表达出来，这种价值观念上的传统美德必然会在语言上体现出来。

---

① 参见张拱贵.汉语委婉语词典.南京：江苏教育出版社，1993：58.

② 同① 59.

③ 廖承志致蒋经国先生信.人民日报，1982–07–25（1）.

（三）思维模式差异

不管是英语疾病与伤残类委婉语，还是汉语疾病与伤残类委婉语，其本质都是对人类生命体基本生理特征的委婉描述，在委婉描述的过程中，"忌讳"是产生委婉语的重要心理基础，中国人和西方人都会产生相似的心理基础。无论是英语还是汉语，在生、老、病、死、排泄等方面都会涉及人类共同生理现象的话题，不管哪个民族，人们都会使用一些委婉的表达方式来美化这些事物，因此，对这些事物的汉英委婉方式的对应性，体现了人类思维的相似性。

汉语疾病与伤残类委婉语中对事物的相似性观察，大多是外形相似。例如，"出花"婉指痘症、"河鱼"婉指腹泻，这些都是建立在病症所显现的外在形貌和思想之物的形貌存在相似性的基础之上的。这些生动形象的表述，既照顾了患者的面子，又避免了交谈过程中尴尬局面的出现。

从思维模式上看，汉英两个民族是有差异的，具体到每种语言的表现形式，又有所不同。英语往往是通过词语替换来完成模糊表述的，通常使用 affection（影响），condition（状况），disorder（紊乱），problem（问题），trouble（麻烦），accident（意外）等婉指有病、生病。例如："He is suffering from an affection of the ear."，他正在患耳疾。[1] "This is an interesting condition. I've never seen this illness before."，这种病很奇怪，我以前从没碰到过。[2]

在社会交际中，尤其是与患者和患者家人的交流中，如果直接说出疾病的名称，会使他们感到恐惧、惊恐、羞耻、自卑、不快，这就需要我们在与他们交流中使用委婉语进行掩饰、避讳、美化。既然疾病与伤残类委婉语描述的是人类共同面对的疾病和伤残，那么，这些委婉的表达方式在不同的文化环境中，可能存在相似的地方，但是由于不同民族在历史发展、价值观念、文化背景、思维方式、认知心理上的差异，同样的疾病与伤残在不同民族的语言中的委婉表达形式也存在巨大的差异。汉英两种语言属于不同的语言体系，具有不同的民族文化背景，疾病与伤残类委婉语在表达形式上肯定会呈现出不同的表现形式，这就要求我们在跨文化交际中注意这种差异。

---

① 刘纯豹. 英语委婉语词典. 北京：商务印书馆，2002：128.
② 同① 59.

第十三章

汉英犯罪与惩罚委婉语的
跨文化比较

　　一提到犯罪，人们都非常痛恨，认为犯罪是难以容忍的现象，在提及犯罪活动和惩罚时，人们总是用委婉语来回避。从犯罪者的角度来说，大概是由于做贼心虚的原因，他们会想方设法地来掩饰自己的犯罪行为，往往会根据需要找出一些冠冕堂皇的词语，或者编造出一套隐语来掩人耳目，欺骗警察。犯罪者出于害怕受到惩罚的心理，把有关刑罚、监狱等词语看成禁忌语，尽量避免直言，而使用相应的词语来替代。犯罪者使用的委婉语，如暗语、切口等仅在内部流行，而有些委婉语慢慢被人们所接受，进而被吸收成为社区共同语言。

　　对于一般人来说，使用犯罪与惩罚类委婉语，有的是出于对犯罪者、犯罪行为的惧怕、厌恶，而不愿意直言；有的是为了避免对当事者和相关人的刺激，出于同情或宽恕的心理，与他们交流时使用委婉语，避免引起他们的不快。

　　汉英语言中有关犯罪和惩罚的委婉语都非常多。那些隐语，即罪犯使用的黑话，是否属于委婉语，这个问题涉及语言理论乃至哲学理论。有人认为罪犯使用的隐语属于委婉语，因为罪犯编造隐语是为了掩饰自己的不法行为，以掩人耳目达到掩盖犯罪的目的。也有人认为罪犯使用的隐语不属于委婉语，理由是隐语只是犯罪团伙的内部语言，使用隐语的目的主要是联络同伙、方便作案。本章准备从以下几个方面讨论犯罪与惩罚委婉语。

一、盗窃犯罪委婉语

有关盗窃犯罪的委婉语非常丰富，盗窃犯创造出了许多这一领域内的行话，编造了一套隐语，既为了掩饰自己的不法行为，也为了美化盗窃犯罪，方便联络同伙，迷惑警察的注意力。这些隐语变化无常，扑朔迷离，让人捉摸不透。创造者和使用这类词语的人主要是罪犯和警察。罪犯为了掩饰自己的行动，会编造一套又一套的暗语。警察为了破案还必须掌握这些暗语、切口，与罪犯打交道时就需要使用他们的暗语。

词语并不一定能够表达事物的本质，最重要的是表达与其他事物的区别性特征。所以委婉语就是用表达事物非本质特征的词语，来代替表达事物本质特征的词语，以减少原事物产生的刺激。这样就能够淡化对词语和其与所表示的客观事物之间的联想，从而起到委婉的作用。例如，汉语中用"手脚不干净"表示偷窃，英语中用 a five fingers（五指汉）代替小偷。其中，a five fingers 源于一部描写间谍兼小偷的电影 Five Fingers，由约瑟夫·L. 曼凯维奇（Joseph L. Mankiewicz）主演，该电影在 20 世纪 50 年代曾在美国风靡一时。后来人们就用 a five-finger discount 婉指青少年窃取商店的物品。light-fingered 本义是指人的手指灵巧，婉指善于扒窃的小偷，a light-fingered gentleman 婉指小偷。汉语中则用三只手婉指小偷，意思是小偷行窃隐秘，似乎比常人多一只手。

英语中 Jack-roller 婉指专门对醉汉翻转搜身的蟊贼，a crib man 婉指专偷公寓的盗贼，a dip 婉指扒手，由动词转变词类而成，于 1859 年开始使用。a booster 本义是热情的支持者，20 世纪初有了"店铺扒手"的委婉义，多指在商店顺手牵羊的女贼。a day man 原意是上日班工人，婉指白天在公寓行窃的盗贼，a heavy man 婉指撬窃保险柜的盗贼。a gentleman of the road 本义为大路君子，婉指剪径强盗，是英国委婉语，曾经有几种变体：knight of the road（大路骑士），gentleman of the pad（大路先生），knight of the pad（大路骑士），squire of the pad（大路绅士）。a spitter 婉指迎面扒窃的小偷，他们一般会选衣着体面的人下手，先是故意对着他的衣服打喷嚏，然后装出抱歉的样子，一边道歉，一边擦拭，乘机偷取钱财。to walk away with（不告而取），to borrow（顺手牵羊）均婉指偷窃。这与鲁迅先生《孔乙己》中的孔乙己说的一样，当别人揭发孔乙己偷书时，"孔乙己便涨红了脸，额上的青筋条条绽出，争辩道，'窃书不能算偷……窃书！……读书人的事，能算偷么？'"。unauthorized use of a motor 婉指盗车，是 20 世纪 70 年代，美化白人青少年盗车的委婉语。同样是盗车，白人盗车只是轻描淡写的 "unauthorized use of a motor"（未经主人允许而使用汽车），而黑人盗车却成为

"grand larceny"（窃财物超过一定价值的盗窃）。

　　汉语中的偷窃类委婉语多源于人们约定俗成的口语，包括各行业隐语、方言、社团方言等，因此，多了一层隐秘性。偷窃类委婉语还具有形象性的特点，这类委婉语大多采用隐喻或转喻等手段来表达委婉义，例如，"三只手"形象化地说明小偷用比一般人多出的一只手来行窃，属于用典型部分转喻整体。"钳工"本义是做钳工工作的人，婉指扒手。蒋子龙在《短篇二题·"钳工"断指》中对小偷的描述：好的钳工，只要伸出两个手指，中指和食指，到滚水中就能把肥皂头夹上来。王笃明在《开封网·汴梁晚报》（2014年10月28日）发表文章：这个扒手太大胆，公交车上当"钳工"。"白日撞"婉指白日作案或白日作案的窃贼。荆楚网记者方历娇发表文章《女贼"白日撞"顺走万余元 专找领导办公室行窃》（2013年1月14日）：据喻某交代，其作案方式俗称"白日撞"，她趁政府机关上班时间来往办事人员较多之际混进机关办公楼，伺机行窃，得手后大摇大摆离开。"水老鼠"婉称专在船上或水边行窃者或私自偷窃公共用水者。清欧阳钜源《负曝闲谈》第二十回对这种行窃者是这样描述的：他们的外号叫作水老鼠，专以偷窃扒摸为事，始终也破不了案的。你们昨天晚上捡到的那把钥匙，就是他们的衣食饭碗，你要是拿了去，岂不是绝了他们的衣食饭碗。找法网刊登文章《史上首次广州对偷水进行刑罚》（2013年9月27日）：为了打击"水老鼠"，今年5月，广州市成立了由市公安局、市水务局、市水厂等单位组成警政企联动的常态化联合执法机构。

　　随着对外开放，我国经济快速发展，人们的生活发生了巨大变化，小偷的行窃方式也发生了改变。随着现代交通技术的发展，偷窃方式也产生了变化，如"高客"，就是婉指飞机上的小偷。

　　硕鼠最早出现在《诗经》中，《魏风·硕鼠》是中国现实主义诗集《诗经》中的一首诗。这首诗旨在说明朝廷官员敛财，盘剥庶民。前些年国家粮食储备库贪腐案频发，粮食储备系统一直存在着违规空库、谎报库存、套取差价款、非法出售可致癌的陈化粮等违规、违法现象。人们把这种贪污腐败者婉称为"硕鼠"。

　　汉语中"梁上君子"是盗贼的婉称，典出《后汉书·陈寔传》，汉朝时候，陈寔家里，夜里来了一个窃贼，藏在梁上。陈寔看到以后，假装没有看到。他把弟子叫到跟前，教训他们说"夫人不可不自勉，不善之人，未必本恶，习以性成，遂至于此，梁上君子者是也"。藏在梁上的窃贼听后大吃一惊，知道自己已经败露，只好下来就擒。"夜客"是盗贼的婉称，唐代诗人李涉，有首赠盗贼的诗，题为《井栏砂宿遇夜客》，后来，"夜客"就用来婉称盗贼。《小说月报》1994年第2期刊登一篇文章说：昨夜夜客光临寒舍，可惜我一文不名，使他徒劳往返。"夜行人"婉指窃贼，因窃贼多于晚间行窃。

二、谋杀犯罪委婉语

"杀人"的委婉用语 let daylight in sb.，是俚语，原义是让某人透光、穿孔。"I should think no more of admitting daylight into the fellow, said the youngest gentleman in a desperate voice, than if he was a bulldog."（查尔斯·狄更斯 *Martin Chuzzlewit*《马丁·翟述伟》第十章）（最年轻的绅士带着绝望的语调说："即使他是一只斗牛犬，我也不想在他身上穿几个窟窿。"）"let daylight in sb."的本义是用子弹或刺刀在某人身上穿几个窟窿使其透光，意思是"杀死某人"。"off"的本义为去除、除掉，后来有了"杀死某人"的委婉意，如"off the pigs"。"The organization had ordered him to mess up a couple of guys, but instead he offed them."（ J. Godey, *The Taking of Pelham One Two Three*，1973 沃尔特·马修主演的一部美国斗智动作、犯罪电影《骑劫地下铁》）（那个组织命令他去把那两个年轻人揍一顿，但他却把他们打死了。）"send sb. up the Green River"字面意思是将某人送到格林河的上游去。格林河是美国俄亥俄州的一条小河，19 世纪的时候格林河旁有一家生产战刀、匕首的工厂，被称为"格林河厂"。该厂生产的战刀、匕首都打有"Green River"的字样。久而久之，"send sb. up the Green River"在当时便成了死亡的代名词。杀人、谋杀类委婉语比较多，常用的有：fix（干掉），frag（杀人），get rid of（除去），give sb. the business（虐待某人），give sb. the questions（杀死某人），hit（干掉），homicide（杀人），knock off（打掉），lay low（击昏），let daylight in sb.（射杀某人），liquidate（屠杀），put sb. on the spot（决意谋杀某人），put out of way（清除碍事的人），put sb. to silence（使某人沉默下来），put sb. to sleep（使某人入睡），remove（除去），run out（擦掉），send sb. up the Green River（将某人送到格林河的上游去），send west（送到西方），slience（使……缄默下来），snuff out（杀死），take（带走），take care of（照顾），take sb. for a ride（将某人架出去杀害），take off（夺取），terminate（终止），touch off（打掉），waste（废掉），wipe out（抹掉），dispatcher（杀人者），to X out（谋杀），等等。

三、吸毒及毒品委婉语

在美国，20 世纪被称为"焦虑的时代"。社会飞速发展，人们生活的各个方面都受到深刻影响。面对瞬息万变的社会，有些人感到无所适从，更有甚者感到万念俱灰，有一部分人想通过吸毒来逃避现实。自 20 世纪 60 年代，美国吸毒现象日趋严重，表现在吸毒人数增加，吸毒者出现低龄化，关于吸毒、贩毒、禁赌的话题经常出现在报纸、杂志、电视等媒体中。

汉语中"阿芙蓉"音译自外来语，是鸦片的委婉语。"白粉"是海洛因的委婉语，因为海洛因是白色粉状物，因此，白粉就成了海洛因的隐称。《当代》杂志 1994 年第 1 期刊登的一篇文章有这样一段对话：那男人倒不计较，蹲着往灶里添柴，说："那家的馄饨汤，很香哩。知道为啥，放了白粉……""什么白粉？"吃客们大吃一惊："鸦片呐？大烟呐？是么？""福寿膏"婉指鸦片，贩毒者为了欺骗更多的人吸鸦片，就宣称吸后可增福寿。"十一画"婉指烟土，过去人们用烟土婉指鸦片，因烟土的"土"字由"十"与"一"组成，所以，吸鸦片的人为了更具隐蔽性，干脆就用"十一画"婉指鸦片。"4 号"婉指海洛因，4 号海洛因的纯度为 99%，故婉称"4 号"。为了迷惑警方，吸毒者和贩毒经常使用隐语，这些隐语变化无常，其变化速度之快，连缉毒警察都难以跟上，一词多义和旧意再现的情况经常出现。在美国英语中，joint 一词既可指大麻烟卷，也可指迷幻药（PCP），dope 一词曾经表示"毒品"，后来长期废弃不用，然后又重新流行起来。麦角酰二乙胺是一种致幻药，因这种药片的颜色为橘黄色，颇似明媚的阳光，吸毒者和贩毒分子就把这种致幻药叫"California sunshine"。异戊巴比妥是一种镇静剂，服用后使人产生一种飘然欲仙的感觉，后来被吸毒者滥用，被称为"blue heaven"。heaven 隐指服用后飘然欲仙的绝妙感觉，又因这种药品置于蓝色胶囊内，故名"blue heaven"。吸毒成瘾者被婉称为"cold turkey"，对于突然停止使用毒品而引起的发烧的情况则被婉称为"go cold turkey"。

英语还有一种习惯，即把不好的东西冠以外国名字，如 French blue（苯丙胺药片）。Richard M. Nixon 是美国前总统，在"水门事件"中名誉扫地。因为，Nixon 喜欢夸大自己的功劳，往往言过其实，不仅美国人民不喜欢，而且瘾君子们还将那些号称高品质，实际上却没有多大效力的毒品称为 Nixon，因此，Nixon 就成了以次充好、名不符实的毒品的委婉语。Alice B. Toklas 是一种搀有大麻的巧克力小方饼。据说是美国作家 Gertrude Stein 的女伴 Alice B. Toklas 所发明的，所以用她的名字来命名。在现代口语中有时还可以简称为 Toklas。

The Black and White Minstrels Show（《白人扮演黑人之滑稽歌唱表演》）是 20 世纪 60 年代英国上演的一部很受欢迎的电视系列片，black and white minstrels 在英国英语中原意是指白人扮演黑人的滑稽歌唱团演员，后来被用来婉指安非他

明类药物。"an arctic explorer"是吸毒者的委婉语。可卡因的一个雅称是"白雪"，北极是白雪覆盖的大地，在白雪中探险的人，显然是与白雪打交道的人，因此，人们把吸毒者委婉地称为"an arctic explorer"。Campfire Boys 是美国的一个青少年组织名称，其成员是 7 至 18 岁的男孩。该团体的宗旨是鼓励青少年锻炼身体、培养良好的品德和发扬互助友爱的精神。a campfire boy 后来婉指大烟鬼，该委婉说法是由篝火联想到烟灯而被用来婉指大烟鬼。

四、诈骗犯罪委婉语

"免费提供长期贷款，无担保"，这样的长期贷款，不仅不要抵押，连担保也不需要，听起来很有吸引力。要是遇到有人向你推荐无担保贷款的话，确实要小心了，请记住天上是不会掉馅饼的。一旦你同意接受贷款，诈骗分子就会声称收到贷款之前，必须先付保证金或者部分利息，并要求你自己办理一张银行卡，为了证明你的还款能力，需要先打一笔"企业验资款"到账户上，然后开通电话查询功能供查询。而实际上诈骗分子利用新办银行卡的初始密码就会把你的钱转走。

"某某先生，您好！您的银行账户涉嫌洗钱。"如果你接到这样的电话，可能脑袋一下子就大了，而且电话的另一端是伪装成公安局、检察院或法院的工作人员，诈骗分子一般会先说你涉嫌"洗钱""发送诈骗信息"等话语唬住你。如果你还不信，诈骗分子接着会给你发来你身份证明、执法机关的公函等。这样一下子就把你震慑住了，接着就会套路你把账户里的钱转到"监管账户"进行"审查"。等你明白过来，你转到所谓的"监管账户"的钱，已经被诈骗分子转走了。

五、惩罚委婉语

警察为了破案必须了解甚至运用各种罪犯的黑话，因为，罪犯使用黑话的目的是掩饰自己的行动。

汉语中关于监狱的委婉语，常见的有"班房""高墙""蹲班房""进局子"，甚至更加含糊的"进去了"等，这主要是根据监狱的高高围墙这种现象，而婉指监狱。尽管犯罪者的行径令人深恶痛绝，但人们出于同情那些愿意接受改造的犯人，为避免直言监狱而使用委婉语婉指监狱。曹建培的《我们怎样在新疆监狱中度过四年》有这样一句话：凡是他调回来另有任用而不接见的干部都是准备送入"巴黎子"。"巴黎子"婉指监狱，本指衙署、府第的差役值班之所，后来婉指监狱。"蹲小号"，方言中监狱婉称"号子"（因监狱牢房编有监号，所以，"号子"婉指监狱），所以"蹲小号"婉指坐牢、关禁闭。"福堂"婉指监狱，典出胡侍《真珠船》卷三"余向系锦衣狱，睹壁上有大书'福堂'字甚伟……近阅《吴越春秋》，大夫文种祝词有云'祸为德根，忧为福堂'，因知出处"。"伏法"，受到法律的惩处，婉指被处死刑。"伏诛"婉指被处死，典出《史记·淮南衡山列传》"淮南王安甚大逆无道，谋反明白，当伏诛"。"进庙"，犯罪者把监狱喻作庙，以避免直言监狱。也有犯罪者避讳监狱，而把监狱比作"宫"，被捕进监狱就成了"进宫"。尤其是"二进宫"的委婉用法，常见于当代小说，婉称第二次进监狱。二进宫的意思是指第一释放后再次违法犯罪被拘留或者被判刑入狱，二进宫的说法来源于京剧《二进宫》，故事取材于鼓词《香莲帕》。

上海市的监狱建在一个叫提篮桥的地方，因此，在上海方言中就以"进提篮桥"婉指进监狱。"便宜房子"是监狱的婉称，因住监狱无须出房钱。铁窗，监狱内窗户均安装铁栅，所以婉指监狱。"下处"，居住、歇息的地方，婉指监狱。还有把管制、缓刑、监外执行、假释等在社区改造的罪犯称为"社区矫正人员""特殊人群"等。

惩治罪犯最严厉的惩罚手段是执行死刑，古代关于杀人的委婉语的说法有40多种，把犯人押解出去执行死刑，避免直接说杀人，而委婉地说"出人"。犯人受到法律的惩罚，被执行死刑，婉称"伏法"。过去有一种死刑是刀斧手用大刀砍掉犯人的头颅，这种斩首的处罚被婉称为"身首分离"。"正法"，源自佛教语，正当的法则，指执行死刑，婉指依法公开处决。

The Bill 是 20 世纪八九十年代英国的一部电视连续剧，内容讲述的是伦敦的一个虚构地区警察局警察的故事。电视连续剧中展现了现实中都市警察所面临的问题，后来 the Bill 和 the Old Bill 就成为英国警察的委婉语。Peeler 在英国是警察的委婉语，该委婉语源自 19 世纪初英国内务大臣 Robert Peel 的名字，他于 1928 年向国会提议创建了伦敦警察系统。在爱尔兰，Peeler 也成了警察的委婉语。Bear 美国警察的委婉语，源自美国森林局的一幅早期的宣传画。该画印有一个身着护林人制服的棕熊，名为 Smokey and the Bear，20 世纪 70 年代，自电影 *Smokey and the Bear* 上映后，bear 就成了警察的委婉语。*Kojak* 是 20 世纪 70 年代末 80 年代初出现的一部电视连续剧的剧名。该警匪剧在美国和其他讲英语的国家收视率很高，所以 Kojak 也就成了警察的委婉语。

英语中 flowery dell 婉指监狱，因为 flowery dell 中的 dell 与 sell 押韵，故而成为代替后者的委婉语。婉指监狱的委婉语还有 the nick、the slammer 等。rose garden 婉指单人禁闭室，to do time 婉指服刑，inside 婉指在监狱里。screws 婉指监狱的狱警，监狱的囚犯被婉称为 lags。美国英语中把犯人的双手铐在牢房栅栏上罚站委婉地说成 to tend the bar。finishing school 婉指女少年犯教养所，Heavy Needlework 婉指监狱中的五金器具部。industrial school 婉指男少年犯教养所，state training school 婉指美国州立少年教养所，training school 婉指青少年监狱。1988 年英国专为 12～14 岁屡次违法的少年儿童设立管教中心，婉称为"安全训练中心"（secure training centre），对他们进行教育。college（监狱），Camp Adirondack（监狱）是具有讽刺意味的委婉语，既是为了相互取笑，也是为了自我洗刷和自我美化。过去在英国，青少年违法后，因为年龄太小不能被送到监狱，而是被送到 approved school（少年犯教养院）。现在在英国，如果 17 岁至 21 岁的青少年违犯法律，如果不太严重的话，就不用送 young offender institution（少年犯管教所），而是送到 attendance centre（少年犯教育中心）。这些违法青少年必须在晚上或者周末在 attendance centre 待够一定的时间。人们把违法青年接受教育的社区中心婉称为"社区之家"（community home）。assembly center 指第二次世界大战期间，美国将美籍日本人以莫须有的罪名关押的集中营。big house 婉指监狱，California Men's Colony 婉指加利福尼亚州男子监狱。work release center 指（美国）劳教中心，该计划 1906 年在佛蒙特州开始实施，允许犯人白天离监去社会上工作，晚上再返回监狱。在英国英语中，to go down the block 婉指被关进惩戒牢房。在美国英语中，to drop into the bucket 则婉指被投入监狱。secure facility 婉指防守严密的监狱，"Only those considered 'seriously assaultive', ...are housed in the only remaining 'secure facility.'"（只有那些被认为是"最富攻击性"的犯人⋯⋯才被关进那剩下的唯一一座"安全所"。）（Jessica Mitford, *Kind and Usual Punishment: The Prison Business*, 1974）

在美国英语中，有期徒刑的常见委婉说法有：a half-a-stretch 半年徒刑，a calendar 一年徒刑，a deuce 二年徒刑，a nickel 五年徒刑，a dime 十年徒刑，a quarter 二十五年徒刑，the book 无期徒刑，the electric cure 电刑处死。电刑处死的另一种说法是 manufactured lightning，这个委婉说法大概是考虑到电刑处死罪犯时产生的闪电吧，还有一种被处死刑的委婉语 to pay the supreme penalty。

犯罪是社会存在的一种丑恶现象，但是，社会必须以宽容的态度对待犯罪分子，为了避免伤害这些人的自尊，人们把轻微犯罪称为"失足"，这充分体现了现代社会对犯罪分子及相关人员的宽容心态，也是一种人文关怀吧。

第十四章

网络委婉语

　　随着网络技术的发展和普及，互联网在人们日常生活中的应用日趋广泛，中国的网民人数也日益增长。第六届世界互联网大会发布了《中国互联网发展报告（2019）》。报告显示，截至 2019 年 6 月，中国网民规模为 8.54 亿人，互联网普及率达 61.2%，网站数量 518 万个。中国互联网协会 2020 年 7 月 23 日在中国互联网大会上发布的《中国互联网发展报告（2020）》显示，中国网民已达 13.19 亿，占据全球网民总规模的 32.17%。（2020 年中国互联网网络音视频规模达到了 2 412 亿元，我国网络音视频用户规模持续增长。）2021 年 7 月 13 日，2021（第二十届）中国互联网大会在北京开幕，大会开幕式上发布了《中国互联网发展报告（2021）》。报告显示，2020 年，我国数字经济市场规模已达 39.2 万亿元、工业互联网市场规模达 9 164.8 亿元、物联网市场规模达 1.7 万亿元、人工智能市场规模达 3 031 亿元、网络安全市场规模达 1 702 亿元、网络教育市场规模达 4 858 亿元。

　　2022 年 9 月 14 日，中国互联网协会正式发布《中国互联网发展报告（2022）》，截至 2021 年底，我国累计建成并开通 5G 基站 142.5 万个，建成全球最大 5G 网络；我国 IPv6 地址资源总量位居全球第一；算力规模排名全球第二。人工智能、云计算、大数据、区块链、量子信息等新兴技术跻身全球第一梯队。我国"5G+ 工业互联网"在建项目超过 1 800 个，覆盖钢铁、电力等 20 多个国民经济重点行业；我国数字经济规模增至 45.5 万亿元，总量稳居世界第二；我国电子政务在线服务指数全球排名提升至第 9 位。

　　在此背景下，语言载体逐渐由传统意义上的书面语、口语向网络用语过渡，网络文化推动网络语言得到迅猛发展，网络语言折射着社会生活的重要内容，是网络时代人们社会心态的反映，体现了网络文化内涵。在网络语言中，由于交际手段和语境的独特性，一些新的语言表达形式随之出现，网络委婉语（web euphemism）便应运而生并逐渐流行起来。网络委婉语是委婉语的一种特殊形式，其构成原则、构成形式、使用语境、使用对象、使用特点都与传统委婉语有不同之处。社会的发展变迁必然会在语言的词汇里留下反映各个时代特色的词语，起着见证历史的作用。

一、网络委婉语的构成原则

概括起来讲，网络委婉语的构成有以下几条原则。

（一）礼貌原则

网络委婉语一个很突出的特点，是具有多样的表达形式，有时可以正话反说，有时可以反话正说。为了使褒义词的偏离突显贬义色彩，可以褒词贬用，或用调侃的语气称赞对方，也可以贬词褒用。这些形式多样的表达形式巧妙地体现了谈话中的合作原则和礼貌原则，如旁敲侧击，既能够让对方明白其言外之意，又可以灵活地控制交谈的节奏，最终取得良好的交际效果。

网络委婉语经常采用礼貌原则，使信息接收者在稍做思考后恍然大悟，进而会心一笑。例如，用"鸭梨"代替"压力"，用"觉皇"指代"嗜睡的人"，用"纯净水"表示"论坛中没有实际内容的帖子"，这都能顾及他人颜面，体现礼貌原则，从而产生委婉的语用效果。

（二）格雷欣法则（Gresham's law）

"格雷欣法则"指的是"劣币驱逐良币"法则，是指在实行金银双本位制条件下，金银有一定的兑换比率，当金银的市场比价与法定比价不一致时，市场比价比法定比价高的金属货币（良币）将逐渐减少，而市场比价比法定比价低的金属货币（劣币）将逐渐增加，形成良币退藏、劣币充斥的现象。后来，语言学家休·罗森（Hugh Rawson）将此概念套用到语言学中：同一个词，如果具有一好一坏或一中一坏两种含义时，坏的含义终将挤掉好的和中性的含义。例如，英文中的 gay 一词，原本含有"快乐的"和"同性恋的"两层含义，但随着语言的进化，"同性恋的"含义挤走了"快乐的"的含义，现在人们一提到 gay，就会联想到"同性恋"，因此，人们表达自己快乐心境时，不再说"We are young and gay"。

汉语中的太平公主是我国历史上赫赫有名的人物，是中国历史上第一个女皇帝武则天的女儿，而且几乎真的成了"武则天第二"。而今天网络语言中的"太平公主"与唐代的太平公主没有任何关系，是用来婉指不丰满的女性。

（三）经济原则（the economical law）

经济原则是指说话者用最少量的语言达到最佳的交际效果。当今时代瞬息万变，信息传递争分夺秒，而网络委婉语则记录着时代的特征。网络委婉语大多短小精悍，用最简洁的、最直观的语码承载着最丰富的信息。网络委婉语数字多、符号多，向简易化发展的构词特点体现了词汇的经济性原则。网民为了提高文字输入速度，节约上网时间和费用，根据网络交流平台的快捷性、简单性和方便性，对一部分词汇或句子进行改造，构造出新的字母、数字、图形符号组合体，简洁性远远超过了传统的语言模式。网络中常见的有：由阿拉伯数字构成的 5201314 表示"我爱你一生一世"，359258 表示"想我就爱我吧"，⊙_⊙‖表示"真尴尬"，"T-T"表示流泪，"？-？"表示疑问。缩略语应用广泛，如由汉语拼音首字母构成的 RPWT（人品问题），PMP（拍马屁）。同样，还有由英语单词的首字母构成的"FM"（follow me 跟我来），"CU"（see you 回头见）。KFC 本来是肯德基（Kentucky Fried Chicken）的缩写，是美国跨国连锁餐厅之一，也是世界上第二大速食及最大的炸鸡连锁企业，明明是成本很低的东西却卖那么高的价钱。不少网友愤怒地表示：现在开始抵制垃圾食品，不再去 KFC 了，并且用 KFC（kick, fuck, cut）来委婉地调侃肯德基炸鸡。

人们往往基于语言符号的类推、诱导性与隐喻仿词构成的心理机制与组合规律，由一个词语衍生出多个词语，这突出地体现了流行语的惯性突破力。[①]这种惯性突破力在网络委婉语中比较常见。人们从"空姐"衍生出"空嫂"，此外，还有"月嫂""军嫂""警嫂"等词语。

"负翁"婉指负债消费的人，"老司机"婉指见多识广、经验很丰富的人，这种经济原则构成的网络委婉语使网络语言更加丰富简便、诙谐生动。交际者还使用缩略语、数字、特殊符号来构成委婉语，比如用 OIC 代表 oh, I see（我明白了），用"情圣"代表"爱情中剩下的人"。对于个头不高的男子，如果直接称呼其为"武大郎"，贬义十分明显，人们就称这类男子为"根号二（$\sqrt{2}$）"，这些委婉语的构成都符合经济原则。经济原则是语言发展的规律之一，网络语言

---

① 黄知常. 经济流行语的惯性突破力. 中南工学院学报，2000（2）: 71.

舍弃了长而复杂的表达方式，只用很少的网络语言就能表达出自己的思想，而且它有效地传达了交际的主要信息，使言语的表达、接收不仅清晰，而且更迅速、准确。在最短的时间内传递最大的信息量，这是语言经济原则的要求，体现在网络委婉语上就是其构词的简易化。

二、网络委婉语的构成形式

现代语言学的研究成果表明，委婉语的"语"，其表现形式可以是语音、语词和语句，可以体现在语词、语句甚至语篇的不同层面上；"委婉"可理解成由语言手段和言语手段构成的种种方式、技巧。[①]网络委婉语在网络语言中十分普遍，其构成形式多种多样，主要有以下几种：

（一）完全由汉字构成

所谓的汉字形式的网络委婉语是指完全由汉字组成的网络委婉语，例如"爱老虎油"是 I Love You 的汉语翻译，"废柴"指废物、没用的人，"马桶文章"指没有价值的烂文章，"草根"指身处非上层社会，但为自己的生活和成功努力的人，"潜水"的意思是天天在论坛里待着，不发帖，只看帖等。河南省扶沟县有一位老人，他家的房屋和菜棚需要拆除，由于补偿标准过低，老人不满意，表示坚决抗议，最终跳楼身亡。当地有关部门将其定性为"自主性坠亡"。把"跳楼身亡"说成"自主性坠亡"，血腥味就少了很多。如果在网络上检索一下，我们会发现与"自主性坠亡"类似的委婉语还有许多。例如，保护性拆除、礼节性受贿、休假式治疗、轻度型追尾、合约式宰客、保护性销毁、政策性提价、临时性员工、隐蔽性收入等委婉语。

（二）由纯字母构成

所谓的纯字母形式的网络委婉语是指完全由字母组成的网络委婉语，主要来自英语单词缩写和汉语拼音缩写，例如"W T"（英文"without thinking"的首字母缩略，表示欠考虑）。此外，还有直接用英语表示的，如"OUT"（表示过时、落伍）。由于生活节奏加快，人们使用语言时更加强调经济原则，这在表述上达到了简洁便捷的效果，体现了网络交流讲究效率的目的，符合青年人语言表达求

① 李军华. 关于委婉语的定义. 湘潭大学学报（哲学社会科学版），2004（4）：164–165.

新求异的心理趋向，顺应他们喜欢标新立异的时代潮流。这种方法创造的网络新词很容易被理解，使用频率很高，因此，由字母构成的委婉语被频繁地用于生活的各个方面。

（三）由纯数字构成

纯数字组成的网络委婉语完全由阿拉伯数字构成（大多为几个数字或一串数字），例如，"５９４２０"是"我就是爱你"的谐音，"５４"表示"无视"，而"２８６"本来是早期计算机 CPU 的型号，在此表示人"反应迟钝"。

2020 年一个叫 Quentin 的美国网友说："45 just tweet Congratulations America even though currently our country is basically shutdown, people are losing their jobs, people are dying, struggling mentally, people are scared of the unknown, people are scared financially, etc... and this idiot is Congratulating?"（45 刚刚祝贺美国，即使当前我们的国家基本上已经封闭，人们正在失业，人们正在垂死，人们正在精神上挣扎，人们害怕未知，人们为经济恐慌，而这个人在祝贺？）这里的 45 指的是第 45 任美国总统特朗普，用 45 替代特朗普避免直呼其名带来的尴尬。

（四）混合形式构成

混合形式是指由汉字＋字母形式或字母＋数字形式构成委婉语，例如，"8 错"属于混合形式中的数字＋汉字形式，是"不错"的谐音；"西贝货"表示"假货"，"西贝"组合起来为"贾"，"贾"与"假"同音。It's up 2 u 是 It's up to you 混合形式的谐音缩写，Good 9 是 Good Night 混合形式的谐音缩写，B4 是 before 混合形式的谐音缩写。网络委婉语"疯狂打 call"从形式上来看属于混合形式构成的网络委婉语，一般人刚看到"疯狂打 call"，可能会认为是疯狂打电话的意思，其实这个委婉语要表达的意思却是"点赞、加油"。在新冠肺炎肆虐全球的时候，有网友针对新冠病毒快速传播的特点，使用了这样的委婉语：隔离，I see you；不隔离，ICU。告诫人们做好防护，一旦被传染会产生严重的后果。

通过混合形式构成的网络委婉语意义比较复杂，理解起来有一定的难度。

（五）由符号形式构成

网民为了更方便快捷地传递信息，沟通交流，开始使用各种符号式的语言，如：-）表示微笑，^_^ 表示大笑，等等。符号形式构成的网络委婉语由汉字、标点符号、拉丁字母、阿拉伯数字、数学符号以及其他特殊符号构成。"囧"像人的脸，表示"郁闷、悲伤或受到惊吓"等；"Ｏｒｚ"则像人跪拜的样子，表示"佩服"，具有讽刺意味；Ｔ＿Ｔ是"流眼泪的样子"，而⊙＿⊙‖则表示"真尴尬"。这种由符号形式构成的网络委婉语比较特殊，因为其中的大部分无法读出语音。这些网络委婉语生动形象，能够委婉地表达网络交际者的情绪或看法，避免直接使用汉字所导致的敏感性和攻击性。

由汉字形式构成是委婉语的主要构成形式，纯数字形式、纯字母形式、混合形式和纯符号形式构成的委婉语，属于网络委婉语所特有的构成形式，在传统的委婉语中很少见到。

三、网络委婉语的构造手段

从来源来看，网络委婉语主要有两种产生途径，一种是通过网络交际而使原有的词义或使用范围产生变化的词语，如"油条"本指一种食物，在网络语言中指"花心的男性"。另外一种则是在网络交际中新产生的词语，如前面所提到的"马桶文章""５４"等。相对来说，后者所占的比例更大一些。由此可见，在网络交际过程中，网民们充分发挥创造性，采取多种手段来构造网络委婉语，极大地丰富了委婉语的表达形式。

网络已经深入人类生活的方方面面，也对语言产生了巨大影响。因此，有必要对网络委婉语的构造手段进行整理归纳，分析探讨其语用特点，加深对网络委婉语交际功能的认识，促进多元文化间的交流。总体来看，网络委婉语的构造手段主要有以下几种：

（一）词汇语义手段

词汇语义手段是网络委婉语的一种主要构造手段，网络委婉语有许多采用缩略手段、同义借词和汉字特殊结构等手段构成。人们借用不同手段，形象、生动地表达说话人的真实含义。归纳起来大致包括以下几种方式：

1. 单词缩短

单词缩短手段是将英文单词缩短，用该词中的若干字母来表示的方法。例如，"MSG"表示"message"，"BTM"是英文单词 bottom 的缩写，表示"臀部"，"PLS"表示"please"。也有截去词尾、词头或者去掉元音，构成一些新的缩略词，如 "uni" 是 university 的缩略词，而 "info" 是 information 的缩略词。

2. 首字母组合

首字母组合手段是指将英文单词或汉语拼音的首字母提取并进行组合，例如，"WYMM" 是 "Will you marry me" 的首字母组合，DIY（自己动手干）这个词是 do it yourself 的首字母组合词。在网络聊天语言中，PM（拍马屁）等是用汉语首字母组合手段构成的网络委婉语，使原本的骂人脏话被弱化，从而有效避免了交际过程中因使用骂人的脏话给人带来的不快或反感。

3. 关键字组合

关键字组合手段主要指将汉语表达中的关键字加以提取并重新组合，也就是在一个短语中选取关键字来组合成某个缩写词，以更加诙谐的方式表达委婉、讽刺和幽默的含义。例如，2012 年，华中科技大学的一个男生，向他心仪的女生送出了一封 16 万字的情书。女孩十分感动，然后拒绝了他。"女孩十分感动，然后拒绝了他" 这一句话，被网友用关键字组合手段组合为 "十动然拒"。"特困生" 不是指家庭经济困难的学生，而是指上课 "特别容易困倦的学生"，"可爱" 不是本义的 "令人喜爱"，而是指 "可怜没人爱"，"学困生" 是指一学习就犯困的学生。"同九何秀" 是由 "同样都是九年义务教育，为何你如此优秀" 的关键字组合。单从形式上，看 "同九何秀" 是四个毫无关联的汉字，但组合在一起并在网络之中使用就成为夸奖别人做出值得赞美的事情时的网络委婉语。"说闹觉余" 是 "其他人有说有笑有打有闹，感觉自己很多余" 的关键字组合而构成的委婉表达。"说闹觉余" 从字面上看没有什么特别意义，但含义却是负面的。别人在说笑，而自己却无法融入，其中蕴含着多少孤单、难过与无奈。"人艰不拆" 是 "人生已经如此艰难，有些事情就不要拆穿" 的关键字组合，表达了面对真相时难以承受，却又十分无奈，只有难过的感情。

4. 同义借词

同义借词是为了避免直白表述所带来的刺激性或粗俗性，而借用外语或汉语方言中的词汇委婉地表达信息。同义借词手段主要有两种形式，一种是直接借用外语或汉语方言的词汇，不改变其书写形式。外来语在借用之处，意义比较单一，在使用过程中，因为某些原因词义扩大，从而用来表示新现象、新事物、新概念。例如，直接借用英语单词 "OUT" 表示 "过时、落伍"，用来自粤方言的 "初哥" 表示 "新手或外行"。"佛系" 源于日本，指一种看淡一切的活法和生活方式。该词语最早源于 2014 年日本的一本介绍"佛系男子"的杂志，经过网络传播，"佛系"又衍生出"佛系青年""佛系女子"等网络词语。"佛系"传入我国后成为网络流行词，主要指无欲无求、云淡风轻，一切随缘的生活态度。另一种则是将同义的词语进行翻译，并用汉字书写出来。

同义借词手段构成的网络委婉语，给传统的语言表达增添了色彩，既简练明了又凸显出幽默、讽刺等感情，使表达更加生动、活泼、细致。感冒是一种疾病，指上呼吸道感染，网友用"感冒"表示喜欢或者是感兴趣的意思。由于"感冒"常用于否定的意思，说话者用"不感冒"传递对听话者否定的态度。使用这样的委婉语，说话者可以表达真情实感，即使听话者遭到了拒绝，场面也不至于太尴尬。

5. 汉字特殊结构

利用汉字特殊的结构特征来构造网络委婉语，包括以下两种方式：一是拆字手段，把一个汉字拆分为两个部分，每个部分都能单独成字。例如，将"超强"拆分为"走召弓虽"，这种词本身是没有任何意思的，阅读的时候需要拉开一定的距离才能看出端倪。二是形体表意手段，汉字具有一定的表意功能，例如，"槑"由两个"呆"组成，槑来源于陕西方言，表示不善言辞，有无能之意。槑这个词并不常见，但是在网络语言中使用得比较频繁，表示"比呆还呆，形容一个人很呆、很傻、很天真"。

网络委婉语的语言凝练、简洁，常常使用很少几个字就能够说明一个道理，给人以启迪。这些网络委婉语都源于现实生活，经过网络传播后迅速被广大网民所接受，有的还进入全民语言。

词汇手段主要是将词汇表达形式进行缩略，改变其原有形式，给信息接收者一定的反应空间，从而避免出现交际中的尴尬局面。网络委婉语，都是网友在网络语言交际的语境下，根据某种造词法临时创造出来的，有特殊的表达力。网络委婉语除了有表达上的简洁，还有语意婉转的效果。

（二）修辞手段

网络委婉语的构成手段还包括隐喻、双关、反语等修辞格，所表达的语义很丰富，意味深长。

1. 隐喻

认知语言学认为，隐喻不只是修辞手段，更是人类认识世界的一种重要的认知方法。隐喻的本质是通过一种事物来理解和体验另一种事物（The essence of metaphor is understanding and experiencing one kind of thing in terms of another）。一般认为，隐喻是从一个比较熟悉、易于理解的源域到一个不太熟悉、较难理解的目标域的映射。源域和目标域之间存在着一定的相似性，这种相似性构成了隐喻的认知基础。例如，"纯净水"指"论坛中没有实质内容的帖子"，"花草族"指"难以适应职场的新人"，"青蛙"婉指"个人形象较差的男性网民"，"恐龙"婉指"个人形象较差的女性网民"。网络委婉语常常利用人们熟悉的词汇，借助这些词汇的比喻意义，激发读者的联想与想象，利用新旧事物或观念的相似点或相关性，给旧词赋予新义，创造出形象生动、喻义丰富的委婉语。286 是早期的电脑中央处理器（CPU），相对于 486、Pentium 4、K6、K7 等 CPU 来说，286 数据处理速度慢，工作效率低，如果借用在人身上，即可以喻指这个人脑子转得慢，或者指对方落伍，跟不上潮流。在中国的传统文化中，孔雀美丽的外表是高贵与华丽的象征，孔雀开屏展现出的美妙姿态象征着炫耀与得意，因此，网络委婉语"孔雀女"用来指那些在大城市里长大、容貌姣好、深受溺爱、但喜欢炫耀显摆的富家娇娇女。[①]"菜鸟"则婉指电脑水平较差的人或在某些领域能力差的人。

2. 双关

翻脸比翻书还快，似乎已经成了特朗普主政白宫的一种常态。以美朝新加坡峰会为例，本来定于 2018 年 6 月 12 日在新加坡举行，但特朗普日前突然宣布，这次会晤要取消。当全世界还没缓过神来时，特朗普却又表示，会晤很可能还是会如期举行……[②]。

A：What do lawyers do after their death?

B：They lie still.

在这组对话中"lie"一词含有"躺着"和"撒谎"两层含义，此处网民巧妙地利用了双关，生动地揭露了资本主义社会中律师欺骗和撒谎的本性是不可能改变的。

3. 反语

尽可能地给旧词赋予新的意义，使其外延、内涵和情感也都有了新变化。一些词语的感情色彩得到了转移，有的是正义反用，如："可爱"成了"可怜没人

---

① 董超旭. 和谐语言社会视阈下的汉语委婉语初探. 吉林农业科技学院学报，2016，25（3）：20.

② 国际在线 http://www.cri.cn.(2018–05–30).

爱"，"天才"成了"天生的蠢才"。白骨精本是古典名著《西游记》中的一个妖媚多娇、擅长变化、狡猾多端，知道利用人类弱点的妖精。而网络委婉语"白骨精"则是对女性精英的尊称与欣赏，是"白领、骨干、精英"的一种缩略形式，虽然字面上不是太好，但内涵意义却是正面鉴赏，是指长得漂亮又性感，很开放，而且有才华的女子，是对有能力的现代女性的一种肯定。这种通过谐音析词法构成的委婉语，可以避免对当事人和相关人的刺激。

（三）语音手段

采用语音手段构成的网络委婉语，往往可以达到特定的委婉效果，这类委婉语数量也非常大，归纳起来大致可以分为以下几种：

1. 谐音

谐音手段是指不直接说出原意，而利用相似的发音来达到委婉的目的，例如，"大虾"（大侠的谐音），在网络上，网络高手被称为"大虾"，喻指那些坐在电脑前像大虾一样弓着背，既有"大侠"之意，又生动形象。"斑竹"（版主的谐音），指的是BBS的管理员，跟竹子没有关系。"杯具"（悲剧的谐音）、"餐具"（惨剧的谐音）、"茶具"（差距的谐音）、"银洋人"（阴阳人的谐音）、"人参公鸡"（人身攻击的谐音），还有"鸭梨"（压力）、"稀饭"（喜欢）、"果酱"（过奖）等。这些含蓄的谐音形式构成的委婉语在网络聊天中比较常见，我们可以通过对语言的细细品味，领会到交际中谐音形式避免了直言可能引起的尴尬，具有生动、幽默的表达效果。谐音又分为数字谐音与汉字谐音，网络语言中绝大部分由数字形式构成的网络委婉语就是利用谐音手段来构成的。利用汉字谐音发展而来的流行语也有很多，如"油菜花"是谐音手段构成的网络委婉语，表达的意思是"有才华"。"油菜花"这一委婉语的表达形式比较温和，表示对人的赞美，与其意义"有才华"一致，也容易被人接受。由于新冠病毒的肆虐，商店纷纷关门，许多中小企业由于没有订单而倒闭，社交网络上人们为了避免直接提到"倒闭"就使用"to B"来替代，例如，"作为to B的企业，常常被人们所遗忘"。以英文字母谐音拼读某些英语单词或短语，能够创造出直接由字母组合读音来表意的新词，如CU是谐音拼读英文 see you，使表意更直接，别有一种简约隽永之美。

有一类网络委婉语的词义发生了转换，具有了语义的特指性，还有一些词语的感情色彩得到了转移。例如，"早恋"不是我们平常说的青少年过早地恋爱，而是指"早晨锻炼"，"月光族"则指"每个月的工资都花光"的年轻一族，奔奔族（The family of rushing），即"东奔西走"的族群，也是目前中国社会压力最大、最热爱玩乐却最玩命工作的族群，被称为"当前中国社会中最重要的青春力量"。

2. 合音

所谓合音是指合两字之音快速读成一音。例如，"表"是"不要"两个字的合音，"甭"是不和用的合音字，由"不用"二字形体拼合，音、义也都是"不用"拼合成的，即音为"不用"快读合音，义为"不用"，即"不需要"的意思。"酱紫"代替"这样子"，"念"代替"那样"。这种方法不仅能加快文字输入的速度，而且更换了汉字外形，掩藏住了实体，在理解时要稍加思考，这正好符合委婉语的特性。

3. 语音变异

通过有意地改变发音，可以达到委婉交际的目的。"操"是不雅的言语，人们在交流中要尽量避免使用。在网络聊天或语言交流中，人们通过辅音切换，常常使用的则是 Kao（靠），该词的声母由 C 变成了 K，降低和掩盖了语言的粗俗性质，被广大网友认可和接受。利用词语的谐音形式代替粗俗、露骨的话语，可有效减轻语言的攻击性，从而达到委婉交际的目的。

4. 音译

将外语单词的发音用汉字书写出来，从而产生网络委婉语。例如，"爱老虎油"是"I love you"的音译，"库索"是"恶搞"的委婉语，来源于日语。网络交际时借用外语已经构成一层委婉，再将外语用汉字音译出来，委婉的效果更加明显。

5. 拼音

为了避免直接说出来造成的尴尬，而将这个字的拼音用大写字母拼写出来，同样能够产生委婉的效果。

（四）语义手段

1. 语义扬升

语义扬升手段是指通过使用具有积极意义或中性意义的词语，来表述不好的事物或事情，或者把一些粗鄙不体面的事物用美好的词汇进行美化，冠以雅称。

例如，"神"指"出人意料、不可思议的或与正常逻辑不相符的"，"极品"则形容"事物属性最差，而无事物再超越它的底线"。又如，"收声"表示"闭嘴"，这些都是通过语义扬升手段构成的网络委婉语。

2. 语义联想

语义联想手段是指不直接表述事物，而是换一种方式说明，从而使话语接受者不至于感到难堪或刺耳。例如，"居里夫人"是"宅女"的语义联想形式构成的网络委婉语，"青春必修课"和"晒月亮"都指"约会"，约会是青年人谈恋爱过程中一种常见的沟通形式，是必须经历的一个步骤，所以就把"约会"联想为"青春必修课"。"茅太太的家"则是利用词义联想手段构成委婉语"厕所"的表述形式。在网络交流中，人们将一些已经存在的词语移植到新的语境下，赋予其新的含蓄意义，这种方法构成的网络委婉语，往往具有讽刺戏谑的意思，如把胸部平平的女孩称为"太平公主"等。

3. 语码转换

语码转换是指将一种语言中不文雅或不便说出的词语，用另一种语言或方言中相对文雅的词语表达出来。一是弃用民族共同语已有词汇，而借用方言词进行网络交际交流，如"显摆"本是北方方言词，通过网络传播而成为一个流行的网络热词，比直接说"炫耀"更缓和一些，这样一来，在交际过程中就会出现两种语码的混用现象。二是从外语中借用外语词汇，直接用在网络交际语言中，如："那件事情办得怎么样了？ -ing（正在进行）。"等等。

实践证明，语码转换构词法对于达到委婉交际效果十分有效。

（五）形象手段

形象手段是构成网络委婉语的一种手段，指用汉字、字母或其他键盘上的符号来委婉地表达情绪或看法，概括起来可以分为以下三种：

1. 汉字形象

某些汉字形体具有形象性，例如，"囧"像"郁闷、悲伤或受到惊吓"的人的脸，而"崮"则像"囧"字上带了王冠，常用来指"尴尬的男性"，"茴"则用来指"尴尬的女性"。

2. 字母象形

某些字母同样具有象形性，例如，英文字母"O"像人张开大嘴的样子，常用来表示"恶心、呕吐";"X"则与表示错误的符号"×"形似,代表"不正确"。在网络上,如果说某某人很"S",这就是借用字母"S"的外形特点,来形容此人说话办事"迂回曲折,不直接"。再如:用Zzzz……表示在睡觉的意思,把几个z连在一起,是把漫画中描绘人打呼噜时发出的声音的画法运用到聊天中。

3. 符号象形

人们在网上聊天时也常把特殊符号组合在一起,模拟一定的面部表情,看起来像一张脸,来表达自己的喜怒哀乐,用表情符号来委婉地表达情绪或看法。这种用表情符号来表达看法的方式,与直接用文字表达相比,能够大大减弱它对交流者可能带来的伤害,较好地达到委婉的效果。相对的两个括号{}或[]被用来表示拥抱,一`表示惊讶,一!表示赞许,等等。这些表情符号构成的委婉语表意形象、生动,既弥补了网上感情交流的不足,又起到了很好的委婉和风趣的作用。网络日常交流中经常需要表达一些诸如动作、表情或肢体语言的非言语信息,而纯粹的文字表述无法满足需要,于是人们就充分利用键盘上的图形或符号,通过不同的组合形式,构成了一批独特的网络委婉语。用符号或符号组合来构成委婉用语,常见的有:一<像一张生气的脸,表示"非常生气",(＋_＋)?表示"不知所云",二者都具有形象直观的效果。常见的符号形象构成的委婉语还有:一@表示络腮胡子,?—?表示瞪着眼睛,(＾—＾)/表示不必歪头的欢呼,:——表示悲伤。

绝大部分符号形式的委婉语都采用形象手段,此外,部分汉字形式和字母形式的委婉语也是采用这种手段构成的。

（六）语境手段

这些网络流行语都源于现实生活,经过网络土壤培育后迅速膨化长大,并反射进入全民语言,再次迅速介入现实生活语境,强力作用于现实生活。[1]语境在语言交际中具有关键的作用,网络委婉语也同样如此,因为委婉语在交际中能够减少摩擦、避免直接冲突,所以要理解其委婉,必然与语境密切相关。

通过语境手段构成的委婉语,是指依靠语境效果而使委婉语得以彰显。具体来说,就是说话者使用汉字、标点或其他符号来替代不宜说出的话语。通过语境手段构成的网络委婉语的数量不多。例如,用"你懂的"表示"心照不

---

① 陈一民. 语言学层面的网络流行语解读. 中南林业科技大学学报（社会科学版）, 2008, 2（6）: 95.

宣，不再解释"。此外，用～表示"强调或无奈"，用……表示"无可奈何，无言以对"的意味。最近，社交网络上开始流行 mask 4 all（每个人都戴口罩）。西方人认为正常人平时不需要戴口罩，只有病人和医护人员才戴口罩。面对新冠病毒的肆虐，越来越多人被感染，西方人被迫放弃自己的传统观念，戴起了口罩。网络时代的委婉语在使用语境中衍生出形式多样的表达方式，要理解网络委婉语的意义，需要调动话语接收者的相关知识背景，结合上下文来进行。语境会影响对委婉语的选择和使用，不同语境的改变会导致委婉语的变化与发展。

四、网络委婉语的语用特征

在网络交际环境中，网络委婉语具有丰富的语用效果，主要表现在以下几个方面：

（一）鲜明的时代性

委婉语含蓄、间接、婉转具有鲜明的时代特点。由于时代不同，人们在表达同一事物时，会使用不同的委婉语表达方式。随着网络的快速发展，不断涌现的网络委婉语就呈现出鲜明的时代性特征。近年来，网络日益成为人们生活的一部分，广大网民在网络交际中充分发挥语言创造力，运用各种手段创造出大量的网络交际用语，其中也包含了许多网络委婉语。例如，"996138 部队"，这里，不是指真的部队，而是委婉地说这里全是老人、妇女、儿童。这六个数字，巧妙利用 99 重阳节婉指老人，利用 61 儿童节婉指儿童，利用 38 妇女节婉指妇女。网游术语 Player kill 原意是指两个网络玩家之间的你死我活的对决，但是随着湖南卫视"超级女生"的热播，Player kill 就被网友赋予了新的含义。如今 PK 的含义是指两名实力相当的选手在赛事中进行比拼，最后形成一人胜出，另一人被淘汰出局的结果。

网络委婉语鲜明的时代性，首先体现为内容上的新颖，它能够体现当今的时代背景，具有鲜明的时代性；其次体现为构造形式上的鲜明的时代性，网络委婉语的许多构成手段在传统委婉语中很少出现。网络委婉语是网民求新、求异心理的具体体现，往往给人耳目一新的感觉。

（二）简明的便捷性

网络语言作为一种特殊的语言现象，有着便捷性的显著特点。为了方便快捷地进行交流，人们经常会把汉语词汇、英语词汇、数字或图形符号等进行改造，构成网络委婉语。网络委婉语突破语音、词汇的规约，以全新的形态出现在网络世界。这些网络委婉的构成，往往超越传统的语言模式，不但给人耳目一新的感觉，而且具有鲜明的简洁性。在语音上不要求音节的完整，一个字母就可以代表一个要表达的对象。在构词上放弃语素和语素复合、派生的原则，随意组合、掺杂糅合各种符号。在网络交际中，为了实现快速、简单、方便的交流，网络交际者们会采用缩写、谐音等手段，创造出大量形式简洁的网络委婉语，例如"２５８"（爱我吧），而"人艰不拆"则委婉而简捷地表示"人生已经如此艰难，有些事情就不要拆穿"。与对应的文字形式相比，这些委婉语使人们在网络交流中更加便捷，并且在输入时的效率更高，所占用的篇幅更小，具有简明的便捷性特点。

（三）突出的形象性

符号形式的委婉语在网络委婉语中占有相当大的比重，这些委婉语具有突出的形象性，能够很好地反映出交际者的情绪。此外，许多文字形式的委婉语也有形象性的特点，这种形象性需要我们通过联想才能感受到。例如，用"包子"形容"人长得难看，脸部有婴儿肥，形似包子"；用"流口水"指代"对事物十分渴望的神情"。"单身狗"原本是一个网络俚语，指没有恋爱对象，与"光棍"近义，出自《大话西游》。也有人认为其源自英语 single，词意是单身，读音接近"身狗"，于是就演变成"单身狗"。单身狗有自贬和自嘲的意味，是带有诙谐的网络委婉语，具有鲜明的形象性。单身狗一词的流行反映了一种社会现象。单身青年往往自喻是"单身狗"，"撒狗粮"则指情侣在大庭广众下秀恩爱，让单身青年羡慕不已。这些别致的网络委婉语带给人们新奇的语言感受和冲击，具有突出的形象性特征。

（四）含蓄的包容性

委婉语的包容性体现在对人们自尊心和面子的维护方面。委婉语的一项功能就是在交际中避开禁忌，消除不快，用委婉语代替在某些场合不宜直言的话语。身处网络时代的人们，思维模式日趋开放，对事物具有更大的包容性。在网络交际中，凡涉及敏感词语或容易引发他人不快的词语的时候，人们都要换一种形式来表述，其目的是使语言形式和所指事物之间有一定的距离，造成一种"陌生化"的效果，给信息接收者一定的反应空间，这就使得网络委婉语具有含蓄的包容性语用效果。

（五）诙谐的幽默感

网络委婉语形式多样，除文字外，还有字母、数字、图形、谐音、表情符号等。大量非语言符号的应用，因其委婉中的诙谐，增加了语言的幽默感，淡化了交际中可能出现的冲突，具有诙谐幽默的效果，能够使言语交际更加生动有趣。例如，H1N1病毒都能变异，人长这样并不稀奇！这句话的意思是说：既然病毒能变异，人类肯定也会出现"变异"的现象，即使你的长相有点奇异也不足为怪。这句话的委婉之处是：你长得这样也情有可原，不怪你。为了遏制新冠病毒的传播，武汉市宣布"封城"的紧急措施，而西方媒体不是表达对武汉人民的同情，却在那里高喊封城限制了人权。当欧美出现疫情的时候，他们没有采取果断的隔离措施，导致疫情迅速蔓延，许多人被感染。当他们意识到疫情的严重性时，已经错过了防控的良机。针对这样的情况，有网友调侃说：隔离，人权没了。不隔离，人全没了。店小二原指旧时茶馆、酒肆、旅店等处负责接待顾客的伙计。"店小二"这个非常规型网络委婉语源自浙江，因其主要领导人曾提倡政府部门、领导干部要当好服务企业、服务基层的"店小二"。"店小二"具有热情的态度、周到的服务等重要特征，后来逐渐演化出新义，婉指推进经济发展、为企业提供周到服务的政府部门及领导干部。后来上海市主要领导也强调，政府要努力做好'店小二'。"店小二"体现的是政府官员强烈的主动服务意识，本质上是构建亲清新型政商关系。网络中存在不少利用叠音构成的委婉语，比如"范跑跑""躲猫猫""楼脆脆"等。音节的重复叠加，强化了韵律美，读起来朗朗上口，也增加了幽默感。

（六）形式多样的表达方式

网络语言不是一种独立的语言，作为一种语言变体，它具有很强的变化能力。网络委婉语的出现使语言现象变得更为复杂。作为语言使用中的修辞现象，网络委婉语因其表达方式多样而被广泛应用，使语言表达更容易被接受，避免交际中出现冲突和尴尬。各种表达方式都可以呈现在网络语言中，例如汉语中的方言、文言文、白话文，甚至各种标点符号、表情符号、数字、字母、图形等。在网民的精心组合下，汉语中夹杂着外语，文字中夹杂着数字、图形，使网络委婉语具有更高的开放性和独特性。例如，人们常说的："这简直是小 Case 啦"（小事一桩），就是典型的例子。在这样的语言体系中，网络委婉语呈现出形式多样的语用特征。

网络委婉语在表达委婉义的同时，还具有其他丰富的语用效果，这使得网络委婉语为广大网民所认可和接受。随着网络科技的日新月异，网络委婉语得到迅速传播。网络委婉语以特殊的语言形式反映着社会的进步和科技的发展变化，其开放性和创新性也改变着人们传统的思维方式。网络委婉语在语用特征上也折射出新的语言现象。

五、结语

通过各种组合形成的网络委婉语，减轻了原本表述的不礼貌或不文雅，在一定程度上冲淡了语言本身可能带来的冲突甚至是冒犯之意，并给人带来一种新颖、独特、幽默的感觉，让人在短时间内就能心领神会，更快捷地达到交际目的。

随着互联网的日益普及，网络委婉语逐渐深入人们的日常生活，在一定程度上促进了当代汉语的发展，为其注入了新鲜的"血液"。网络委婉语的产生具有偶然性和随意性，特别是一些数字形式、字母形式和符号形式的网络委婉语，这些网络委婉语会随着时间的流逝而被人们遗忘。戚雨村教授在其《社会语言学概述》中强调："作为人们交际工具的语言是一种社会现象，因此，研究语言必须与社会相联系。"网络委婉语产生于网络交际语境中，传递渠道是网络，使用者是网民，使用范围是网络交际。离开网络这片土壤，它就会失去生命力。网友通过网络传输渠道进行思想交流。在此期间，大量信息的传播和各种观点的碰撞，促使了千姿百态的网络委婉语的形成。网络委婉语最初只是个人的言语行为，带有个性色彩，通过网络进行传播，后成为带有网络语域烙印的共用社会方言。网络语言不仅是一种语言现象，也是一种社会现象和文化现象，具有鲜明的时代性特征。

网络语言生动、形象、活泼、幽默，网络委婉语具有丰富的想象力和创造力。网络委婉语使用起来轻松自如，使原本枯燥的文字交流变得丰富多彩，充满生活气息。语言总是会被打上时代的烙印，网络委婉语也折射出网络时代人们的精神风貌和心理特征。江南、庄园认为，网络语言"反映了社会物质生产和精神生活，表现了百姓丰富多彩的情感，发挥了人们对语言的创新能力"[①]。

---

① 江南，庄园.网络语言规范与建设构想.扬州大学学报（人文社会科学版），2004（2）：51–56.

我们在肯定网络委婉语的存在价值的同时，也应该注意到网络委婉语对语言规范的冲击，所以，我们应当对其使用范围进行一定的限制。网络语言是一种新生事物，存在许多不规范的地方，已经影响到现代汉语的纯洁，产生了一些负面影响，不利于网络文明的建设。在语言运用规则失范方面，用"偶"代表"我"，用"酱紫"表示"这样子"，这是典型的词语畸形变异。有些音译词莫名其妙，让人不知所云，如把奔腾处理器芯片第二代 PII 译成"屁兔"。这样的翻译增加了信息的噪音，表达效果不好。joking e 是一个典型的具有洋泾浜色彩的短语，意思是"开玩笑的"。开玩笑是英语 joke 的现在分词形式，"的"则是汉语拼音 e，违反了汉语正常的构词规则，破坏了汉语的纯洁度。在语言表现内容方面，有些网络语言粗俗浅薄、格调不雅。如果对网络语言的发展听之任之，那些带有负面影响的网络语言不能负担传承文明的使命。冯骥才先生认为："语言是一个民族文化的围墙，更深刻的讲是一个民族的心理，直接关系到一个民族的思维方式、情感和下意识。"① 语言文字又是审美的重要内容。网络语言的异化倾向，影响了中国传统文化的含蓄、严谨和精致，并给我们的民族语言带来了冲击，甚至造成了一定的"烧伤度"。我们应该认识到年轻人一旦养成使用网络语言的习惯，他们正规语言的运用能力就会下降，长期下去将会对语言的健康发展产生不利影响。因此，要注意引导年轻人，尤其是引导学生正确认识网络语言，提高他们的语言鉴赏、审美能力，让他们从古代名篇佳作、古代诗歌、现当代文学佳作中汲取营养。由中央电视台举办的文化节目《中国诗词大会》就是很好的形式，节目以"赏中华诗词，寻文化基因，品生活之美"为宗旨，通过比赛的形式，重温经典诗词，分享诗词之美，感受诗词之趣，继承和发扬中华优秀传统文化。

网络是新时代的新媒体，记载着这个时代的精神面貌，因此，必须重视网络语言的规范工作，对网络语言要采取宽容的态度，制订网络新词语规范的基本原则，用道德约束、教育等手段进行管理，用柔性原则去规范。

---

① 转引自申芳芳.语文教学如何应对网络语言的负面影响.语文建设，2005（5）：30.

汉语中源于行业的委婉语

  由于每个历史时期的社会文化不同，委婉语的产生、发展变化也会有所不同。和平时期经济繁荣，人们"衣食足而知荣辱"，追求语言文明，委婉语便会大量出现。① 随着经济社会和科学技术的发展，不同领域的委婉语的发展也是此起彼伏，有兴有衰。不同行业在其发展过程中，都产生了一些自己行业的术语，这些术语中往往充满了大量的婉辞和隐语，有些婉辞和隐语被人们接受，进入人们的生活，成为生活用语的一部分，进而衍生出新的意义，演变成了委婉语。

一、源于戏曲的委婉语

  中华戏曲从原始文化的远古走来，当它一出现在人类文明的历史上，就作为中华文化主体的一部分而生生繁衍，逐渐形成一种具备东方美学特质的艺术样式，并在社会生活中产生了深刻影响。② 戏曲在发展过程中，曾经覆盖了社会的各个方面，深受广大观众的关注与支持，许多戏曲语言被观众所接受，并运用在日常生活中，有些还被用作委婉语来婉指一些遇到的事情。在现实生活中，当人们遇到什么问题不能解决的时候，往往把人物当作戏曲里的一个角色来看待，如把某个人物在某种场合出现称为"粉墨登场"。粉墨原意是指搽脸和画眉的化妆品，在戏曲中指演员在脸上涂抹好油彩然后上台表演。现在多用贬义，比喻坏人经过一番打扮，登上政治舞台。如老舍在小说《四世同堂》第七回中写道："及至北平攻陷，这些地痞流氓自然没有粉墨登场的资格与本领，而日本也并未

---

① 刘纯豹. 英语委婉语词典. 南京：江苏教育出版社，1996：1.

② 廖奔. 中国戏曲史. 上海：上海人民出版社，2004：序言1.

准备下多少官吏来马上发号施令。""逢场作戏",本义指旧时走江湖的艺人遇到合适的场合就表演。后指遇到机会,偶尔凑凑热闹。如施耐庵在《水浒传》第二十七回中张青又吩咐浑家道:"他们是冲州撞府,逢场作戏,陪了多少小心得来的钱物。若还结果了他,那厮们你我相传,去戏台上说得我等江湖上好汉不英雄。"后来人们把某些人对事情不够认真的态度称为"逢场作戏",如沈从文在小说《主妇集·王谢子弟》中写道:"七爷却以为女子是水性杨花,逢场作戏不妨,一认真可不成。"清曾朴在《孽海花》第七回中写道:"不过借他船坐坐舒服些,用他菜吃适口些,逢场作戏,这有何妨。""唱红脸"源于戏曲的术语,指在传统戏曲中勾画红色脸谱扮演正面角色。在中国传统戏剧中,忠义之人通常打扮成红脸,坏人则打扮成白脸。后来,人们就用红脸代表好人,白脸代表坏人。现在"唱红脸"常常用来婉指在解决矛盾冲突的过程中充当友善的人。唱红脸和唱白脸是一种重要的沟通技巧,但需要配合得当才能获得较好的沟通结果,如果使用不当可能会适得其反。因此,两者要相互配合,才能够达到更好的效果。人们把那些背后有人支持的人婉称为"有后台",若是遇到有人干涉或捣乱的情况,就委婉地说是"拆台"。"捧场"原指特意到剧场去赞赏戏曲演员表演,现在泛指特意到场对别人的某种活动表示支持、助兴,或者是对别人的某种活动说赞扬的话。

"扛梁子",梆子本义是指在梆子戏演出中的打击乐器,打梆子者是乐队中的重要乐手,引领演奏的快慢。梁本义是指木结构房架中顺着前后方向架在柱子上的长木头,在整个房屋结构中起重要的支撑作用,因此,戏班中把打梆子婉称为扛梁子。现在,"扛梁子"指在本单位能够承担重要工作、在工作中起重要作用的人。"外串",本义是指临时邀请演员担任戏曲角色,戏班为了提高人气,从外边邀请有名的艺人来本戏班演出,这样的演员被婉称为外串。也指出名的演员采用减半、甚至于不收费,来出演朋友戏中的角色,也被称为友情出演。外串有时使用在别的方面,如暂时干些不是本行的事情,如遇到一些人驾车外出,开车累了,找人来暂时做司机,就可以说是"外串"。

"开锣"是源于戏曲的术语,指开始演出之前先敲急锣,催促演员赶快化妆,准备开演。随着社会的发展,现在开锣一词也用来形容某项活动的开始。如《信息时报》消息:3月24日广州唱区的海选活动,将标志着第二季《激情唱响》正式开锣。再如,《新报》消息:第十四届 CUBA 中国大学生篮球联赛分区赛鸣哨开锣。新赛季 CUBA 分区赛将率先在青海师范大学打响,作为西北赛区的东道主和曾经的 CUBA 全国亚军,青海师范大学女篮在揭幕战中迎接了西南交通大学女篮的挑战。"下海"是源于戏曲的术语，本义指票友正式入班，后来婉指业余戏曲演员成为职业演员。改革开放以后的"下海"一词，则意味着虽然有巨大的风险，但是，却能够带来可观的回报，含有敢于拼搏、勇于创新的意思。"下海"，意味着需要放弃体制内能够得到的各项保障，到新的经济社会环境中，去从事带有风险，却能够带来丰厚回报的商业活动。"打炮"源于戏曲的术语，婉指新搭班的演员与原班演员首次配戏演出。《梨园佳话》："童龄学戏，人生最苦，谓之作科；三月登台，谓之打炮；六年毕业，谓之出师。"《现代汉语词典》对"打炮"的解释为：旧时名角儿新到某个地点登台的头几天演出拿手好戏。"冷场"源于戏曲的术语，本义指在戏剧、曲艺演出时，因演员演出时忘记台词或迟到，造成演出突然停止的尴尬场面。后来婉指开会无人发言时的沉默局面。如姚雪垠的小说《李自成》第二卷第三十二章："有些朝臣本来有不少重要事要当面陈奏，因见皇上如此震怒，便一声不响了。冷场片刻，崇祯正要退朝，忽然远处的人声更嘈杂了，而且还夹杂着哭声。"蒋子龙的短篇小说《乔厂长上任记》中对冷场有这样的描述：会议要讨论的内容，两天前已经通知到各委员了，霍大道知道委员们都有准备好的话，只等头一炮打响，后边就会万炮齐鸣。他却丝毫不动声色，他从来不亲自动手去点第一炮，而是让炮手准备好了自己燃响，更不在冷场时赔着笑脸絮絮叨叨地启发诱导。"放水"本义是指演员因忘词而胡编乱造，"水词"是一个戏曲术语。京剧的剧本，一般有固定的台词。也有一些台词，如"翻身下了马能行""贼子做事礼不端"等，并无具体的内容，随处可用，俗称"水词"。后来人们把演员在台上随口念唱，不按剧词，即兴发挥，破坏剧情的现象婉称为"放水"。现在用来指故意通融，如在比赛时保留实力或违反规则，让对方获胜。商家做活动时，某一段时间内有意让中奖率激增的现象，这种情况也被称为放水。也指啰唆、骚扰、找麻烦。如《金瓶梅》第三十八回：第二的不知高低，气不忿走来这里放水，被他撞见了，拿到衙门里，打了个臭死，至今再不敢来了。

二、源于钱财与经济的委婉语

从传统观念看，似乎提到"钱"，便会沾上"铜臭味"，会被人看不起，遭到讥笑。此外，怕露富也是中华民族的传统心理，因此，在语言交际中，金银钱财也是尽量避免的字眼。①

---

① 张拱贵.汉语委婉语词典.北京：北京语言文化大学出版社，1996：191.

　　"手头不便"源于经济的术语。基本释义：手头是手中所有的意思，指个人经济状况；不便即不方便，婉指手头缺钱。出自曾朴《孽海花》第五回："兄弟不过一时手头不便，欠了他几个臭钱。""囊中羞涩"，囊指口袋，羞涩原意是难为情，婉指经济困难。《当代》1994年第一期中描写经济困难："王一多知道他肯定囊中羞涩，又一文不名了。便替他买了票。""盘缠"，由于旧时外出旅行的费用多盘缠在腰间，所以被人们用来婉指路费。如元代戏曲作家高文秀在《黑旋风》第三折中，写李逵的一段唱"俺娘给我一贯钞，着我路上做盘缠"。盘川同盘缠，如《老残游记》第一回中"回家仍是卖了袍褂做的盘川"。邹韬奋在他的自述《经历》第四十六回中写道："在他动身的前几天，他的盘川还未酬足。""抽丰"，用于婉指利用各种关系和借口向人索取财物，也指向有钱人求得财物。如《儒林外史》第四十四回："哥这番去，若是多抽丰得几十两银子，回来把父亲葬了。"《红楼梦》第三十九回袭人说："忽见上回来打抽丰的那刘姥姥和板儿又来了，坐在那边屋里。还有张材家的周瑞家里陪着……"打秋风和打抽丰同义，婉指用各种借口向人索取财物。如《儒林外史》第四回中："张世兄屡次来打秋风，甚是可厌。""润笔"，婉指给作诗文书画的人的报酬。如《儒林外史》第一回："老爷少不得还有几两润笔的银子，一并送来。"鲁迅在《彷徨·幸福的家庭》中写道："投稿的地方，先定为《幸福月报》社，因为润笔似乎比较的丰。"饥荒的原意指经济困难，因此，过去人们用"打饥荒"来婉指借债。如《红楼梦》第三十六回中凤姐说："如今我手里每月连日子都不错给他们呢；先时在外头关，那个月不打饥荒，何曾顺顺溜溜的得过一遭儿。"矛盾在小说《林家铺子》第四回中写道："时势不好，市面清得不成话，素来硬朗的铺子今年都打饥荒，也不是我们一家困难。"《红楼梦》第九十七回中，凤姐心里想："袭人的话不差……若真明白了，将来不是林姑娘，打破了这个灯虎儿，那饥荒才难打呢！""揭不开锅"原意指没有粮食或没有伙食钱。婉指家里很穷，连饭都吃不上。如路遥的小说《平凡的世界》第一卷第四十六章写道："大部分村子都有许多缺粮户，有的只能维持一两个月，有的当下就揭不开锅了。"袁静在小说《新儿女英雄传》第一回中写道："日子过得紧紧巴巴的，常揭不开锅。"马识途在《老三姐》中描写贫穷的日子："他们实在穷得揭不开锅了。一个赛一个凶恶的阎王把他们挤得精干，还不放手，还要把骨头都榨出油水来。"

　　"经济周期"，一般是指经济活动沿着经济发展的总体趋势，需要经历有规律的扩张和收缩的过程。国民经济会出现总产出、总收入和总就业的波动，国民收入或总体经济活动会出现扩张与紧缩的交替或周期性波动变化。因此，遇到这些周期性波动的时候，人们就会使用"经济不景气""经济疲软""经济滑坡"等委婉语。

"疲软"，指一种经济状态，表现在价格趋于低落，成交的数额减少。经济增长速度减缓，增长幅度收窄。市场疲软指商品积压、销售困难的市场状况。有时销售困难，库存积压，但从宏观上看，总需求大于总供给的基本状况依然存在，需求旺盛与短时期的需求不足可能并存，市场疲软可影响经济疲软。

《新浪财经》以《多国陷经济疲软旋涡 全球衰退警报拉响》为标题，描写世界经济正在衰退：全球性经济衰退的警报正在拉响。德国最新公布的二季度国内生产总值（GDP）负增长，为欧元区经济增长停滞添上沉重一笔，14 日美国债券市场收益率曲线"倒挂"现象，再次释放衰退信号，美国的经济前景引发广泛关注。[①]

据新华社 1 月 16 日报道：世界经济论坛 16 日发布的调查显示，三分之二受访的首席经济学家预计 2023 年会出现全球性的经济衰退，91% 的受访者认为 2023 年美国经济增长前景疲软或极为疲软。中国是一个贸易大国，外部需求对经济的影响很大。如今在全球经济疲软的背景下，包括美欧日在内的很多经济体都需求不振，这必然会影响到我们的外部环境。相比之下，虽然中国依旧贡献了世界经济增长的 30%，但却并不是外溢效应最大的经济体。本轮经济危机的"震源"是始于 2008 年前后的美国次贷危机和欧洲债务危机，而中国是危机的受害者之一。

"景气"是源于经济学的术语，景气，即经济繁荣；不景气，婉指经济萧条，是指总体经济呈下滑的发展趋势，绝大部分经济活动都处于收缩或半收缩状态，表现出市场疲软、经济增长速度停滞或迟缓、许多企业破产倒闭、失业人数增加等现象。戏曲评论家洪深在《电影戏剧的编剧方法》第二章中写道："一九三〇年，美国的不景气日渐严重。"邹韬奋在他的自述《经历》二十四中写道："有许多地方受着不景气的影响，虽想用人而不敢用。"不景气也泛指不兴旺。如鲁迅在《书信集·致王志之》中写道："近来出版界大不景气，稿子少人承收，即印也难索稿费。"

---

① 多国陷经济疲软旋涡 全球衰退警报拉响. （2019–08–15）[2023–01–23]. https://finance.sina.com.cn/stock/usstock/c/2019-08-15/doc-ihytcitm9488048.shtml.

三、源于教育的委婉语

"交学费"是源于教育的术语，原意是指学生交给学校自己在学校接受教育的费用，现在，如果开展某项工作失败就婉称为交学费。如在某次体育比赛后，领导说："我们这次的目的是练兵，算是交学费了。"

"必修课"是源于教育的术语，本义指高等学校和中等专业学校中学习某一专业的学生必须修习的课程。一般包括公共课、专业基础课和专业课。引申为人生道路上必须学习的东西。如《看航空》2020年7月14日刊登题目为《党员学习的必修课是什么？》的文章，指出学习的内容：一是《共产党宣言》，二是党章，三是习近平新时代中国特色社会主义思想，四是党的十九大精神，五是党史、新中国史、改革开放史、社会主义发展史。《求是》2022年第12期刊登陈志勇的文章《用心上好社会实践"必修课"》：2022年4月25日，习近平总书记到中国人民大学考察调研时，勉励广大青年"用脚步丈量祖国大地，用眼睛发现中国精神，用耳朵倾听人民呼声，用内心感应时代脉搏，把对祖国血浓于水、与人民同呼吸共命运的情感贯穿学业全过程、融汇在事业追求中"。习近平总书记的重要讲话，为新时代大学生上好社会实践"必修课"、努力成长为堪当民族复兴重任的时代新人提供了根本遵循。

"成绩单"是源于教育的术语，指记录学生学习成绩的信息，如通知学生家长的成绩单。现在用来婉指各行各业取得的成绩。财经网2022年9月6日刊登文章，题目为《装备制造业十年成绩单：年均增长8.2%，规上企业超10万家》：9月6日，工信部举办"大力发展高端装备制造业"新闻发布会，介绍党的十八大以来推动装备工业优化升级，加快新能源汽车、工业母机、医疗装备、农机装备、船舶与海洋工程装备、电力装备等产业高质量发展的工作情况。新华社2022年9月13日刊登文章，题目为《数读十年来我国水利发展成绩单》：9月13日，中宣部举行"中国这十年"系列主题新闻发布会，介绍党的十八大以来水利发展成就。一起跟随会上公布的权威数据，了解十年间我国水利事业取得的历史性成就、发生的历史性变革。又如大河财立方2022年9月26日刊登文章，题目为《郑州银行政策性科创金融最新成绩单！支持创新主体1944户、金额达138亿元》：近日，河南省统计局、省发展改革委、人行郑州中心支行等部门相继通报8月经济数据，多项经济指标好于上月，全省经济稳中向好态势进一步巩固。其中金融方面的数据重点提到，前8个月更多资金投向实体企业，其中科创企业贷款覆盖面持续提升。金融机构对科创贷款审批条件下降，信贷资源向科创领域倾斜力度加大。这些"成绩"意味着什么？再如腾讯网 2023 年 1 月 31 日刊登金融学家宏皓教授的文章《江苏 13 市去年经济成绩单出炉》：目前，江苏的经济成绩单出炉，苏州遥遥领先，连云港垫底，苏州约等于 6 个连云港。

四、源于航天的委婉语

"软着陆"是源于航天的术语，指人造卫星、宇宙飞船等航天器在降落过程中，通过推进器进行反向推进，或者改变轨道利用大气层逐步减速，或者利用降落伞降低速度，以一定的速度安全着陆的着陆方式。"经济软着陆"则是婉指国民经济的运行经过一段过度扩张之后，平稳地回落到适度增长区间。例如，采取稳妥的措施使某些重大经济问题和缓地得到解决，如实施扩大内需等政策，实现经济的逐步回落就被婉称为经济"软着陆"。

五、源于医疗的委婉语

"外科手术"是源于医疗的术语，俗称开刀，是一个以外力方式排除病变、改变构造或植入外来物的处理过程。军事上的外科手术式打击婉指利用特种作战部队或者精确制导武器对敌方关键目标进行不伤害周边民用设施的精确打击。之所以叫外科手术，是因为其力度小于战争和局部冲突，是最低烈度的作战行动之一。外科手术式空袭作战，指占有优势的一方以精锐空中力量对敌要害目标实施"点穴"，从空中打击敌国要害或敏感目标以显示力量，在政治上迫敌就范，起到警告、震慑和惩罚对手作用的作战行动。例如，1986 年，美军对利比亚的黎波里和班加西目标进行的轰炸就是外科手术式的军事打击。美军军机从军舰上起飞，轰炸了两个城市的机场、军营、军事训练中心等既定目标。又如，1976 年，以色列特种部队在乌干达恩德培采取军事行动，从一架被劫持的飞机上成功解救出以色列乘客，被称为"外科手术"式袭击。这次行动深入外国领土 8 046.8 千米，没有同外国军队交战，成功地完成了预定任务。"外科手术式"空袭的最大特点是，空袭行动融战略、战役、战术于一体，既要一举达成军事目的，又要力求以有限的突击取得最大限度的政治、外交和经济综合效益。

"新鲜血液"是源于医疗的术语，本义指没有凝固的血液。新鲜血液比喻富有朝气、充满活力的新生力量。毛泽东在《〈共产党人〉发刊词》中指出："我们相信，有了十八年经验的中国共产党，在它的有经验的老党员、老干部和带着新鲜血液富有朝气的新党员、新干部相互协力的情况下……是可能达到这些目的的。"袁静在小说《伏虎记》第五十四回中写道："看到部队一多半是新战士，到处都是他们欢声笑语的声音，欢蹦乱跳的身影，钢八连又补充了新鲜血液。"再如中新网 2020 年 10 月 29 日发表题目为《"95 后"大学生返乡：为中国乡村注入新鲜血液》的文章。

"休克疗法"是源于医疗的术语，一般是指电休克疗法，主要是以一定量的电流通过患者头部，导致其全身抽搐，继而达到治疗疾病的目的。"休克疗法（shock therapy）"这一医学术语于 20 世纪 80 年代中期，被美国经济学家杰弗里·萨克斯（Jeffrey Sachs）引入经济领域。他提出了一整套经济纲领和经济政策，主要内容是经济自由化、经济私有化、经济稳定化，实行紧缩的金融和财政政策。由于这套经济纲领和政策的实施具有较强的冲击力，在短期内可能会使社会的经济生活产生巨大的震荡，甚至导致出现"休克"状态，因此，人们借用医学上的名词，把萨克斯提出的这套稳定经济、治理通货膨胀的经济纲领和政策称为"休克疗法"。

"换血"是源于医疗的术语，换血疗法就是通过向病人体内输注大量新鲜的正常血浆，同时把病人体内不正常的血浆置换出来以达到治疗疾病的目的，因为通过换血疗法可以有效地降低病人体内有害物质的浓度。临床上常用于新生儿溶血以及其他溶血性疾病的治疗。《现代汉语词典》中对换血的解释为：调整、更换组织、机构等的成员。例如，李京红在《美国女队新人"撑市面"》文章中指出：七名队员中只有一人参加过奥运会，其余六名选手全部是清一色的新人，美国女队"大换血"。这句话的意思是将原有的人事做大幅度的更新、变动。又如：他新官上任马上就来个大换血，将所有的旧干部都换掉了。另外，"换血"的意思就是给自己的思维换一个新的思考方式，不要老局限于固定的思维模式当中。

总而言之，委婉语是人们在社会交往中为了达到理想的交际效果而采取的一种适当的语言交际方式，委婉语在各行各业中被广泛使用，比比皆是。随着时代的发展和社会的变迁，人们交际的需要和避俗求雅等因素也影响着委婉语的使用与变化。一些委婉语已经日趋衰减，新的委婉语也大量出现，这就是当代源于行业的委婉语能够得到广泛使用的一个原因。熟悉和掌握委婉语，不仅能够增强阅读能力，也能够提高自己的鉴赏水平，从而可以更深入地理解人们的社会心理和风俗文化。

图书在版编目（CIP）数据

汉英委婉语跨文化比较研究 / 刘明阁著. --北京：
中国人民大学出版社，2023.6
（外国语言文学学术论丛）
ISBN 978-7-300-31780-9

Ⅰ.①汉⋯ Ⅱ.①刘⋯ Ⅲ.①汉语—社会习惯语—对
比研究—英语 Ⅳ.①H313.3②H136.4

中国国家版本馆CIP数据核字（2023）第096883号

外国语言文学学术论丛
汉英委婉语跨文化比较研究
刘明阁　著
Han-ying Weiwanyu Kuawenhua Bijiao Yanjiu

出版发行	中国人民大学出版社	
社　址	北京中关村大街31号	**邮政编码**　100080
电　话	010-62511242（总编室）	010-62511770（质管部）
	010-82501766（邮购部）	010-62514148（门市部）
	010-62515195（发行公司）	010-62515275（盗版举报）
网　址	http://www.crup.com.cn	
经　销	新华书店	
印　刷	固安县铭成印刷有限公司	
开　本	720 mm × 1000 mm　1/16	**版　次**　2023 年 6 月第 1 版
印　张	12.5	**印　次**　2023 年 6 月第 1 次印刷
字　数	215 000	**定　价**　79.00 元

中国人民大学出版社读者信息反馈表

尊敬的读者：

　　感谢您购买和使用中国人民大学出版社的 ＿＿＿＿＿＿＿＿＿＿＿＿＿＿ 一书，我们希望通过这张小小的反馈卡来获得您更多的建议和意见，以改进我们的工作，加强我们双方的沟通和联系。我们期待着能为更多的读者提供更多的好书。

　　请您填妥下表后，寄回或传真回复我们，对您的支持我们不胜感激！

1. 您是从何种途径得知本书的：
   □书店　　　　□网上　　　　□报纸杂志　　　　□朋友推荐

2. 您为什么决定购买本书：
   □工作需要　　□学习参考　　□对本书主题感兴趣　　□随便翻翻

3. 您对本书内容的评价是：
   □很好　　　　□好　　　　□一般　　　　□差　　　　□很差

4. 您在阅读本书的过程中有没有发现明显的专业及编校错误，如果有，它们是：

   ＿＿＿＿＿＿＿＿＿＿＿＿＿＿＿＿＿＿＿＿＿＿＿＿＿＿＿＿＿＿＿
   ＿＿＿＿＿＿＿＿＿＿＿＿＿＿＿＿＿＿＿＿＿＿＿＿＿＿＿＿＿＿＿
   ＿＿＿＿＿＿＿＿＿＿＿＿＿＿＿＿＿＿＿＿＿＿＿＿＿＿＿＿＿＿＿

5. 您对哪些专业的图书信息比较感兴趣：

   ＿＿＿＿＿＿＿＿＿＿＿＿＿＿＿＿＿＿＿＿＿＿＿＿＿＿＿＿＿＿＿
   ＿＿＿＿＿＿＿＿＿＿＿＿＿＿＿＿＿＿＿＿＿＿＿＿＿＿＿＿＿＿＿
   ＿＿＿＿＿＿＿＿＿＿＿＿＿＿＿＿＿＿＿＿＿＿＿＿＿＿＿＿＿＿＿

6. 如果方便，请提供您的个人信息，以便于我们和您联系（您的个人资料我们将严格保密）：

   您供职的单位：＿＿＿＿＿＿＿＿＿＿＿＿＿＿＿＿＿＿＿＿＿＿＿
   您教授的课程（教师填写）：＿＿＿＿＿＿＿＿＿＿＿＿＿＿＿＿＿
   您的通信地址：＿＿＿＿＿＿＿＿＿＿＿＿＿＿＿＿＿＿＿＿＿＿＿
   您的电子邮箱：＿＿＿＿＿＿＿＿＿＿＿＿＿＿＿＿＿＿＿＿＿＿＿

　　请联系我们：黄婷　程子殊　王新文　王琼　鞠方安

　　电话：010-62512737，62513265，62515580，62515573，62515576

　　传真：010-62514961

　　E-mail：huangt@crup.com.cn　　chengzsh@crup.com.cn　　wangxw@crup.com.cn
　　　　　　crup_wy@163.com　　jufa@crup.com.cn

　　通信地址：北京市海淀区中关村大街甲 59 号文化大厦 15 层　　邮编：100872

　　中国人民大学出版社